André Kostolany

Das ist die Börse

Das Original aus dem Jahre
1961

Börsenbuchverlag

Titel der französischen Originalausgabe:
SI LA BOURSE M'ÉTAIT CONTÉE
erschienen im Henry Goverts Verlag GmbH, Stuttgart

Ins Deutsche übertragen von Margaret Carroux.

3. Auflage 2022

Covergestaltung: Holger Schiffelholz, Börsenmedien AG
Buchsatz: Bernd Sabat, VBS-Verlagsservice
Umschlaggestaltung und Herstellung: Tanja Erhardt, Börsenmedien AG
Lektorat: Egbert Neumüller
Druck: GGP Media GmbH, Pößneck

ISBN 978-3-86470-237-2

Bibliografische Information der Deutschen Nationalbibliothek:
Die Deutsche Nationalbibliothek verzeichnet diese Publikation in der Deutschen Nationalbibliografie; detaillierte bibliografische Daten sind im Internet über <http://dnb.d-nb.de> abrufbar.

BÖRSEN MEDIEN
AKTIENGESELLSCHAFT

Postfach 1449 • 95305 Kulmbach
Tel: +49 9221 9051-0 • Fax: +49 9221 9051-4444
E-Mail: buecher@boersenmedien.de
www.boersenbuchverlag.de
www.facebook.com/plassenbuchverlage
www.instagram.com/plassen_buchverlage

Inhaltsverzeichnis

Vorwort zur DER AKTIONÄR-Jubiläumsausgabe 2021

Im Jahr 2014 haben wir dieses Buch bereits ein erstes Mal als Sonderauflage publiziert. Damals feierten wir 25 Jahre Börsenbuchverlag. Kaum zu glauben, dass das bereits sieben Jahre her ist. Mittlerweile ist die Sonderauflage verkauft, das Interesse an diesem zeitlosen Titel ist nach wie vor groß und ein weiteres „silbernes" Jubiläum steht an: DER AKTIONÄR feiert 2021 ebenfalls seinen 25. Geburtstag. Das perfekte Timing und der perfekte Anlass also, um meinen Freund und Mentor André Kostolany mit einer neuen Sonderauflage zu ehren und sein Wissen an eine weitere Generation von Anlegern weiterzugeben.

Ich wünsche allen, die dieses Buch lesen, viel Freude und Erkenntnisgewinn bei der Lektüre.

Bernd Förtsch Kulmbach, Juli 2021

Vorwort zur Börsenbuchverlag-Jubiläumsausgabe 2014

2014 ist für Börsianer ein trauriges Jubiläum: der 15. Todestag von André Kostolany. Im Jahr 1999 ist der Grandseigneur der Börse, ein begnadeter Spekulant und vollendeter Entertainer, ein charismatischer Börsenphilosoph und für mich ganz persönlich ein Freund, von uns gegangen. Ich hatte das Vergnügen, einen Teil meines Weges gemeinsam mit diesem Gentleman alter Schule zu gehen. Er begleitete und unterstützte meine verlegerischen Anfänge.

Im Vorwort zu de la Vegas Klassiker „Die Verwirrung der Verwirrungen" schreibt er: „Als nun mein Freund und Börsenbuch-Verleger Bernd Förtsch die glückliche Idee hatte, dieses Werk in deutscher Übersetzung neu zu verlegen, habe ich ihm mein Exemplar mit Freuden zur Verfügung gestellt – damit meine Kollegen, Schüler, Freunde und Gegner (an der Börse!) es auch lesen können. Damit die vielen jungen Börsenprofis, die ‚Golden Boys', wenn sie es lesen, auch davon profitieren. Damit sie erfahren, dass diese böse Börse, die schon seit Jahrhunderten existiert und blüht und gedeiht, immer noch dieselbe ist und bleibt – trotz zahlreicher neuer Erfindungen und technischer Hilfsinstrumente."

Hier möchte ich anknüpfen und allen jungen und alten Börsianern wünschen, dass sie sich für die Weisheit von André Kostolany begeistern. Dass sie erkennen, dass die Börse ihren Charakter über die Jahrhunderte bewahrt hat und auch heute noch ein Ort ist, an dem ein Spekulant sein Glück machen kann – ein zentraler Platz der freien Marktwirtschaft, an dem manchmal Wirtschaftsgeschichte geschrieben wird.

Aus diesem Grund und um Kostolanys Erbe in Ehren zu halten, legen wir sein seit einigen Jahren vergriffenes Erstlingswerk „Das ist die Börse" nun als Jubiläumsausgabe neu auf. Der Anlass hätte auch ihm gefallen: Der Börsenbuchverlag, dessen Anfänge er noch begleitet hat, wird 25 Jahre alt.

Viel Spaß bei der Lektüre von Kostolanys zeitlosem Erfahrungsschatz und viel Erfolg bei der Umsetzung der gewonnenen Erkenntnisse!

Bernd Förtsch Kulmbach 2014

Vorwort

André Kostolany, in Budapest geboren, wohnt in Paris in der Avenue Foch, und seine zahllosen Kollegen, Bürger von Tokio, Amsterdam und Rio de Janeiro, spielen »Bäumchen, wechsle dich« von einem Kontinent zum anderen. Überdies hat Kostolany einen amerikanischen Pass.

Dieser ist eine kleine Urkunde in der Farbe einer Dollarnote: der Farbe der Hoffnung. Er ist als Reisedokument viel angenehmer als mancher andere Pass. Doch wenn André Kostolany ihn anderen vorgezogen hat, dann darum, weil jenes Amerika, dessen Hauptstadt die Wall Street ist, immer noch die Heimat des Kapitalismus und deshalb das beste Sprungbrett für freie Menschen ist. [...]

Schlag neun blinzelt er mit einem Auge. Man bringt ihm die *New York Times*, den *Figaro* und die *Neue Zürcher Zeitung*. Zusammen mit etwas Karottensaft ist das sein erstes Frühstück. Er gönnt sich eine Stunde Musik, und dann beginnt das Telefon zu klingeln. Die Schweizer Bankiers fragen ihn um seine Meinung, London konsultiert ihn, er vergleicht rasch einen Amsterdam-Wert mit einem von Hongkong. Börsenkurse, Bilanzen von Aktiengesellschaften, finanzwissenschaftliche Studien, Kapitalisierungszahlen, Berichte von Fachleuten, technische Ausarbeitungen, vertrauliche Winke von Maklern interessieren ihn nicht. [...]

Was »todsichere Tipps« betrifft, so überlässt er diese subalternen Geistern, den Winkelspekulanten, den Besessenen, den Träumern. Seine Maxime »Informierung – Ruinierung« – vertrauliche Winke bedeuten den Ruin – hat ihn vor verschiedenen Katastrophen bewahrt. Denn die Leute, die zu viel wissen, wissen nach seiner Meinung gar nichts. Er vergleicht die Börse mit der Musik – »Die Melodie zu erfinden, das ist die Kunst«, sagt er und überlässt anderen die Mühe, die Partitur auszuarbeiten. Gefühl ist eben alles. Er hat keine Spürnase. Er überlegt. Eingehüllt in den Rauch seiner Zigarre, beharrlich in seinem Sessel sitzend, unberührt von dem eitlen Getriebe der Welt, so hat André Kostolany sein Vermögen erworben. Er weiß, dass Elektronik eine gute Sache ist, weil sein Friseur es ihm gesagt hat; er weiß auch, dass das Petroleum in diesem Jahr weniger gut gegangen ist: Das genügt ihm. Er wechselt Wertpapiere, wie man den Schneider wechselt, er schwimmt im Strom, aber immer dann, wenn es die anderen noch nicht tun, und darauf kommt es an.

Wenn man ihn fragt, wie er seine Tage verbringt, so antwortet er, ohne zu erröten: »Als Spekulant.« Dieses Wort, das Familienvätern Abscheu einflößt, das Schreckgespenst des guten Bürgers, ist Kostolanys Banner. Er verleiht diesem Begriff, den er in seinem ursprünglichsten Sinn verstanden wissen will, eine tiefe und gleichsam philosophische Bedeutung. Spekulieren heißt, ebenso wie Regieren, Vorausschauen. Es bedeutet, nicht nur den Irrgarten der Börse zu beobachten, sondern auch die Strömungen seiner Epoche zu beobachten und zu entdecken. Ein politischer Journalist fragte ihn einmal: »Aber wie machen Sie das nur?«

»Ich mache«, antwortete er, »genau das Gleiche wie Sie: Ich analysiere die Ergebnisse. Nur, wenn Sie sich irren, dann schreiben Sie einen schlechten Artikel. Irre ich mich, dann bin ich ruiniert.«

Das einkalkulierte Risiko – das heißt, auf die anspruchsvollste Weise gefährlich leben; es ist aber gleichzeitig das Alibi, die moralische Rechtfertigung, die ein großer Spekulant sich selbst abverlangt, um sich vor den Augen der Welt zu entschuldigen, soweit er eine Entschuldigung dafür braucht, dass er besser lebt als andere und sich dabei weniger anstrengt. Das allgemeine Ordnungsprinzip in der Welt heißt Arbeit. Für André Kostolany heißt es Überlegung. Eine Hypothese, die sich als wahr erwiesen hat, eine Voraussage, die von den Ereignissen bestätigt wird: Das sind die wahren Freuden von Kostolany. Wie ich aufrichtig glaube, bedeutet für ihn die Befriedigung darüber, richtig gedacht zu haben, weit mehr als alle Profite, die ihm in seiner Laufbahn als Spekulant dank seinen Überlegungen und seiner Intuition zugeflossen sind. [...]

»Das ist die Börse ...« – welch ein Roman, welch ein Brevier für den Gentleman des 20. Jahrhunderts.

Marcel Clerc

Einführung

Die Einführung zur deutschen Ausgabe von André Kostolanys *Si la Bourse m'était contée* zu schreiben habe ich aus einem sehr einfachen Grunde übernommen. Ich wünsche, zu meinem bescheidenen Teil dazu beizutragen, dass dieses Buch von Fachleuten wie von einem breiteren Publikum viel gelesen wird.

Diese Schrift stellt nämlich für jeden, der sich überhaupt für Wirtschaftsfragen interessiert, eine außerordentlich unterhaltsame Lektüre dar. Die Dramen, die sich während des letzten halben Jahrhunderts auf dem wirtschaftlichen Welttheater abgespielt haben, werden uns in ihren entscheidenden Phasen eindringlichst in die Erinnerung zurückgerufen. Es erscheinen auf der Bühne viele Zeitgenossen, deren persönliches Schicksal – in Freud und Leid – mit den finanziellen Dramen verknüpft war – nicht zuletzt der Autor selbst mit seinen guten und schlechten Erfahrungen.

Dieses in der charmantesten Weise à la Pirandello durchgeführte Spiel auf zwei Ebenen macht die Darstellung so kurzweilig und unterhaltend, dass der Leser völlig vergisst, dass ihm tatsächlich sehr ernste wirtschaftstheoretische und -historische Kenntnisse vermittelt werden.

Das Hauptanliegen Kostolanys ist nämlich, die Spekulation in all ihren Ursachen und Folgen zu analysieren und die Grundprinzipien aufzuzeigen, denen man folgen muss, wenn man in diesem Spiel Erfolg haben will. Und hier decken sich Kostolanys Auffassungen so sehr mit meinen eigenen praktischen Erfahrungen und theoretischen Überzeugungen, dass ich schon aus rein egoistischen Gründen seiner Schrift Erfolg wünschen möchte.

Die Spekulation hat, wie die meisten anderen Handlungen in einer freien Wirtschaft, zweierlei Auswirkungen – eine privatwirtschaftliche für den Spekulanten und eine volkswirtschaftliche für die Allgemeinheit.

Was die erstere anlangt, so teile ich mit Kostolany die Auffassung, dass nur die Spekulation einer Minorität privatwirtschaftlichen Nutzen abwerfen kann. Nur die einsamen Wölfe, die gegen die Meinung der Majorität – und unbeeinflusst von ihr – disponieren, können gewinnen. Was jeder erwartet, ist schon in den Preisen eskomptiert. Ich teile deshalb seine Auffassung auch insofern, als ich »den gegenwärtig üblichen Wirtschafts- und Konjunkturprognosen keinen praktischen Wert beimesse. Ja, ich möchte weitergehen und sagen: Meine nunmehr jahrzehntelange Erfahrung auf diesem Gebiet hat mich gelehrt, dass es – man verzeihe mir die Lästerung – im Ganzen besser ist, entgegen statt gemäß den Ratschlägen von Instituten zu handeln, die aufgrund ihrer anerkannten Gründlichkeit in der Wirtschaftsbeobachtung eine große Autorität auch als Wirtschaftsvoraussager besitzen. Wenn die Majorität der Wirtschaftssubjekte aufgrund solcher Ratschläge zur Überzeugung gekommen ist, dass kaum zu befürchten ist, dass sich in absehbarer Zeit ein Konjunkturrückgang entwickele, beginne ich selbst mit einem solchen zu rechnen; einfach deshalb, weil das allgemeine Gefühl der Sicherheit, dass der Aufschwung sich fortsetzen wird, die den Umschwung verursachenden Bedingungen schafft.«*

Die Gefährlichkeit von Majoritätsprognosen hat sich im Übrigen gerade in der jüngsten Gegenwart schlagend erwiesen. Fast ausnahmslos wurde Ende 1959 in den Vereinigten Staaten für das Jahr 1960 eine Fortsetzung, ja Steigerung der Hochkonjunktur erwartet. Bekanntlich war aber 1960 ein Rezessionsjahr.

Man kann tatsächlich so weit gehen, von einem Gesetz der Unrichtigkeit und Fehlerhaftigkeit offizieller Konjunkturprognosen zu sprechen.

Und die volkswirtschaftlichen Wirkungen der Spekulation? Hier möchte ich so weit gehen zu behaupten, dass Kostolanys Buch – soweit überhaupt eine einzelne Schrift eine derartige Wirkung auszuüben vermag – mehr zur Stabilisierung der Konjunktur beitragen könnte als manche Maßnahmen der zuständigen Instanzen, insbesondere gewisser Notenbanken.

Wie in jedem Lehrbuch zu lesen, hat die Spekulation volkswirtschaftlich günstige und ungünstige Wirkungen. Treffend und auch für den Laien vollkommen verständlich werden die günstigen Wirkungen, ja die absolute Notwendigkeit, der Spekulation und der Börsen in einer freien und dynamischen Wirtschaft geschildert. Es wird dargelegt, wie jeder Unternehmer – einfach weil zwischen Beginn und Ende der Produktion Zeit vergeht

* Zitiert aus meinem Aufsatz »Über Wirtschaftsprognosen in Geld und Kredit«, Fritz Knapp Verlag, Frankfurt/M., 2. Aufl., 1961, S. 17 f.

– tatsächlich auf die Zukunftspreise spekuliert, wie aber die Spekulation, besonders auf den großen Stapelgütermärkten, dem Produzenten das Risiko abnimmt, indem sie ihm schon in der Gegenwart feste Zukunftspreise bietet. Es werden die Bedeutung und der Nutzen der Wertpapierbörsen in der kapitalistischen Wirtschaft erklärt – jener Wertpapierbörsen, die langfristige Anlagen jederzeit verkäuflich und deshalb in den Händen der Eigentümer liquide machen. Mit Recht wird dargelegt, wie diese von mir so genannte indirekte Liquidität der Wertpapiere den Riesenaufschwung der modernen Industrien mit ihren gewaltigen Investitionen erst ermöglicht hat.

Kostolany verschweigt nicht nur nicht, sondern er beschreibt in der eindrucksvollsten Weise auch die unheilvollen Wirkungen der Spekulation. Die Spekulation nimmt unter Umständen vorübergehende Angebots- und Nachfrageüberschüsse nicht mehr auf und wirkt so nicht mehr stabilisierend auf die Preisbewegungen. Sondern die Spekulation, sich gewissermaßen an sich selbst entzündend, kauft in der Hausse und verkauft in der Baisse. Kostolany zeigt, wie in der Tat gegen Ende einer Hausse eine Gruppe von Spekulanten auftaucht, die nicht mehr deshalb kauft, weil sie in der Zukunft einen höheren Bedarf erwartet, sondern einfach deshalb, weil sie hofft, vor etwaigen Rückschlägen rechtzeitig auf andere abladen zu können. Es entstehen dann die Übertreibungen der Preis- und Kursbewegungen, deren bekannteste der alles Maß übersteigende Tulpenschwindel in Holland des siebzehnten Jahrhunderts und der Noten- und Aktienschwindel des John Law zu Beginn des achtzehnten Jahrhunderts gewesen sind und die Kostolany mit Gusto und unter Hinweis auf gewisse Parallelerscheinungen in der Gegenwart schildert. Meisterhaft werden die massenpsychologischen Grundlagen dieser Exzesse aufgedeckt, die die Zeitgenossen und die zeitgenössischen Nationen an den Rand des Abgrunds gebracht haben.

Was folgt aus dieser Doppelwirkung der Spekulation? Offenbar, dass es gute und schlechte Spekulanten gibt. Die guten Spekulanten sind die, die jeweils gegen Übertreibungen einer an sich richtigen Zukunftserwartung angehen und verkaufen, wenn das Publikum kauft, und kaufen, wenn das Publikum verkauft. Die schlechten Spekulanten sind die, die mit der Masse laufen. Je mehr gute und je weniger schlechte Spekulanten am Werk sind, desto besser ist es für die Allgemeinheit – einfach weil ihre Tätigkeit unnötige Übertreibungen nach beiden Seiten abfängt und deshalb auch stabilisierend auf die Konjunkturschwankungen wirkt. Denn auch die Wirtschaftszyklen sind Kinder der Ungewissheit und des Irrtums, nämlich bezüglich der künftigen Nachfrage. Würde die intertemporale Falschverteilung der Nachfrage, die das Wesen des Zyklus ausmacht, von dem Durchschnitt der Menschen als solche erkannt, so könnte sich offenbar kein Zyklus entwickeln. Wer würde zu Haussepreisen investieren oder kaufen oder zu Baissepreisen verkaufen oder liquidieren, wenn ihm die notwendige Umkehrung der Preisentwicklung klar wäre? Tatsächlich sind denn auch gerade die sogenannten Wirtschaftsführer und die maßgebenden Wirtschaftspolitiker in ihrer großen Majorität von allen großen Konjunkturumbrüchen überrascht worden. Auch hat es ihnen, nebenbei bemerkt, nie etwas genützt zu wissen, dass die Industrie noch drei oder mehr Monate Aufträge besaß. Die großen Depressionen haben fast immer in Augenblicken eingesetzt, in denen die Industrie über einen ungewöhnlich großen – freilich rasch durch Annullierungen schwindenden – Auftragsbestand verfügte. Nur ein verhältnismäßig kleiner Kreis und ein bestimmter Typ von Menschen scheint eben das Konjunktur- und Fingerspitzengefühl – und vielleicht auch nur das Glück zu besitzen, die Umbrüche richtig zu »timen«.

Kostolany gehört nun heute zweifellos zu diesem verhältnismäßig kleinen Kreis – zu den guten Spekulanten. Manche werden nach der Lektüre seines Buches das Gefühl haben, ihr Wissen so erweitert zu haben, dass sie »es jetzt auch können«. Aber Spekulation ist nicht oder nicht nur eine Wissenschaft – obwohl sie auf wirtschaftswissenschaftlichen Kenntnissen beruhen sollte –, sondern eine äußerst subjektive Kunst, geboren aus der Beobachtung massenpsychologischer Phänomene sowie aus Erfahrung und Charaktertraining. Kostolany zeigt, wie sich langsam, aber sicher, nach vielen Rückschlägen bei ihm eine Kunst entwickelt hat, die ihm offensichtlich viele Freuden einbrachte. Nicht viele, aber vielleicht doch einige seiner Leser werden aus schlechten Spekulanten gute werden – zu ihrem eigenen und der Allgemeinheit Nutzen.

Paris, im Juli 1961 L. ALBERT HAHN

1. Das ist die Börse

Wenn die Börse erzählen könnte, so wäre das sicherlich ein Roman voll leidenschaftlicher Abenteuer, der aber zu allerhand Trugschlüssen führen könnte. Und dann würde er eine ganze Bibliothek und noch mehr füllen.

Wie wäre es, wenn stattdessen ich von der Börse erzähle? La Bourse, la Bolsa, die Börse, Serka …

Von Paris bis Mailand, von Frankfurt bis Petersburg ist dieses Wort weiblich. Das ist zweifellos mehr als ein bloßer Zufall.

Wie das Wetter oder eine schöne Frau ist die Börse kapriziös. Sie versteht es, mit tausend Zauberkünsten zu schillern, um ihre Beute anzulocken, und in dem Augenblick, wo man es am wenigsten erwartet, zeigt sie einem die kalte Schulter. Auch an der Börse gibt es, obwohl alles nach Erfolg aussieht, plötzlich das »rien ne va plus« des Roulette. Und verwendet man nicht, um die Börse zu erobern, die gleiche Taktik, indem List und offenes Spiel abwechseln? Doch muss man es verstehen, genau Maß zu halten. Man darf sich durch ihre Launen nicht beunruhigen lassen. Man sollte die Launen nicht einmal bemerken und vor allem keine logischen Erklärungen dafür suchen.

Ich will hier keine praktischen Rezepte geben, auch nicht jene vertraulichen Winke, die man mit größter Geheimniskrämerei weiterzugeben pflegt und die den einen oder anderen vielleicht in die Lage versetzen, für einen Augenblick den Lauf des Glücksrades aufzuhalten. Ich will ganz im Gegenteil von meinen eigenen Erfahrungen berichten, von der an Glück und Unglück reichen Geschichte der letzten Jahrzehnte, wie ich sie selbst erlebt habe.

Ob meine teils erfolgreichen, teils erfolglosen Börsenabenteuer mir nun Vor- oder Nachteile gebracht haben, in jedem Fall dienten sie mir zur Lehre, und vielleicht kann ich den Leser daran teilnehmen lassen. Von meinen Erfahrungen, die ich nicht gegen mein Lebendgewicht in Gold eintauschen möchte, will ich auf den folgenden Seiten berichten. Um ganz genau zu sein: Es ist also meine Börse, von der ich Ihnen erzählen möchte.

Sie ist ein farbenfroher Bestandteil meiner frühesten Kindheitserinnerungen. Die Spekulation gehörte zu unserem Leben wie das tägliche Brot, sie war eine Angelegenheit, die der ganzen Familie am Herzen lag. Welchen anderen Weg konnte ich also einschlagen, der ich mir eine ganz besondere Auslegung des Kapitalismus zurechtgemacht habe? Denn meine Philosophie über das kapitalistische System bestand darin, möglichst wenig zu arbeiten und möglichst viel zu verdienen.

Vom Spiel der Börse habe ich gelernt; ich habe dabei zwar nicht direkt mit süßem Nichtstun ein Vermögen erworben, mir aber doch wenigstens einen nicht gerade bescheidenen Lebensunterhalt verdient, und konnte es mir leisten, mehrere Millionen bei seriösen, gutbürgerlichen Geschäften zu verlieren.

Paradoxerweise blieb mir mein erstes Abenteuer an der Börse eigentlich in schlechter Erinnerung.

Es geschah im Budapest meiner Kindheit und ich war gerade in dem Alter, wo man mit Murmeln spielt. Im täglichen Leben des damaligen Ungarn erstrahlte die Getreidebörse in einem ganz besonderen Glanz. Das Land war Großproduzent von Brotgetreide, Mais und Hafer. Es war der lebhafteste Markt von ganz Europa. Man machte hier gewaltige Umsätze, Telegramme aus Übersee, Verkaufs- und Einkaufsorders ergossen sich über die Stadt und gaben ihr einen ungewöhnlichen Auftrieb. Die Riesengeschäfte boten auch Gelegenheit zu Spekulationen kleineren Umfangs, an denen jedermann sich beteiligen konnte, und das war etwas, was der fröhlichen Mentalität der Ungarn sehr lag.

Das Getreide war also »in aller Munde«, und genauso alles, was seinen Kurs beeinflussen konnte. Das Hauptelement bei diesem Spiel, nun ja, das war das Wetter, die Farbe des Himmels, die zu starke Sonne, die die Ernte gefährdete, oder der Regen, der sie verbessern würde.

Der Kurs stieg oder fiel, wie der Wetterfrosch auf den Sprossen seiner Leiter, je nach den Wetterberichten. Auf den in der Stadt so zahlreichen Caféhaus-Terrassen, an den Straßenecken hielt man, besonders in jenem überaus trockenen Sommer, eifrig nach Wolken Ausschau, denn wenn kein Regen kam, war die Halfererernte in Gefahr. Sogar die hohen Militärs machten sich Sorgen, weil damals dem Hafer die Rolle zukam, die das Benzin in einer modernen Armee spielt. Zu den meteorologischen Kümmernissen des Augenblicks gesellte sich eine neue Sorge: das Fußballspiel, das die ungarische Elf gegen eine ausländische Mannschaft austragen sollte.

Es ging um die sportliche Ehre, die jedermann als ein schwerwiegendes persönliches Anliegen betrachtete. Dem so lang erwarteten sportlichen Ereignis gelang es sogar, die lähmende Schwüle dieses zu heißen Sommers zu überwinden.

Ich war doppelt erregt. Es war mein erstes wirkliches Fußballspiel und darüber hinaus sollte ich zu diesem neuen Vergnügen von meinem Lieblingsonkel mitgenommen werden.

Am Morgen des Wettspiels sprang ich Hals über Kopf aus dem Bett, um den Himmel zu begutachten. Aber ach, der Horizont war ganz bezogen, eine Menge grauer Wolken kam herauf, getrieben von einem regenbringenden Wind, die Luft war schwer, man hörte schon fast den Donner grollen. Ich wurde von Unruhe ergriffen, und ebenso mein Vetter, der auch zum Sportfest mitkommen sollte. Den ganzen Vormittag über verschlimmerte sich die Lage immer mehr, und im selben Maß wuchs unsere Enttäuschung.

Dennoch trafen wir zur festgesetzten Stunde bei unserem Onkel ein und waren überzeugt, dass er ebenso betrübt sein würde wie wir. Welche Überraschung! Seine Augen strahlten, er lächelte glücklich und zufrieden und rieb sich die Hände, als sei ihm gerade ein guter Coup gelungen. Gewöhnlich war er nie hässlich zu Kindern, nicht einmal im Scherz. »Meine lieben Jungen, welch ein Tag, seht nur, es regnet in Strömen, das Fußballspiel ist abgesagt.«

Meinem Vetter und mir verschlug es die Sprache. Kein Fußballspiel! Und er wagte es, von einem schönen Tag zu sprechen. So viel Gemeinheit war uns unverständlich.

Und mit noch größerer Grausamkeit fuhr er fort: »Das ist wirklich fabelhaft, dieser Regen ist prächtig!«

Es war nicht zu glauben. Dann rief er: »Ihr versteht aber auch gar nichts. Der Regen ist ein Glück! Morgen wird der Hafer an der Börse fallen. Ich habe seit Wochen darauf gewartet.«

Der Onkel hatte recht, am nächsten Tag gab es einen Börsensturz beim Hafer, die Ernte war gerettet. Diejenigen, die auf Baisse spekuliert hatten, konnten den erwarteten Gewinn einstreichen, und die Militärs waren beruhigt – alles auf Kosten unseres Fußballspiels.

Dieses ins Wasser gefallene Vergnügen hatte die Börse auf dem Gewissen, aber am gleichen Tag schwor ich mir, zu gegebener Zeit Rache dafür zu nehmen. Die Regenwolken haben mich meine gesamte Börsenlaufbahn hindurch verfolgt.

Ich habe das Spiel aufgenommen. Bei den Zickzack-Kursen der Baumwolle habe ich gezittert, während ich den Himmel über New Orleans beobachtete. Vor der Getreideernte habe ich den Wind im Mittelwesten[1] erforscht, ehe ich in Chicago kaufte oder verkaufte.

Einige Jahrzehnte nach meiner Erfahrung mit dem Hafer habe ich dann auf einmal begriffen, warum die Warenbörse in Paris[2] von Zeit zu Zeit blauzumachen scheint. Ich beobachtete eines Tages, wie diese sehr würdigen Herren, Bevollmächtigte großer Zuckerfabriken, in einem fort hin und her liefen. Sie gingen in aller Eile hinaus, betrachteten mit sorgenvoller Miene den Himmel, dann begaben sie sich schleunigst wieder in das graue Gebäude; tatsächlich lässt der Regen die Rüben wachsen, aus denen man Zucker macht. Klärte sich der Himmel auf, dann stieg der Zucker; ein paar Regentropfen und die Kurse fielen.

Paris war schon lange vor dem ersten Weltkrieg – und niemand weiß, warum – das Schlachtfeld des Zuckers, die bedeutendste Zielscheibe der internationalen Spekulation an der Warenbörse. Ein leidenschaftliches Spiel vollzog sich hier unter dem Taktstock großer Inspiratoren, denen die schönsten Tage der Belle Epoque zu danken waren. Das ging so weit, dass die Regierung in dem Augenblick eingreifen musste, als einer der Könige des Marktes, der Direktor der ägyptischen Zuckerfabriken, Crosnier, Bankrott machte. In der auf den Börsenkrach folgenden Nacht fiel der

1 Mittelwesten: Tal nördlich des Mississippi, größtes getreideerzeugendes Gebiet der USA.

2 Warenbörse in Paris: Sie war bis zum zweiten Weltkrieg ein Markt mit besonders lebhaften Umsätzen. Der Zucker hielt die Spitze, aber man handelte auch mit Getreide, Kautschuk, Rüböl und Alkohol. Sie hat ihre Tore nach dem Kriege wieder geöffnet, ohne die Bedeutung einer Börse im eigentlichen Sinn des Wortes zurückzuerlangen: Sie ist heute nichts weiter als ein einfacher Treffpunkt für Händler und Kaufleute.

Zucker von 33 auf 16 Francs, was alle Transaktionen bei diesem überaus wichtigen Nahrungsmittel über den Haufen warf und eine Neuordnung der Verhältnisse erforderlich machte.

Es ist immer die gleiche Melodie – Regen oder Sonnenschein! Das bedeutet eine Hausse von fünf Prozent oder eine Baisse von fünf Prozent beim Zucker, beim Getreide, bei allen Rohstoffen, die Wettereinflüssen unterliegen.

Die Natur und die Börse

Die Natur schreitet manchmal in noch brutalerer Weise ein und macht aus einem simplen Vorgang ein Drama. Ich denke dabei nicht an außergewöhnliche Ereignisse wie Erdbeben oder Überschwemmungen, sondern an atmosphärische Einflüsse, die sich in gewissen Gebieten der Erde fast tagtäglich bemerkbar machen und manchmal die Quelle wahrer finanzieller Katastrophen sind.

Einige Schweizer Banken spüren noch heute die Nachwehen eines donnernden Finanzkrachs vor einigen Jahren, als eine Finanzierungsgesellschaft einstellen musste, nur weil das Barometer gefallen war. Folgendes hatte sich ereignet:

Eine Gruppe, die zu den ganz großen Rohstoffhändlern gehörte, hatte bei einem vielfach verwendbaren landwirtschaftlichen Erzeugnis, Kopra, auf Baisse spekuliert. Kopra, das getrocknete Kernfleisch der Kokosnuss, gibt jenen flockigen Schaum, der die gute Qualität gewisser Seifenmarken garantiert; außerdem ist Kopra der Hauptbestandteil der Margarine. Diese Gesellschaft hatte an den holländischen Trust »Unilever«, ihren größten Kunden, eine enorme Menge Kopra verkauft. Sie erwartete, als der Korea-Krieg beendet war, eine allgemeine Baisse für sämtliche Rohstoffe, insbesondere für diejenigen aus dem pazifischen Raum. Sie wollte also die Kopra-Ernte der Erzeugungsländer vor dem festgesetzten Datum billig aufkaufen, das heißt zu einem Einkaufspreis, der ihr eine bedeutende Gewinnspanne sicherte. Das ist das klassische Schema der Baisse-Spekulation.

Nun geschah es aber eines Tages, dass der Taifun »Isabella« die Philippinen heimsuchte, das Haupterzeugungsland, und dass alle schönen Kalkulationen innerhalb weniger Stunden von den Fluten fortgespült wurden, die fast die gesamte Kopra-Ernte vernichtet hatten. Unsere Schweizer Gesellschaft hatte die größten Schwierigkeiten, sich die versprochene Ware zu beschaffen, die sie nicht kaufen konnte, weil es praktisch keine mehr gab. Der Mangel an Kopra ließ natürlich den Preis emporschnellen. Wer einen Lagervorrat besaß, diktierte nach Gutdünken den Preis und die Gesellschaft musste sich fügen. Die Transaktion schloss mit Verlusten ab, die zehn Millionen Goldfranken überschritten und für einen Augenblick die Banken, welche die Bürgschaft gegenüber dem Käufer übernommen hatten, in Schwierigkeiten hätten bringen können.

Kleine Ursachen, große Wirkungen – all das, im Grunde genommen, weil man das Fell des Bären verkaufen wollte, ehe man ihn erlegt hatte.

»Bulls« und »Bears«

Dieses Sprichwort bringt mich darauf, dass ich eine Redensart erklären sollte, die sich über die Bereiche der angelsächsischen Börse hinaus, wo sie ursprünglich entstanden war, eingebürgert hat. Man nennt denjenigen bearish oder einfach bear, Bär, der mit der Baisse rechnet und sich auf die Baisse verlässt. Er verkauft heute zu einem bestimmten Preis eine Ware oder ein Wertpapier, das er noch gar nicht besitzt und das er sich erst später besorgen wird. Seinen eigenen Kauf stellt er zurück, weil er glaubt, dass der Preis, den er morgen zahlen muss, niedriger sein wird als der heutige.

Wenn das Sprichwort von dem Mann, der das Fell des Bären verkaufte, bevor er ihn erlegt hatte, dabei dem Buchstaben nach gewissermaßen verzerrt ist, bleibt der Sinn doch derselbe – der »bearishe« Börsianer verkauft wie der Jäger das, was er noch nicht geschossen hat.

Dem Bären gegenüber erhebt sich »bull«, der Stier: Das ist derjenige, der voranstürmt wie das seine Kraft kennende Tier, das alles, was sich ihm in den Weg stellt, mit seinen Hörnern himmelwärts schleudert.

In den Wandelgängen der Wall Street[3] genügt es, wenn zu der Stunde, die der Erforschung der Stimmungen dient, ehe der Vorhang sich hebt, jemand sagt: »Heute bin ich bullish, mein Lieber«, um zu verstehen, dass der Gesprächspartner in einem Haussestrom zu schwimmen gedenkt.

Diese Ausdrücke sind nicht nur in London und New York gang und gäbe, sondern in allen Börsen der Welt, wo kein Mensch es verstehen würde, wenn jemand von einer »Bären«-Lage spräche, wo aber jedermann weiß, dass ein »bearisher Markt« ein beunruhigendes Vorzeichen ist.

An allen Börsen der Welt bieten sich die Bullen und die Bären herausfordernd die Stirn und bekämpfen sich mit häufig recht wilden Methoden. Der Kampf verzehnfacht ihre Kräfte, der Stier sucht den Bären zu Boden zu schlagen, der seinerseits auf den Augenblick wartet, um jenen mit seinen starken Tatzen noch sicherer zu erwürgen. Der Ausgang des Kampfes hängt nicht allein von der Ausdauer der beiden Gegner ab, auch nicht nur von ihrer Stärke. Ganz andere Kräfte, auf die wir später noch zu sprechen kommen, strategischer, taktischer und sogar weltpolitischer Art, schalten sich vor der Stunde des Sieges noch ein.

Im Zeichen der Spekulation und unter dem Wappenschild der Börse stehen sich also die feindlichen Brüder von Angesicht zu Angesicht gegenüber, der Stier und der Bär.

Aber nun werden Sie wissen wollen, was denn die Börse eigentlich ist.

Jeder versucht, sie auf seine Weise zu definieren. Für die einen ist sie ein Monte Carlo ohne Musik, eine Glückslotterie, wo es nur darauf ankommt, eine gute Nummer zu erhalten. Für andere ist sie das Nervenzentrum des wirtschaftlichen Lebens, das den gleichen Pulsschlag haben soll wie die Wirtschaft. Die Wahrheit liegt ungefähr in der Mitte!

Was mich betrifft, so halte ich die Börse für ein nützliches Instrument des liberalistischen Systems. Sie bewirkt eine Umschichtung des Kapitals, das seinerseits den Kapitalismus in Bewegung bringt; gleichzeitig ist sie das Betätigungsfeld der Spekulanten und Parasiten, die sie anlockt und

3 Wall Street: Eine ganz kleine Straße am äußersten Ende der Insel Manhattan; sie beginnt am Fluss des East River und endet an einem Friedhofstor. Hier befindet sich die New Yorker Börse, die Stock Exchange heißt. Mit »Wall Street« wird symbolisch der Kapitalmarkt der Vereinigten Staaten bezeichnet. Manchmal wird der Name auch im abfälligen Sinn in »Geldmauer« abgewandelt.

deren bloße Anwesenheit ihr wieder neue Aktivität verleiht. Gäbe es sie nicht, diese Parasiten, dann müsste man sie erfinden.

Spekulation hat es immer gegeben. Sie blickt auf eine sehr lange Geschichte zurück, die mit der Weltgeschichte parallel läuft. Es gab sie schon, bevor die Börsen das Licht der Welt erblickten, und sie ist älter als jede staatliche Gesetzgebung.

Die ersten Spekulanten

Der Unterschied zwischen Angebot und Nachfrage ist ebenso die Ursache für Hausse und Baisse wie der Wechsel zwischen Mangel und Überfluss, und seit grauester Vorzeit haben die Spekulanten versucht, sich als Seiltänzer zwischen beiden zu bewegen.

Der Erste in der Geschichte, der sich spekulativer Akrobatik hingab, war vermutlich Joseph. Die Episode von Pharaos Traum, den sieben fetten Kühen und den sieben mageren Kühen, bleibt ziemlich dunkel. War Joseph, der ägyptische Finanzminister vor viertausend Jahren, der geniale Vater der Planwirtschaft – der den Ernteüberschuss aufkaufte, um den Preis zu halten, und ihn für die Jahre der mageren Kühe einzulagern –, oder war er schlicht und einfach – honni soit qui mal y pense – der erste Spekulant der Geschichte, ein gewöhnlicher Schieber, der die Ware nur aufkaufte, um den Preis künstlich hochzutreiben?

Die Spekulation ist die Akrobatik des Geldwesens, die Spekulanten tanzen dabei auf dem Seil: Das ist beinahe eine gemeinsame Basis.

Im alten Athen wurden die Geldleute Trapezio, Trapezkünstler, genannt. Die kleinen Tische, hinter denen sie sich niederließen, um ihre Geldstücke zu sortieren, hatten zweifellos Trapezform, aber es ist einfacher, in dem Namen ein Symbol zu sehen; wie passend er ist, hat sich seitdem oft und oft bestätigt. Die anrüchigen Geschäfte eines dieser Trapezkünstler hatte eine Reihe von finanziellen Katastrophen und Preisstürzen ausgelöst: Der Name des Bankiers Phormion selbst ist dadurch zwar nicht unsterblich geworden, aber er hat seinem Rechtsanwalt Demosthenes, dem größten Redner der Antike, Gelegenheit gegeben, die erste leidenschaftliche Verteidigungsrede für die Spekulation – vielleicht mit Kieselsteinen im Munde – zu halten.

Die Spekulation entwickelte sich gleichermaßen in Rom, der größten Stadt und dem Knotenpunkt der Finanzen des Mittelmeerraums. In den schönen Tagen der Republik forderte Cato, der Zensor, mit dem leidenschaftlichen Patriotismus, der ihn berühmt gemacht hat, die Zerstörung Karthagos. Ein nicht geringer Teil seiner Mitbürger zahlte die Zeche für seine Politik. Der Ruhm der Republik kostete die Spekulanten viel Geld, als es zu dem großen Börsenkrach wegen des Getreidepreises kam. Karthago wurde die Kornkammer der Römer, als der General Scipio die römischen Truppen in das Herz der besiegten Stadt führte, die Lagerhäuser plünderte und die Silos öffnete. Rom erhielt bald Tausende von Tonnen Getreide, zusätzlich zu seiner eigenen Ernte. Die Preise kamen zuerst ins Gleiten, schließlich stürzten sie rapide.

In den Geschichtsbüchern wird uns der gleiche Cato als ein tugendhafter Asket hingestellt, der die Güter dieser Welt verachtete. Nun, Cato hatte vom Geld eine ebenso wenig philosophische wie gleichgültige Vorstellung. Es sei normal, behauptete er, dass eine Witwe ihre Habe nicht vermehre, aber ein Mann sollte sein Vermögen vermehren. »Vor den Göttern findet nur Gnade, wer mehr hinterlässt, als er geerbt hat.«

Wenn Cato in seiner klassischen und eleganten Sprache mit Erfolg predigte »Bereichert euch!«, was wir gut kennen, so hat Cicero es vollendet verstanden, den Rat in die Tat umzusetzen.

Alle Tage konnte man gegen Mittag auf dem sonnigen Forum, zwischen den Tempeln des Jasus oder an der Basilica Portia, wo sich die römische Börse befand, Herrn Cicero treffen, einen vielbeschäftigten Rechtsanwalt, der für einen Augenblick seine Klienten vernachlässigte, die in seinem Büro in der Stadt auf ihn warteten, um sich seinen persönlichen Angelegenheiten zu widmen.

Ciceros Methode der Spekulation ist noch heute sehr modern. Er kaufte Immobilien, Ruinengrundstücke der Stadt der Sieben Hügel, dann wartete er, oder bei passender Gelegenheit half er etwas nach, um den günstigen Augenblick herbeizuführen, wo er sie unter Erzielung eines großen Gewinns wieder abstoßen konnte. Nachdem Cicero ein paarmal das vollbracht hatte, was wir heute »sich durch Bankrott gesund machen« nennen, hatte er sich ein ganz hübsches Vermögen erworben und ebnete damit den Weg für umfangreiche Spekulationen. Er war auch ein großer Förderer der Börse von Rom, die er zum Treffpunkt der Spekulanten der ganzen italienischen Halbinsel machte.

Wenn er versicherte, das Geld sei der Nerv der Republik, so war er ebenso davon überzeugt, dass die Börse dessen Tempel sei!

Dann kam für die Börse die lange schwarze Nacht des Mittelalters. Die Börsen, ein Instrument hochentwickelter Zivilisationen, verfielen in einen Dornröschenschlaf. Byzanz flackerte noch weiterhin von Zeit zu Zeit wie ein Irrlicht auf als Handelszentrum der griechischen, syrischen und jüdischen Kaufleute. Große Versammlungen mit den Geschäftsmännern aus dem Westen fanden überall an den Ufern des Bosporus statt. Hier verhandelte man im Rahmen normaler Handelsgeschäfte über Seide aus China, Teppiche aus Persien und Goldschmiedearbeiten aus Kleinasien.

Über ganz Europa verstreut finden wir zu jener Zeit den Markt mit seinen bunten Buden, wohin jedermann seine Erzeugnisse aus dem eigenen Garten oder Hühnerhof bringt. Die Ware ist da, sie liegt ausgebreitet vor den Augen des selbst auswählenden Käufers.

Die Warenbörsen

Man verhandelt in Venedig auf der Rialtobrücke, in Florenz unter den Bögen des Ponte Vecchio, in Genua in den Schenken am Alten Hafen. Die Zusammenkünfte finden am häufigsten in Norditalien statt und begründen den Wohlstand der Handelsstädte.

Die Waren sind von nun an bekannt genug, auch wenn man sie nicht mehr auf dem Handteller nachwiegt, um Maß oder Gewicht zu bestimmen. Nachdem sie Vertragsgegenstand und von vornherein typisiert worden sind, sind sie von der Bildfläche verschwunden; man arbeitet mit einer Fiktion, handelt mit abstrakter Ware, über die fest umrissene Kontrakte abgeschlossen werden.

Dann kam die Warenbörse; ihre Organisation war schon komplizierter, und zweifellos war sie weniger malerisch als der Markt. Die Getreidesäcke und Stoffballen sind weit entfernt, sie ruhen in ihren Lagerhäusern.

Diese großen kommerziellen Transaktionen haben das Äußere der Messen und Märkte von ehemals vollständig verändert. Die regionalen Zentren entwickeln sich, sie werden zu wahren Handelsmetropolen. Die Messen sind jetzt Dauereinrichtungen, die Zusammenkünfte finden nunmehr regelmäßig statt und die Handelsbräuche werden gesetzlich festgelegt.

Ebenso wie die Effektenbörsen werden die Warenbörsen, was ihre Einrichtung betrifft, durch die gesetzliche Verankerung ihrer Ursachen charakterisiert, was entweder auf Anweisung der Regierung oder aufgrund eines einstimmigen Beschlusses der Börsenmitglieder geschehen kann.

Zu den großen Festplätzen strömen die Kaufleute, um Stoffe oder Leder, Gewürze oder Weine zu verkaufen. Die Ausdehnung des italienischen Handels nach Nordeuropa ließ gewisse Orte in den Niederlanden zu Niederlassungen werden, die mehr oder weniger nur für eine gewisse Periode Bedeutung hatten. Die Familie van der Beurse, deren Wappen stolz drei Geldsäcke zeigte, hat ihren Namen in der Geschichte verewigt, und in der Bezeichnung »Börse« lebt er weiter. In ihrem stattlichen Haus in Brügge trafen sich die aus ganz Europa zusammengekommenen Kaufleute, um Angebot und Nachfrage gegeneinander abzuwägen. Man ging zu den Beurse – daraus wurde »Man ging zur Börse«. Das Haus ging später in das Eigentum venezianischer Kaufleute über, die hier weiter ihre Versammlungen abhielten. Die Florentiner und Genuesen ließen sich bald in der Nachbarschaft nieder.

»What news on the Rialto?« – was gibt es Neues am Rialto? – fragt Antonio im »Kaufmann von Venedig«, bevor er überhaupt seine Kollegen begrüßt.

Gegen Mitte des 16. Jahrhunderts, nach der Eroberung Amerikas, konzentrierte sich das Geschäft auf Antwerpen und entwickelte sich immer lebhafter; hier traf man Kaufleute aus aller Herren Länder und hörte alle Sprachen der Welt. Die erste Börse hatte offiziell das Licht der

Welt erblickt. Im Jahre 1592 erschien der erste Kurszettel, der eine Liste der verschiedenen Kurse veröffentlichte.

Die Stadt war wie ein aufgeregter, summender Bienenstock. Die farbenprächtige Menge in ihren malerischen Kostümen war für die Antwerpener eine Augenweide. Ein zeitgenössischer Dichter berichtete voll Verwunderung über so viel Aktivität: »Es war eine Welt für sich, man hörte ein Gewirr aller Sprachen aus den fernsten Gegenden, die sich hier wiederfanden.«

In diesem Turm von Babel funktionierte die Einrichtung des Kaufens und Verkaufens schon tadellos. Es geschah immer häufiger, dass die Lieferungen auf einen späteren Termin zurückgestellt wurden, statt sofort ausgeführt zu werden. Der Zeitraum, der zwischen beiden Operationen lag, gestattete es, Hausse oder Baisse der Waren vorauszuberechnen: Damit waren Tür und Tor für die Spekulation geöffnet.

Der in Aussicht stehende Gewinn lockte eine große Zahl von Abenteurern an, die versuchten, aus den Kursdifferenzen Nutzen zu ziehen. Das stellte einen Vorteil dar: Es ist tatsächlich so, je umfangreicher Transaktionen sind, umso mehr dämpfen sie den Schock des Preisgefälles.

Zur gleichen Zeit entwickelte sich ein Spekulationsgeist, der ein ideales Experimentierfeld bei gewissen kostbaren Produkten fand. Ein solches Erzeugnis war zum Beispiel der Pfeffer, die erste Ware, auf die sich eine hemmungslose Spekulation stürzte.

Pfeffer war ein Monopol der portugiesischen Krone und kam aus Indien. An Bord königlicher Karavellen musste die kostbare Fracht die Gefahren durch Unwetter und Stürme überstehen, ehe sie überhaupt europäische Häfen erreichte. Auch musste sie den Korsaren und berberischen Piraten entgehen, die die Meere unsicher machten. Die Handelsgeschäfte wurden vor allem in Amsterdam getätigt, das wieder eine große Bedeutung gewonnen hatte. Hier wurde der Pfeffer im Termingeschäft verkauft, manchmal bevor er überhaupt seine lange Reise nach dem Westen angetreten hatte. Wieviel Gewürz von Indien abging, war ebenso ungewiss wie die Menge, die am Ankunftstage aus den Schiffen ausgeladen werden würde. Die großen Preisverschiebungen, die sich aus dieser Unsicherheit ergaben, steigerten die Lust am Spielungeheuer. Wenn die portugiesischen Könige ihre Kassen wieder auffüllen wollten, verkauften sie Schiffsladungen Pfeffer im Voraus an Fugger[4] und erhielten Anleihen, welche die Handelsfürsten jener Zeit ihnen gewähren konnten.

Der Pfeffer hat bis in unsere Tage seine spekulative Stoßkraft behalten. In den Jahren 1935–1936 war er der Grund für große Geldvergeudung. Er brachte eine englische Gesellschaft in Schwierigkeiten; sie hatte eine Menge Pfeffer, die der Ernte von zwei Jahren entsprach, gekauft, um den Preis in die Höhe zu treiben, indem sie den Markt verknappte. Schließlich konnte die Gesellschaft das Geld nicht aufbringen, um die Einkäufe zu bezahlen, und die Kurse sanken ab, wobei alle in Mitleidenschaft gezogen wurden, die sich an der Operation beteiligt hatten. Es heißt sogar, dass eine der großen Fünf (eine der fünf großen englischen Banken)[5] dabei einige Millionen Pfund Sterling einbüßte. Auch heute noch kann man alle Nachrichten über den Pfeffer an ehrenvoller Stelle finden, nämlich in der reservierten Spalte der rosa Seiten der *Financial Times*. Schriebe man über die bedeutende Rolle, die der Pfeffer in der Geschichte der Spekulation und der Warenbörse gespielt hat, so würde das allein einen dicken Band füllen.

Die erste Effektenbörse

Das ganze 17. Jahrhundert hindurch verdichtete sich das Netz der geschäftlichen Tätigkeit. Ihr Zentrum verlagerte sich von Antwerpen nach Amsterdam, das bald der Handelsplatz des Jahrhunderts wurde. Später lag das Schwergewicht bei dem Handeln mit Wechseln, den Effekten des Handels, den Vorgängern der Mobilienwerte. Amsterdam fand

4 Fugger: Schon im 15. Jahrhundert bekannte Augsburger Kaufmanns- und Bankiersfamilie. Sie finanzierte die Wahl Karls V. im Jahre 1519 zum deutschen Kaiser. Die Fugger waren Inhaber zahlreicher Monopole (Pfeffer) und besaßen die Bergwerksgerechtsamen in Spanien, Tirol und Ungarn. Als Bankiers der Päpste und überzeugte Katholiken unterstützten sie stets den Kampf gegen die Häretiker. Die Dynastie Fugger hatte als Regal das Münzrecht erhalten. Der Berühmteste unter ihnen war Jakob Fugger der Reiche (1459–1525). Die Fugger waren große Mäzene und in allen Museen der Welt findet man zahllose Porträts von ihnen.

5 Big Five: Gebräuchliche Bezeichnung für die größten englischen Banken: Midland, National Provincial, Barclays, Westminster und Lloyds.

bei diesen Geschäften Gelegenheit, bereits im 17. Jahrhundert die erste Effektenbörse im modernen Sinn des Wortes zu werden.

Bei schönem Wetter waren Käufer und Verkäufer in der Nähe der Neuen Brücke unter freiem Himmel emsig tätig. Im Winter schützte sie die Alte Kirche vor den Unbilden des Wetters, bis im Jahre 1613 ein eigenes Gebäude für sie erstellt wurde. Dieses erste Börsengebäude diente späteren Bauten als Muster. Zeitgenössische Stiche und Bilder zeigen uns damalige Börsianer ins Gespräch vertieft in den Ecken der Galerie, die reizende Innenhöfe umlief. Welch ein Unterschied zu den heutigen Börsenräumen, wo Fernschreiber und Schreibmaschinen klappern!

Zu jener Zeit erlebt ganz Europa ein Aufblühen der Börsen. Ein königliches Edikt ruft die Börse von Toulouse ins Leben, die mit der in Lyon wetteifert. Ihre Entwicklung wird etwas aufgehalten durch die Unbeständigkeit der politischen Lage in Frankreich, durch Kriegslasten und konfessionelle Schwierigkeiten.

In London wird der Bau der Royal Exchange durch königliche Verordnung auf Veranlassung von Sir Thomas Gresham[6] beschlossen.

Ein Ukas des Zaren Peter des Großen befiehlt den Bau einer Börse nach dem Vorbild Amsterdams in jenem ganz neuen St. Petersburg, dessen Pläne er gerade entwirft. Eine wirkliche Börse nach abendländischem Muster stellt bald die großen Märkte, zum Beispiel in Nischni-Nowgorod, in den Schatten, wo sich früher die aus ganz Russland zusammengekommenen Reisenden gedrängt hatten.

Auch Deutschland nimmt an dieser Bewegung teil. Die Börsen schießen hier wie die Pilze aus dem Boden. Erst in Augsburg, dann in Köln, Hamburg, Frankfurt – die Frankfurter Börse sollte lange an erster Stelle stehen –, schließlich in Berlin. Die wirtschaftliche Entwicklung, die Transportmöglichkeiten, die Bedürfnisse des Handels, das Anwachsen des Kapitalismus selbst förderten die Gründung dieser Institute.

6 Sir Thomas Gresham: Schatzkanzler der Königin Elisabeth der I. von England. Ein nach ihm benanntes nationalökonomisches Gesetz sagt, dass schlechtes Geld gutes Geld verdränge: Wenn zwei Geldsorten von verschiedenem Wert im gleichen Lande im Umlauf sind, dann verschwindet das gute Geld, weil jeder es häuft, während das schlechte Geld eine große Umlaufgeschwindigkeit entwickelt, denn jedermann will es wieder loswerden.

Die Börse ist ein Spiegel des täglichen Lebens, und häufig bestimmt die Mode ihre Entwicklung. Kaum hatte man den ersten Kaffee in den Salons des Faubourg Saint-Honoré genießerisch geschlürft, als sich schon der Kaffeemarkt an der Hamburger Börse auftat.

Europa entdeckte voll Entzücken die überseeischen Erzeugnisse: Man begeisterte sich für Schokolade. Die Freude an dieser Neuheit verwandelte sich an der Börse alsbald in Kakaospekulation.

Die Launen der Mode gaben den Märkten die nötige Bewegungsfreiheit, um sich entwickeln zu können. Den Warenbörsen, die es fast überall gab, war die Eroberung Europas gelungen. Sie hatten gewissermaßen ihre Konkurrenz ausgestochen: die Auktionen. Auf diese Weise hatten nämlich die großen Handelsgesellschaften ihre Waren verkauft, die sie von Übersee hatten kommen lassen.

Börsen und Auktionen

Zwischen diesen Auktionen und den organisierten Warenbörsen besteht ein wesentlicher Unterschied. An der Börse entsteht der Kurs aus dem Marktpreis, dem sich viele Käufer und viele Verkäufer gegenübersehen, während bei den Versteigerungen die Käufer, deren Zahl unbegrenzt ist, mit einem einzigen Verkäufer zu tun haben. Wenn die Methode auch verschieden ist, so sind die Vorgänge in ihren Ergebnissen doch ziemlich verwandt. Für gewisse Waren bleibt der Versteigerungskauf weiter in Übung, genauer gesagt, für die nicht vertretbaren Güter, die in zu verschiedener Qualität angeboten werden, als dass sie standardisiert werden könnten.

Diese Waren werden Mustern oder Proben verkauft, weil sie nicht gegeneinander austauschbar sind. Es handelt sich um Erzeugnisse, die, wie man sagen könnte, einen individuellen Charakter haben, da sie sich nicht in Klassen einordnen lassen und keine Katalogartikel sind. Deshalb werden zum Beispiel Pelze auf Auktionen in Kanada oder London verkauft, und das Elfenbein aus Afrika in Antwerpen. Die mannigfaltigen Teesorten lassen sich auch nur nach Mustern bestimmen. Die Rohwolle ist, bevor sie nicht, wie die »wooltop«[7], schon ein Halbfertigfabrikat ist, kein Gegenstand von Börsengeschäften, sondern gehört auf den Auktionsmarkt.

Wer einmal an einem schönen Frühlingsmorgen würdige Bürgersleute mit ernster Miene durch Amsterdam schreiten sieht, die Arme voll Nelken oder Tulpen, der lächle nicht: Es sind keine verrückten Poeten. Sie wollen lediglich ihren Abnehmern in einer Art Amphitheater, wo die Blumen-Auktionen stattfinden, ihre Muster zeigen. Es besteht aber keine große Gefahr mehr, dass die holländischen Blumenzüchter sich auf solche Hirngespinste einlassen, wie sie ihren Vorvätern in der berühmten Tulpengeschichte zum Verderben gereichten.

Keine andere Ware kann sich einer solchen Vergangenheit rühmen, doch ist die Liste derjenigen lang, die heute bei Börsengeschäften gehandelt werden.

Alles, was uns umgibt, die Gegenstände, die zum täglichen Leben gehören, sie alle sind Spekulationsobjekte, ohne dass wir es wissen.

Es hieße, eine Reise auf einem fliegenden Teppich machen, wollte man alle die Orte aufsuchen, wo mit dem Kaffee und Zucker für unser Frühstück, mit dem Leder für unsere Schuhe an den Börsen hin und her gehandelt wird. Ohne langweilig zu sein wie eine Schulstunde, wäre eine solche Reise ein märchenhaft praktischer Geografieunterricht.

Womit spekuliert man?

Man kann tatsächlich mit allem spekulieren. Doch hat die Spekulation ihre Lieblinge. Das sind die Güter, die sozusagen nicht die Leihgabe normaler Handelsgeschäfte bleiben, sondern bei denen beträchtliche Preisabweichungen auftreten. Diese Differenzen, die mancherlei Ursachen haben, ermöglichen es dem geschickten Spekulanten, aus Baisse und Hausse Nutzen zu ziehen.

Wollten Sie ein Geschäft mit Zucker machen, so waren Magdeburg und Havanna, vor allem aber Paris die richtigen Orte dafür. Heute ist es New York.

7 wooltop: Kammwolle, die bereits einen ersten Bearbeitungsvorgang durchlaufen hat.

Sie haben die Wahl zwischen Le Havre und Hamburg bei Kaffee, sofern nicht die Bucht von Rio de Janeiro oder Santos auf der anderen Erdhälfte Sie reizt.

Wieviel Stempel im Pass brauchte man, müsste man der Wolle von Sydney nach Tourcoing folgen, dem Kautschuk, dem Zink oder dem Kupfer von ihren Ursprungsländern nach New York, während die Börse in London die Kurse festsetzt. In einigen Ländern handeln die Warenbörsen mit allen Materialien.

In den Vereinigten Staaten gibt es für jedes Produkt eine eigene Börse – für Eier, Zwiebeln oder Kartoffeln in New York. Vor dem Chicago Board of Trade defilieren die amerikanischen Getreidesorten.

Textilrohstoffe werden überall auf der Welt gehandelt: in Tokio die Seide, in Minneapolis das Leinen, in Kalkutta die Jute, in Madras die indische und in Alexandria die ägyptische Baumwolle.

Istanbul handelte früher mit Häuten, München, Riga und Odessa mit Holz, und Hamburg mit Heringen der Ost- und Nordsee.

Für Silber gibt es eine ganze Kette von Börsen über alle Kontinente hinweg, von Bombay bis Hongkong und von Montreal bis London, ebenso wie für Petroleum von New York bis Bremen.

Athen war immer die Börse für Rosinen aus Korinth und von anderen Plätzen. Der Weizen hielt in Budapest gute Nachbarschaft mit Hafer, Schweineschmalz und Pflaumenmus aus Serbien, der Heimat des Slibowitz.

In Teheran war es das für die Parfümindustrie so kostbare Rosenöl, in Amsterdam und New York der Kakao, der Reis in Marseille, Eisen in Glasgow, Kohle in Cardiff und – wieder auf dem Kontinent – der Alkohol in Wien. London war der Lieblingsplatz der Waren, deren Name allein schon märchenhafte Möglichkeiten andeuten: Schellack, Indigo, Safran, Vanille, Raphia … halt!

Bei dem Wort »Raphia« kann ich nicht umhin, etwas zu verweilen. Ja, Raphia ist ein alter Film, den ich vor meinen Augen abrollen sehe.

Wie ich schon erzählt habe, war meine Kindheit überschattet von der Börse. Sie gehörte in Budapest einfach zum täglichen Leben, um sie drehten sich alle Gespräche, sie war das Hobby meiner ganzen Umgebung.

Der Pulvergeruch in den ersten Sommertagen des Jahres 1914 hatte ein wahres Spekulationsfieber ausgelöst und man stürzte sich vor allem auf diejenigen Waren, die für den zivilen Verbrauch notwendig waren und bei denen Gefahr bestand, dass sie nicht mehr nach Ungarn eingeführt werden könnten, wenn die Verbindungen abgeschnitten wären.

Deshalb stiegen die Kurse für ausländische Erzeugnisse, besonders für diejenigen, deren Ursprungsländer sich mit den Mittelmächten im Kriege befanden, und sie drohten, weiter zu steigen. Man spekulierte mit allem, mit den verschiedensten Waren, Vanille, Gewürznelken, und vor allem spekulierte man mit Raphia, denn Raphiabast diente zum Festbinden der Weinreben und spielte eine große Rolle im ungarischen Weinbau.

Mein Bruder war damals Volontär in einer Kreditanstalt, die sich auf Rohstoff-Finanzierungen spezialisiert hatte; er hörte durch Zufall von einem Börsenwink über Raphia. Zusammen mit einigen Freunden raffte er seine ganzen Ersparnisse zusammen und der Inhalt ihrer Sparbüchsen verwandelte sich in einen Vertrag über Stroh, der ihnen ein Vermögen einbringen sollte. Der Preis war damals durch die Spekulation schon stark überhitzt. Das Glück schien erst der Raphiafaser hold zu sein. Der Krieg brach aus und ihr Preis schnellte wie ein Pfeil in die Höhe.

Doch ein Ereignis sollte den Plan meines Bruders und seiner Freunde zunichtemachen. Die österreichisch-ungarische Armee stieß blitzschnell in das nördliche Serbien vor, gleichzeitig gelangten die deutschen Truppen bis an die Marne. Der alte Feldmarschall Hindenburg schlug die Russen bei Tannenberg in Ostpreußen. Die Scheinsiege an drei Fronten ließen auf einen baldigen Frieden hoffen; alles würde bald wieder normal werden.

Die Raphiafaser begann zu gleiten ... wie alles andere auch; die Sicherheiten, die mein Bruder hinterlegt hatte, schmolzen schnell dahin und die Bank forderte neue Garantien. Aber leider waren seine Taschen leer.

Das Gesicht meines Bruders wurde vom Frühstück bis zum Abendbrot immer länger, und jeden Tag ein bisschen mehr. Ein Hausse-Punkt ließ ihn aufatmen, drei Baisse-Punkte stürzten ihn umso tiefer in die Verzweiflung. Wir alle erlebten dieses ständige Auf und Ab intensiv mit, und so wichtig uns die Nachrichten von den Fronten waren, genauso wichtig waren uns ihre Auswirkungen auf den Börsenkurs der Raphia.

Mein Bruder wurde von Furcht geschüttelt, als er sich darüber klar wurde, dass mein Vater seinem Hilferuf kein sehr williges Ohr leihen wollte. Auch die mütterliche Vermittlung machte den Vater nicht freigiebiger. Wir zitterten alle, als mein Bruder, durch die Forderung der Bank in Panik versetzt, sogar von Selbstmord sprach. Das Schreckgespenst eines Dramas schwebte über dem ganzen Haus.

Schließlich wurde sich mein Vater der drohenden Tragödie bewusst; er erkannte, dass mein Bruder es als Ehrensache betrachten und ernst machen würde. Er bewilligte ihm die notwendige große Summe.

Seitdem wurde das Wort Raphia in unserer Familie vermieden wie der Strick im Haus eines Gehenkten. Es gab keine Tragödie, die Ehre war nicht angetastet worden. Aber ich, ich bekam das rote Fahrrad nicht, von dem ich geträumt hatte.

Kaum war dieser gefährliche Spekulanten-Notstand überwunden, da kam die Marneschlacht und mit ihr die Rückschläge an den anderen Fronten. Die Hoffnungen auf einen raschen Sieg waren dahingeschmolzen. Der Krieg verlängerte sich hoffnungslos. Die Raphiafaser kletterte rasch den Berg wieder hinauf und gewann alles wieder, was sie verloren hatte. Aber nun war es zu spät.

Die Beteiligten haben die Episode der Raphiafaser sicher vergessen, aber ich spüre sie noch in meinen Knochen, jene Tage großer Spekulation; es ist eine Lektion in Logik, die ich bei diesem Abenteuer gelernt habe und die es mir zweifellos später ermöglichte, mich aus solchen ruinösen Unternehmungen herauszuhalten.

$2 \times 2 = 4$. Das ist eine unfehlbare Gleichung in den Berechnungen des Ingenieurs, aber nicht in den Kalkulationen des Spekulanten.

Ich würde eher sagen, an der Börse ist $2 \times 2 = 5 - 1$, oder $2 \times 2 = 3 + 1$, aber niemals $2 \times 2 = 4$.

Alles geht dabei in Ordnung: $5 - 1$ ist zweifellos 4, auch $3 + 1 = 4$. Man kommt immer zum gleichen Ergebnis wie der Ingenieur, aber mit dem Unterschied, dass, bevor man „minus eins“ sagt, die Partie verloren ist, sofern man nicht durchhalten kann.

Die Dinge folgen einer natürlichen Ordnung, aber sie gelangen nicht immer gleich ans Ziel. Zuerst geht alles schief. Dann erst kommt alles so, wie man es erwartet hatte. Man muss darum zu warten verstehen, einen geschmeidigen Rücken, Nerven von Stahl und ausreichenden finanziellen Rückhalt haben.

Es genügt nicht, Algebra zu können, man muss sie auch anzuwenden verstehen. Das muss wohl der Chronist des »Merkur« von John Law[8] nach der Katastrophe in der Rue Quincampoix gedacht haben:

> Hier ruht Schottlands berühmter Sohn,
> der rechnete ohnegleichen schon,
> und durch sein Algebra-Geschick
> brach er Frankreich das Genick.

Diese mathematische Sicherheit ist mir immer im Gedächtnis geblieben und hat mir zweifellos geholfen, etwa 20 Jahre später einen gewissen Sturm lebend zu überstehen, bei dem ich gut und gerne hätte ertrinken können.

Eine ganze Armee von Börsenmaklern aus Chicago hatte Europa und die Vereinigten Staaten durchgekämmt und allen denen, die es hören wollten, von ihrem wunderbaren Tipp erzählt:

Sie hatten »die Spekulation des Jahrhunderts« entdeckt, wollten die breite Masse davon profitieren lassen und machten dafür enorm Reklame.

Seit die Welt besteht, gibt es eine vollkommen konstante Preisrelation zwischen Mais und Schweineschmalz. Ein willkürlich gewähltes Zahlenbeispiel erklärt den Grund:

Nehmen wir an, der Kurs für Mais ist 100, dann steht das Schweineschmalz notwendigerweise auf 120. Es gibt keinen Unterschied zwi-

---

8 John Law (1671–1729): Berühmtes schottisches Finanzgenie, Freund des französischen Regenten, Gründer der Banque Générale. Ihm ist die Ausgabe der ersten Banknoten zuzuschreiben. Er gründete auch die Westindische Kompanie, genannt Mississippi-Kompanie, die mit einem Fiasko endete. Da er weitgehend für den katastrophalen Zustand der französischen Finanzen am Ende der Regentschaft verantwortlich war, musste er vor dem Zorn des Volkes fliehen und sich ins Ausland retten. Als Kartenspieler und großer Schürzenjäger brachten ihm seine galanten Abenteuer zahlreiche Duelle ein. Ein Duell zwang ihn auch, Schottland zu verlassen und Frankreich mit seinem Talent zu beglücken. Er starb 1729 in Venedig im Elend. Sein (wirtschafts- und währungspolitisches) »System« ist noch heute stark umstritten; Spuren davon finden sich in den Theorien von Lord Keynes.

schen beiden Produkten, abgesehen von dem Weg, den der Mais über das Schwein zurücklegt, wobei er sich in Schweineschmalz verwandelt.

Der gesunde Menschenverstand fordert direkt eine konstante Preisrelation. Doch, unwahrscheinlich aber wahr, der Mais stand bei 90 und das Schweineschmalz bei 130. Jeder Spekulant, der diesen Namen verdient, war es sich selbst schuldig, ein solches Geschenk des Himmels zu ergreifen. Man musste einfach Mais kaufen und Schweineschmalz verkaufen. Beim Mais auf Hausse spekulieren und gleichzeitig auf Baisse beim Schweineschmalz, das lag auf der Hand.

Noblesse oblige. Wie viele meiner Freunde, konnte auch ich einer solchen Versuchung nicht widerstehen und stürzte mich ebenfalls auf dieses Geschäft.

Entgegen allen Erwartungen hielt das Schicksal schmerzliche Überraschungen und Enttäuschungen für uns bereit. Denn die einen wie die anderen verloren bei beiden Produkten. Der Mais setzte seine Baisse fort und das Schweineschmalz gleichermaßen seine Hausse. Der Schlag war ebenso hart wie unverständlich.

Welcher kleine Umstand hatte die sonst unfehlbare Relation des Dreigespanns Mais-Schwein-Schweineschmalz über den Haufen geworfen?

Ein neuer Mann war zum Präsidenten der Vereinigten Staaten gewählt worden und hatte ein Programm für die Neuordnung der Wirtschaft mitgebracht: Franklin Delano Roosevelt. Der landwirtschaftliche Plan des Präsidenten sah neben anderen, technischen, Maßnahmen vor, Hunderttausende von Ferkeln, sozusagen die »Träger« der wunderbaren Mais-Verwandlung, abzuschlachten. Der Mais war gefallen, weil mehr davon vorhanden war, als die übriggebliebenen Schweine fressen konnten, und das Schweineschmalz war ganz einfach gestiegen, weil es weniger Schweine gab. Eine wahre Panik bemächtigte sich der fettverarbeitenden Industrie, da Schmalz kaum noch aufzutreiben war.

Die fast perfekte Spekulation war zusammengestürzt wie ein Kartenhaus, weil wir vielleicht einen Augenblick lang vergessen hatten, dass man mit allem rechnen muss – und besonders mit dem Unerwarteten.

Ich kann noch ein weiteres »Roosevelt'sches« Abenteuer zur Untermauerung meiner Behauptung beisteuern. Es illustriert sie auf eine Weise, die mich zweifellos viel Geld gekostet hat, aber immerhin sehr beachtlich ist: Es handelt sich um Silber.

Die Geschichte dieses weißen Metalls ist ein ruhmreiches Heldenepos. Sie begann in den heroischen Zeiten der spanischen Kolonisation, als die Konquistadoren, geblendet von dem durch sie entdeckten märchenhaften Amerika, dem spanischen König unglaubliche Berichte sandten. Von Potosí, im geheimnisvollen Peru, im heutigen bolivianischen Staatsgebiet, bis Madrid, im Herzen Kastiliens, hätte man eine silberne Brücke spannen können mit den fantastischen Silberadern, die sie gefunden hatten.

Wenn auch die Leidenschaft für das Silber Henry Morgenthau jr.[9] nicht mehr verzehrte, den großen Finanzminister des Präsidenten Roosevelt, so verstand er es doch, eine seiner Ideen praktisch zu verwirklichen. Seit dem Schwarzen Dienstag des Jahres 1929 war die große Krise auf dem Höhepunkt. Die Geld-Deflation erstickte buchstäblich das durch eine Vertrauenskrise erschütterte Land.

Henry Morgenthau jr. hatte geglaubt, dass eine Aufwertung des Silbers die Situation vielleicht entspannen würde. Aus wirtschaftlichen Gründen, die nicht direkt mit diesem Thema zu tun haben, wollen wir diese Motive schematisch darstellen und nur erwähnen, dass die silbererzeugenden Staaten der USA aus egoistischen Gründen einen gewissen politischen Druck ausübten: Nebenbei wollte die Regierung die Kaufkraft der Herstellerländer, zum Beispiel Mexikos, heben, und gleichfalls die Kaufkraft der Länder, die einen bedeutenden Silbervorrat besaßen. Der Geheimschatz der Chinesen, der Sparstrumpf der Inder, das war Silber: Es genoss die gleiche Wertschätzung wie das Gold im Westen. (Die Rupie, das indische Zahlungsmittel, war eine Silberwährung, ebenso wie der Chinesische Dollar.)

Ohne ein Programm für eine ausgesprochene Doppelwährung zu haben, wollte Morgenthau der »Federal Reserve Bank«[10] zu einem Silberbestand im entsprechenden Verhältnis zum Goldbestand verhelfen. Ein

9 Henry Morgenthau: Persönlicher Freund und Nachbar des Präsidenten Roosevelt, wurde Finanzminister in dessen Kabinett (1934–1945).

10 Federal Reserve Bank: Notenbank in den Vereinigten Staaten, bestimmt die Währungs- und Kreditpolitik des Landes. Ihr Gouverneur spielt die Hauptrolle in der Finanzpolitik der USA.

Gesetz legte den Preis fest, zu dem die Regierung das aus den amerikanischen Bergwerken geförderte Silber ankaufen würde, und verbot überdies die Einfuhr ausländischen Silbers. Ein neuer, beträchtlich höherer Kurs wurde festgesetzt.

Die Spekulanten, die auf die Entscheidungen von oben lauerten, hatten eine gute Fährte gewittert und waren bereit, sie zu verfolgen. Sie stürzten sich in London, das die Hauptbörse dafür war, auf Silber und kauften enorme Mengen zu einem Kurs, der so viel niedriger war als Morgenthaus Einkaufspreis, dass es kaum zu glauben war. Langsam stieg der Kurs angesichts des Umfangs der Spekulationen, doch blieb die Sache immer noch überaus interessant, weil der Preisunterschied riesig war. Das Silber gelangte in Mengen nach den Vereinigten Staaten, zumal es nach und nach aus seinen Verstecken in Indien und China herauskam.

Die Chinesen waren immer die geschicktesten Schmuggler der Welt gewesen, und so war es ein Kinderspiel für sie, den Silberstrom von Hongkong nach Amerika zu leiten.

Das aus China importierte Silber hatte die gleiche Farbe wie das Silber aus Nevada, und dasjenige aus Montana ähnelte merkwürdigerweise den Schiffsladungen, die aus Bombay geschmuggelt wurden. Die Federal Reserve Bank bezahlte alles.

Die Chinesen ihrerseits ließen es sich angelegen sein, mit diesem Geld in weiser Voraussicht in Deutschland Waffen zu kaufen, da der Bürgerkrieg schon in der Luft lag. Sie erhielten für ihr Silber einen ausreichend hohen Preis, um Kriegsmaterial zu kaufen, das die deutschen Fabriken heimlich herstellten. Das Hitler-Regime saugte auf Veranlassung von Dr. Schacht, dem Reichsbankpräsidenten und Wirtschaftszauberer des Dritten Reiches, die Arbeiter mehr und mehr aus, um den Export zu einem Preis zu forcieren, den die Chinesen ohne den Silberschmuggel nicht hätten akzeptieren können.

Und so kam es, dass die Geldpolitik eines unüberlegten Finanzmannes durch den geheimnisvollen Kreislauf des Kapitals zu einer Stärkung der Wirtschaftspolitik der Nazis führte.

Nach einer Nacht, die Morgenthau mit Überlegungen verbracht hatte, kam das Ende der Geschichte: Die Federal Reserve Bank konnte nicht weiter solche Summen ausgeben. Die Gesetzgebung musste geändert werden. Sofort stürzten in Hongkong, Bombay und London die Kurse.

Auf dem Papier war ich mit dieser Spekulation, die mir einen astronomischen Gewinn gebracht hatte, Milliardär. In 24 Stunden war die Fata Morgana meiner Milliarden verschwunden, ohne dass ich deswegen verzweifelt gewesen wäre. Ich hatte noch Zeit: Wenn ich mit dem Silber kein Geld verdient hatte, dann hoffte ich es eben mit einer anderen Ware zu schaffen.

Die Geschichte hat mich eine unerschütterliche Gewissheit gelehrt. Der wichtigste Koeffizient, das Grundelement für jede Börsenkalkulation, sind die Imponderabilien, das Unwägbare. Das ist das große ›I‹, das Aufklärung gibt, wenn es zu spät ist, und das man beizeiten zu streichen oder hinzuzufügen verstehen sollte.

Wollte man nicht über die mannigfaltigen Maßnahmen des New Deal[11] straucheln, durfte man niemals die Imponderabilien übersehen. Die Spekulanten nähren immer noch ihren Groll gegen die finanziellen und wirtschaftlichen Neuerungen, die sich ihren Projekten in den Weg stellten. An der Wall Street verzeiht man nicht.

Man darf nicht vergessen, dass die ungewöhnlichen Methoden von Roosevelt die Antwort auf eine ungewöhnliche Situation waren. Um Amerika von dem Albdruck der Depression zu befreien, waren Maßnahmen erforderlich, die zwar den Einzelinteressen zuwiderliefen, dem allgemeinen Wohl jedoch entsprachen, und Präsident Roosevelt hatte den Mut, die Verantwortung dafür zu übernehmen.

Wenn zahlreiche Spekulationen mit einem Fiasko endeten, so gab es doch auch erfolgreiche, trotz Planwirtschaft, trotz »Befehlen von oben«.

Die Kriegsereignisse der Jahre 1940–1941 vermehrten noch die Überraschungen und daran knüpfte sich für mich eine Erinnerung, von der ich jetzt erzählen will.

Europa war damals schon im Kriege, doch Amerika war noch neutral. Da ich in dem Augenblick Geld flüssig hatte, das ich nicht in Effekten anlegen wollte, wandte ich mich den Rohstoffen zu, die mich vor einer

11 New Deal: Sammelbegriff für die Reformen und Neuerungen der Wirtschaftspolitik des Präsidenten Roosevelt nach 1933.

möglichen Dollar-Entwertung noch sicherer bewahren würden, weil sie auch im Lagerhaus ihren Wert behielten.

Nicht nur klug wollte ich sein, sondern raffiniert! Ich kaufte also keinen Weizen, keinen Mais, keine Baumwolle, keines dieser darum naheliegenden Produkte, weil sie auf amerikanischen Boden wuchsen und von denen nicht anzunehmen war, dass sie knapp werden würden. Dagegen würden die eingeführten Güter, die Erzeugnisse der Tropen, beschränkt zu haben sein, und deshalb sollte man sie horten.

Abgesehen von den Gefahren des U-Boot-Krieges waren die Güter aus dem Fernen Osten und dem pazifischen Raum einer Hausse der Frachtsätze und Versicherungsprämien unterworfen. Von diesen Überlegungen ausgehend, stellte ich eine Liste der Spekulationsgüter auf. An ihrer Spitze Kautschuk, strategisches Produkt Nr. 1; Seide, in Anbetracht der feindseligen Beziehungen zu Japan; Pfeffer, natürlich; Zinn, dessen Transport von Java fraglich erschien; schließlich Wolle aus Australien für die vielen Uniformen.

Die Theorie war wundervoll, die Praxis war es weniger!

Die Vereinigten Staaten traten in den Krieg ein. Das Eingreifen der Regierung ließ diese Spekulation scheitern; nicht eine gelang.

Der Kautschuk, der wegen seiner strategischen Bedeutung meine Liste angeführt hatte, wurde requiriert, und zwar schon vor dem Kriegseintritt der USA, eine nie vorher in Friedenszeiten ausgeübte Maßnahme.

Die Seide blieb relativ stabil, weil ein riesiger Konkurrent, Dupont de Nemours[12], Nylon auf den Markt brachte und die Nachfrage nach Seide weniger fühlbar wurde. Als der Krieg mit Japan später eine Hausse für Seide hätte bringen können, wurde die Kursnotierung eingestellt und die Zwangsliquidation zu dem Kurs durchgeführt, der vor Kriegsausbruch notiert worden war.

Die Wolle hatte ein völlig unerwartetes Schicksal. Die Schiffe, die Munition nach Australien brachten, luden auf dem Rückweg ganze

12 Dupont de Nemours: Der bedeutendste Trust der chemischen Industrie in den Vereinigten Staaten. Die Firma wurde für die Herstellung von Schießpulver im Jahre 1802 von einem französischen Einwanderer, Eleuthère Irénée Dupont de Nemours, gegründet.

Schiffsladungen voll Wolle, um nicht leer zurückzukehren. Diese Transporte ließen die Einfuhr und die Vorräte anschwellen und den Kurs stabil bleiben.

Dagegen erwiesen sich alle Waren, die aus dem Lande selbst kamen, als ausgezeichnete Spekulationsobjekte.

Präsident Roosevelt musste trotz seiner erdrückenden Autorität ein gewisses Maß von Demagogie walten lassen. Von den Plantagenbesitzern im Süden und den Landwirten im Mittelwesten unter Druck gesetzt, musste er Preisgarantien, Baumwolle- und Getreidekäufe durch die Regierung auf die Gewährung von Darlehen zugestehen, um die politische Unterstützung zu erhalten, deren er bedurfte.

Wieder einmal hatten die Imponderabilien mir die Spielkarten durcheinandergebracht, die ich mir zurechtgelegt hatte.

Krieg oder Waffenstillstand, Revolution oder sozialer Friede, Methode oder Fantasie – es gibt so viele Elemente, welche die auf den solidesten Argumenten und nach der sichersten Statistik aufgebauten Berechnung annullieren, aber auch multiplizieren können.

Die Spekulation ist eine gefährliche Seefahrt: Man braucht ein seetüchtiges Boot und einen geschickten Steuermann.

2. Die Spekulation ist eine Kunst

Ich habe die Börse als kapriziös, wankelmütig und geheimnisvoll wie eine schöne Frau geschildert. Sehr töricht ist, wer sich von ihren Launen blenden lässt, wenn es sich um mehr als Spekulation mit Rohstoffen und Verbrauchsgütern handelt.

Trotz der natürlichen Regulatoren (Ernte, Verbrauch), die mehr oder weniger die Kursschwankungen beherrschen, hat es doch immer unlogische und unerklärbare Haussen oder Baissen gegeben, die den gesamten Markt umstürzten. Die Tonnen Getreide, die Frachten der Handelsschiffe, also die konkreten Grundlagen, auf denen die Handelsgeschäfte beruhen, verhindern dennoch nicht, dass die Börse dem dramatischen Auf und Ab von Hausse und Baisse ausgesetzt ist.

Doch lassen sich die Windstöße an den Warenbörsen nicht mit den Stürmen an den Effektenbörsen vergleichen. Die Effektenbörse wird von Orkanen heimgesucht, die auch die am solidesten verankerten Spekulationen umstürzen können.

Die Regellosigkeit, das Unvorhergesehene und auch das Unvorhersehbare, die diabolischen Launen der Kurse, lassen sie in einem beängstigenden Rhythmus ausschlagen, der umso beunruhigender ist, als er manchmal schwer zu begreifen ist. Den materiellen, konkreten Unterbau, durch den die Geschäfte mit Handelswaren kontrollierbar sind, gibt es hier nicht.

Was steht hinter den Effekten, den Aktien, den Obligationen, hinter den Stücken Papier mit vielen Unterschriften, den Anleihen, die die Regierungen oft kiloweise herausgeben, aber nicht immer respektieren?

Hinter all dem steht nichts als das Vertrauen.

Die Aktiengesellschaft

Seit dem Ende des 19. Jahrhunderts hat die Aktiengesellschaft es sich zum Ziel gesetzt, die Effektenbörse zu fördern; sie hat sie zum Symbol des wirtschaftlichen Lebens der halben Menschheit erhoben, nämlich der Hälfte, die unter der Herrschaft der Privatunternehmen und des Gewinnstrebens lebt. Die gewaltigen Errungenschaften der Industrie und der Technik, der Stolz des 20. Jahrhunderts – seien es das Eisenbahnnetz, die Erdölfelder oder die Kolonialgesellschaften –, hätten sich nicht entwickeln oder überhaupt existieren können ohne die Aktiengesellschaft.

Machen wir eine Rundreise durch Europa, dann sehen wir das Profil der Aktiengesellschaft sich abzeichnen.

In Deutschland und den skandinavischen Ländern bedeutet Aktiengesellschaft Gesellschaft oder besser Gruppe von Aktionären, ebenso wie auf Chinesisch Ku-Feng-Kong-Seu.

Der englische Ausdruck »limited« gibt an, dass die Einlagen der Gesellschafter auf die angegebene Summe begrenzt sind. Man kann über den eingebrachten Betrag hinaus nicht haftbar gemacht werden.

Die französische, italienische, spanische, holländische usw. Bezeichnung für Aktiengesellschaft rundet die Definition noch ab, indem der Ausdruck »anonym« hinzugefügt wird. Es gibt kein persönliches Band zwischen dem Anteilschein und seinem Inhaber. Die Aktie besitzt eine eigene Realität, eine Individualität, die weder von der Person noch von der Zahlungsfähigkeit des Inhabers abhängt. Wegen dieser Trennung wird die Gesellschaft anonym genannt.

Da bekanntlich jede Aktie einen Teil des Gesamtwertes des Unternehmens darstellt, erhöht der Ausbau der Gesellschaft theoretisch den Wert der Aktie, und die Spekulation bläht ihren Handelswert auf.

Es ist einleuchtend, dass diese Chance des Mehrwerts das Gewinnstreben reizt und die Spargelder herauskommen lässt. Die Aussicht auf Profit lockt die Kapitalien aus den Geldschränken und Sparstrümpfen, die Börse leitet sie in die richtigen Kanäle und führt sie den großen Unternehmungen zu. Der Effektenmarkt ist das Instrument, das gestattet, Kapitalien in Investierungen »einzufrieren« und Investierungen »aufzutauen«, sodass sie wieder flüssiges Geld werden; aber gleichzeitig ist er auch ein Schachbrett, und der Ausgang des Spiels, das auf ihm stattfindet, ist offen.

Der Effektenmarkt ist keineswegs weniger malerisch oder farbenprächtig als die Märkte vergangener Zeiten; es ist eine Welt, die weniger leicht zugänglich ist, die man nur betritt, wenn man die Spielregeln ein wenig kennt, wo es nicht genügt, nur eben Geld in der Tasche zu haben, um alle Schachfiguren kaufen zu können.

Von draußen gesehen, das heißt für den Laien, erscheint die Börse wie eine Kampfarena, ein geheimnisvoller Ort, der sich hinter Kolonnen von Zahlen und einem Mauerwerk verwirrender Namen verbarrikadiert, wo für den Neuling kein Platz ist.

Und dennoch, eine reiche Palette von Schachfiguren bietet sich ihm zur Auswahl an: Staatspapiere, Obligationen aller Art, Industrie-Aktien und Kuxe[13], Anteile von Erdölgesellschaften und Unternehmungen des öffentlichen Dienstes, eingereiht, katalogisiert nach einer hierarchischen Ordnung.

Aktien und Obligationen

Eine sehr reiche Demarkationslinie bezeichnet die Grenze zwischen den Wertpapieren mit festen Erträgen (den Obligationen) und den Wertpapieren mit schwankenden Erträgen (den Aktien) und teilt sie in zwei Gruppen.

Die Wahl zwischen dem einen oder dem anderen Wertpapier ist beinahe eine Frage des Charakters und des Temperaments. Der Inhaber eines Wertpapiers mit festem Ertrag kann unbesorgt schlafen; er kauft sich mit seinem Anteil zugleich Beständigkeit und regelmäßige Einnahmen. Er erhält tatsächlich jedes Jahr einen unveränderlichen Zinsbetrag, der im Voraus festgesetzt ist und ihm für die ganze Laufzeit der Schuld ausgezahlt wird, das heißt bis zur Rückzahlung, sofern es sich nicht um eine ewige Rente handelt. Die Visitenkarte, der »Familienname«, der Schuld richtet sich danach, wer sie aufgelegt hat.

Die Regierung verziert häufig die Reklamewände der Hauptstadt mit Plakaten oder lässt auf den Bildschirmen des Fernsehens und der Kinos

13 Kuxe: Auf Antrag ausgestellte Anteilscheine an einer bergrechtlichen Gesellschaft. Die Scheine haben keinen festen Nennwert. Die Höhe der Einzahlungen richtet sich nach den Betriebsverhältnissen. An der Börse sind Kuxe unbeweglich.

Bekanntmachungen erscheinen, die Appetit auf das Zeichnen von Anleihen machen sollen: Eine neue Staatsanleihe ist auf dem Markt erschienen.

Je nach dem verwaltungsmäßigen Rang der auflegenden Behörde wird die Neuschöpfung Staats- oder Kommunalobligation getauft. Der Wert der Obligation hängt in keiner Weise von der Stellung der verantwortlichen Behörde ab, sondern allein von deren Zahlungsfähigkeit und den Garantien, die sie bietet.

Die privaten Gesellschaften, die Aktiengesellschaften, geben gleichfalls Obligationen heraus: Eisenbahngesellschaften, Industrie- oder Bergwerksunternehmungen, die ihre wissenschaftlichen Forschungen auf diese Weise finanzieren wollen.

Die Aktionäre und Inhaber von Obligationen – das sind im Grunde genommen Angehörige von zwei verschiedenen Mannschaften, die das gleiche Ziel verfolgen: den Nutzen.

Die Inhaber von Obligationen sind die Gläubiger der Gesellschaft; das erklärt, warum sie nicht immer den gleichen Weg gehen wie die Aktionäre und ihre Interessen sogar entgegengesetzt sein können.

Worauf es dem Inhaber von Obligationen in erster Linie ankommt, ist, keine unbezahlten Coupons zu haben, nicht das Risiko zu laufen, dass er sich plötzlich in einer Sackgasse befindet. Er hat es lieber, wenn die Geschäfte sich nicht auf zu gewagten Gleisen bewegen, denn diese Gleise könnten genauso gut ins Nichts führen.

Die Aktionäre andererseits haben mit ihrem Anteil die Hoffnung mitgekauft. Sie können sich nicht einfach ausschließen, wenn es gilt, das Glück zu versuchen. Das Risiko nehmen sie im Allgemeinen bereitwillig auf sich, denn wenn die Firma sich weiterentwickelt, erhöhen sich ihre zukünftigen Dividenden.

Ihre Bereitschaft zum Risiko bringt manchmal die Stellung der Obligation-Inhaber ins Wanken.

Die einfache Tatsache, dass Industriekapitäne irgendetwas Neues planen, das sie für vernünftig halten, und hierfür das Geld der Aktionäre verwenden, lässt die Geschäfte zu Abenteuern werden, die entweder mit einem Happy-End oder mit einem Malheur enden.

Das Abenteuer

Die verschiedenen Zweige der Familie Société Anonyme, Limited, Aktiengesellschaft, Corporation haben einen gemeinsamen Vorfahren: das Abenteuer.

In Rom predigte Cato, der viel über die Fragen des Geldes und des Zinses philosophierte, dass für den Betrieb von Handels- und Schifffahrtsunternehmungen Gruppen, d. h. Gesellschaften, gegründet werden sollten.

»Man soll ein Schifffahrtsunternehmen nicht allein beginnen. Um ein Schiff auf See zu schicken, tut euch zusammen mit neunundvierzig eurer Freunde und macht alle fünfzig zusammen den Versuch.«

Der Ausdruck »Abenteuer« hinterlässt heute einen schlechten Nachgeschmack, aber im 17. Jahrhundert hatte er eine sehr genaue rechtliche Bedeutung: Das »Abenteuer« war ein kaufmännisches Unternehmen, öfter noch ein Kolonialunternehmen, das gegründet worden war, um ein gewagtes Geschäft oder eine Expedition auszuführen. Die Gründer der Gesellschaft, die Aktionäre, trugen offiziell den Namen »Abenteurer«. Diese Bezeichnung findet sich noch heute in den Urkunden der ältesten Aktiengesellschaft, der 1670 gegründeten anglokanadischen Gesellschaft Hudson Bay. Traditionsgemäß begann der Präsident die Eröffnungsrede bei der jährlichen Generalversammlung mit der Anrede: »Meine Herren Abenteurer«, was unter der Mahagonidecke des großen Sitzungssaals ungewöhnlich gravitätisch klang.

Abenteuer … Abenteurer – das sind Ausdrücke, die in unseren Ohren zugleich anrüchig und romantisch sind.

Und wer hat nicht seine Abenteuer, zum mindesten finanzielle?

Die meinen (jedenfalls das erste) datieren noch aus der Zeit der lateinischen Übersetzung und der kurzen Hosen, als ich in Budapest aufs Gymnasium ging.

Der kleine Kreis von Kameraden, zu dem ich gehörte, hatte sich im löblichen Streben nach Kultur feierlich »Literarische und musikalische Gesellschaft« getauft.

Ich war zum Kassenwart ernannt worden, und da ich meine Funktion sehr ernst nahm, verfolgte ich die allgemeine Wirtschaftslage mit ebenso viel Leidenschaft wie berufsmäßiger Geschwindigkeit.

Es war die Zeit, da ganz Mitteleuropa unter der Springflut der Inflation den Siedepunkt erreicht hatte. Bei Büroschluss stürzte man sich nicht auf die lustigen Karikaturen in den Zeitungen, sondern auf die Börsenkurse.

Ungarn lebte im Rhythmus der Kronen-Schwankungen in Zürich und die Krone stürzte senkrecht ab.

Die Wirtschaft war völlig in Aufruhr und es konnte passieren, dass sich die Kurse von heute auf morgen verdoppelten oder verdreifachten. In dieser Treibhausluft schossen die Gerüchte wie Pilze aus dem Boden – und manchmal wie Giftpilze.

Alle möglichen Informationen tuschelte man seinem Nachbarn ins Ohr. Natürlich büßten sie bei jeder Weitergabe an Wahrheit ein. Und wer hatte nicht einen Freund, dessen Friseur durch die Portierfrau des Bankdirektors (oder aus ähnlicher Quelle) ganz genau wusste, dass man dieses oder jenes Papier kaufen sollte! Man musste schon sehr standhaft sein, um auf diesem großen Ball der Spekulation mitzutanzen, sich in diesen Wirbel zu stürzen, wo man reich werden konnte, ohne genau zu wissen, wie!

Natürlich waren auch wir Kinder von der Spekulationswut angesteckt. Hätten wir gestern diese oder jene Aktie gekauft, so hätten wir heute das Dreifache in der Kasse. Man müsste es einfach versuchen.

Diese Überlegung quälte mich unablässig. Ich wollte ja gar nicht den Teufel versuchen, nicht in einem Tag Millionär werden, sondern nur die neueste Ausgabe des Großen Larousse kaufen können, wenn allerdings auch zu einem sehr teuren Preis.

Eines Morgens hörte ich meinen Vater am Telefon sagen, die Regierung führe Verhandlungen, um die durch den Waffenstillstand von 1918 verlorenen Schiffe wiederzuerlangen, und ein Boom für die Schifffahrtsgesellschaften bahne sich an.

Soll man einen väterlichen Tipp in Zweifel ziehen? Das war unmöglich. Diesmal hieß es handeln: großer Kriegsrat im Gymnasium über eine Liste der Schifffahrtsgesellschaften.

Die Mittel des Klubs waren beschränkt, wir konnten also nicht zu einem Großangriff übergehen. Die »Oceanic« lag preislich in unserem Rahmen; sie wurde gewählt. Wir setzten bereits unser ganzes Vertrauen in die Ladungen Getreide oder Kohlen, die uns das Glück bringen sollten. Zitternd ging ich zur Bank und gab den Auftrag. Die Würfel waren gefallen.

Ein paar Tage später gab es eine schöne Panik. Ein neuer Finanzminister begann einen Feldzug für eine Preis-Baisse. Der Angriff gegen die hohen Lebenshaltungskosten traf die Luxusindustrie ebenso wie die ambulanten Händler – und noch mehr die Aktien.

Die »Oceanic« trieb steuerlos dahin. Bald forderte die Bank eine Erhöhung der Deckung, aber wo sollte ich die Mittel hernehmen?

Eine nette Cousine erwies sich zum Glück als einsichtsvoll und ließ sich überreden, ihre Ersparnisse für die gute Sache zu opfern. Der zweite Vorstoß ins Land der Hoffnung war unternommen.

Tatsächlich dauerte die neue Baisse-Welle nur kurz. Der Minister verlor den Verstand bei diesem Abenteuer, trat von der politischen Bühne ab und kam ins Irrenhaus; er wurde zur Zielscheibe des allgemeinen Spotts. Die Hausse kam wieder.

Kaum hatte sich die »Oceanic« erholt, da verwandelte sie sich zur allgemeinen Erleichterung in zehn Bände des heiß ersehnten Larousse, und außerdem sprang dabei noch die Encyclopædia Britannica heraus.

Alles ging gut. Es war uns nur ein kleiner Irrtum bei unserem Geschäft unterlaufen: Einige Tage, nachdem diese erste Begegnung mit der Welt der Finanzen abgeschlossen war, entdeckte ich, dass die »Oceanic« keineswegs eine Schifffahrtsgesellschaft war, sondern … Fischkonserven herstellte!

Und die Moral von der Geschichte: Ich habe ziemlich früh gelernt und konnte es später nutzbringend anwenden, dass es nicht immer unerlässlich ist, gut informiert zu sein, wenn man an der Börse verdienen will.

Wer hätte besser informiert sein können als Signor Bingen, Bankier in Genua und Schwiegervater des großen Automobilkonstrukteurs André Citroën?

Er hatte unaufhörlich sein Portefeuille mit Citroën-Aktien gefüllt, und sicherlich wusste er, warum. Da geschah es – und wer hätte es vorhersehen können –, dass die Gesellschaft nach weniger als sechs Monaten Konkurs anmelden musste. Das war eine böse Überraschung für die Aktionäre; sie hatten Schiffbruch erlitten durch den Untergang einer Gesellschaft, die vor einem halben Jahr noch Dividenden von 50 harten Poincaré-Francs – womit sie einen rettenden Börsencoup versuchte – hatte verteilen können.

Überraschungen gibt es auch im umgekehrten Sinne. Die Aktien der amerikanischen Automobilgesellschaft Chrysler fielen 1932 an der New Yorker Börse im Zuge der allgemeinen Auszehrung durch die große Depression bis auf sieben Dollar. Als zwei Jahre später der New Deal des Präsidenten Roosevelt die Prosperität zurückgebracht hatte, konnte Chrysler seinen Aktionären jährlich Dividenden von zwölf Dollar je Anteil auszahlen.

Es gibt sehr viele Überraschungen in der Geschichte der Dividenden, und häufig sind Überraschungen das einzige, was die Aktionäre überhaupt erhalten.

Die Ostindische Kompanie, das »Abenteuer«, dessen Anfänge bis zum Jahr 1610 zurückreichen, verteilte zu Beginn ihrer Geschichte Säcke voll Pfeffer anstatt von Dividenden. Tatsächlich genossen die Pfefferkörner im 17. Jahrhundert etwa die gleiche Wertschätzung, die man heute Goldstücken entgegenbringt.

Nerzfelle anstelle von Dividenden gab ihren Gründern die Hudson-Bay-Gesellschaft, die sich damals auf den Handel mit Pelzen beschränkte, deren Geschäftstätigkeit sich jedoch heute von den Wäldern über große Lagerhäuser bis in Erdölgebiete erstreckt.

Jahrhunderte sind vergangen, aber dieser Brauch ist nicht ausgestorben: Die Aktionäre der amerikanischen Firma Shenley konnten sich, wenn sie gleichzeitig Whiskey-Liebhaber waren, während des letzten Krieges freuen, denn sie erhielten von der großen Brennerei kistenweise das kostbare Getränk, – und das zu einer Zeit besonders ausgeprägter »Trockenheit«.

Manche Tabakgesellschaften waren zu ihren Aktionären ähnlich liebenswürdig, indem sie ihnen kartonweise Zigaretten schickten.

Das sind offensichtlich nur Ausnahmen. Die Dividenden sollen im Allgemeinen in schönem, gutem Geld ausgezahlt werden, aber sie sind variabel und werden jedes Jahr neu festgesetzt. Seit einigen Jahren werden häufig Gratisaktien als Dividenden ausgegeben.

Dagegen ist das Charakteristikum der Obligationen der im Voraus festgesetzte, unveränderliche Zinssatz. Die Inhaber von Obligationen ziehen es vor, ruhig zu schlafen. Das schließt aber unliebsame Überraschungen nicht immer aus. Wenn die Gesellschaft schlechte Geschäfte macht, dem Bankrott entgegengleitet, ist sie nicht in der Lage, den Obligationen-Inhabern Zinsen zu bezahlen. Die Obligation wird dann als »notleidend« bezeichnet.

Die Behauptung »notleidende« Obligationen‹ seien für den Spekulanten gerade das Betätigungsfeld, das er sich erträumt, erscheint natürlich paradox.

Wenn Staatsanleihen keine Zinsen mehr abwerfen, weil der Staat dem Bankrott entgegensteuert, oder wenn eine Gesellschaft über ihre Obligationen strauchelt, dann betritt trotzdem gerade die Spekulation die Bühne und spielt ihre große Rolle. Dann kann man mit Recht auf eine finanzielle Wiedergesundung bei den Staatsanleihen oder auf eine Sanierung der Unternehmungen bei den Obligationen spekulieren.

Der Weg, der von der verzweifelten Lage zur geretteten und wiederhergestellten Lage führt, ist länger, sehr viel länger als der Weg, der vom Guten zum Besseren führt.

Der Gewinn des Spekulanten ist größer, wenn die notleidende Obligation wieder gesund wird, als wenn sie sich nur damit begnügt, ihr ruhiges, bescheidenes Dasein als »gute Obligation« zu führen.

Die Spekulation mit Obligationen wird interessant und erhält nur dann ihren wirklichen Sinn, wenn mehrere Bedingungen erfüllt sind: ein möglichst niedriger Kurs und eine ziemlich schlechte Situation, damit man schon vor einer radikalen Änderung auf dem Plan ist.

Die amerikanischen Eisenbahnen

Selten war etwas einträglicher als die Spekulation mit den amerikanischen Eisenbahnen, die während des letzten Krieges am Rande des Abgrunds oder sogar in der Tiefe des Abgrunds waren.

Das gelobte Land des Abenteuers, Amerika, war im 19. Jahrhundert die zugleich schreckenerregende und faszinierende Neue Welt.

Es war das Dorado der Pioniere vom Farmer bis zum Goldgräber, eine unerbittliche Fata Morgana, die mitleidslos die Spekulanten aller Schattierungen verblendete: den kleinen Krämer aus Chicago, den Tabakpflanzer aus Virginia, den Kapitalisten von der Wall Street.

Das Geld schien auf der Straße zu liegen und die dadurch entstandene Atmosphäre entfesselte ein großes Spiel an der Börse.

In jenen Jahren fieberhafter Geschäftstätigkeit wurde der Grundstock zu riesigen Vermögen gelegt: Harriman[14], Gould[15], Vanderbilt[16]. Alle diese märchenhaften Namen haben in Europa einen solchen Glanz ausgestrahlt, dass man 50 Jahre lang glaubte, alle Yankees seien Millionäre.

Seinen »großen Söhnen« hatte Amerika, stolz auf ihren Erfolg, in aller Bescheidenheit eine Krone aufgesetzt – es hatte sie zu Königen gesalbt, zu Eisenbahnkönigen. Und es gab viele Könige. Die *New York Tribune*, anerkannte und unbestrittene Autorität, gab deren Zahl mit genau 468 aus den 4097 Personen an, die anlässlich der 1892 durchgeführten »Zählung der Milliardäre« erfasst wurden.

Der Geldgeber beim Bau der ersten Lokomotive, die er auf seinen Namen taufte, der König Cornelius, Stammvater der Familie Vanderbilt, hinterließ seinem Sohn die Summe von 100 Millionen Dollar. Vanderbilt jr. verstand es noch besser als sein Vater, denn seine Kinder konnten sich nach seinem Tode 200 Millionen Dollar teilen.

Alle Welt wollte denen nacheifern, die so erfolgreich gewesen waren. Eine Leidenschaft für die Eisenbahnen ergriff die gesamte Union, von

14 Edward Henry Harriman: Begann als Botenjunge in der Wall Street und wurde einer der Magnaten der amerikanischen Eisenbahnen.

15 Frank Jay Gould: Ein weiterer amerikanischer Eisenbahnmagnat, der gleichfalls seine Karriere mit einer sehr bescheidenen Stellung in einem ländlichen Laden begann. Seine Manipulationen mit den Eisenbahngesellschaften brachten ihm mehrere Gefängnisstrafen ein.

16 Cornelius Vanderbilt: Der Name Vanderbilt ist ein Synonym für die legendären amerikanischen Millionäre. Die Transportmittel bildeten den Grundstock des riesigen Vermögens des »Commodore« Vanderbilt, des Gründers der Dynastie. Er führte um die Kontrolle der Eisenbahnlinien, nach denen es ihn gelüstete, viele erbitterte Schlachten gegen andere Eisenbahn-Gewaltige. Obwohl ihre Rolle im heutigen amerikanischen Wirtschaftsleben verschwindend klein ist, sind die Vanderbilts wegen ihres gesellschaftlichen Prestiges noch immer Gegenstand des allgemeinen Interesses.

den noch ländlichen Staaten angefangen bis zu den industriell weiter fortgeschrittenen.

Binnen weniger Wochen entstanden neue Eisenbahngesellschaften. Hinter der Fassade des Enthusiasmus verbargen sich allerdings vereinzelt unsichere, wenn nicht sogar verdächtige Unternehmungen. Sehr häufig waren diese Gesellschaften, wenn sie Finanzierungsschwierigkeiten hatten, gezwungen, zu ganz unerwarteten Mitteln zu greifen.

Ein Viadukt, der in einer für damalige Verhältnisse schwindelnden Höhe den Fluss überspannte, war über den Ohio gebaut worden. Die Gesellschaft, die dieses Wunderwerk konstruiert hatte, kämpfte mit tragischen finanziellen Schwierigkeiten; sie glaubte, Unkosten zu sparen, wenn sie in Vollmondnächten die Brückenkandelaber löschte!

Die Finanzpolitik dieser Gesellschaft war in der Tat ziemlich einfältig, aber sie passte sehr gut zu den Abenteurern, die sie aufgebaut hatten.

Gesellschaften, die sich lediglich auf die gewährten Eisenbahn-Konzessionen stützten, wurden gegründet. Die Elastizität der amerikanischen Gesetzgebung jener Zeit machte Schiebungen aller Art leicht. Um sich das Kapital zu beschaffen, das ihnen fehlte, emittierten[17] die Eisenbahngesellschaften Obligationen, die in der allgemeinen Begeisterung und auch in einem Konkurrenzstreben unter den einzelnen Staaten, die sich gegenseitig die Ehre neideten, ein Eisenbahnnetz zu besitzen, sofort gezeichnet wurden.

Nachdem das Netz feststand und auch die Schienen gelegt waren, begann der Betrieb. Die gute Konjunktur ließ die Gewinne steigen. Die Eisenbahnkönige wurden reich und immer reicher, da sie die Gewinne bis zum letzten Pfennig unter sich verteilten. Man dachte nicht daran, Reserven für die Zukunft zu schaffen – und vergaß auch das Schicksal der Obligationen. Von den hohen Dividenden wurden die Spekulanten wie Motten vom Licht angezogen, und der Spekulations-Boom erreichte astronomische Ziffern.

In Illinois hielten Bäuerinnen die Reisenden an, um ihnen Eier oder Käse zu verkaufen und gleichzeitig noch mehr Aktien zu kaufen, noch mehr Obligationen zu zeichnen.

---

17 Emission: Unterbringung neu ausgegebener Wertpapiere auf dem Kapitalmarkt. Die Unterbringung kann direkt durch den Aussteller (Eigen-Emission) oder indirekt, mithilfe einer oder mehrerer Banken (Fremd-Emission) erfolgen.

Doch der erste Konjunkturwechsel brachte Katastrophen mit sich. Vom Bürgerkrieg bis in das Jahr 1940 ist die Geschichte der amerikanischen Eisenbahnen nichts als eine lange Folge von Börsenkrächen und Sanierungen. Nach den fetten Jahren sollte das erste magere Jahr fatal werden; da keine Reserven da waren, konnten die Zinsen für die Obligationen nicht gezahlt werden, und das war der Anfang vom Ende.

Eine nach der anderen mussten die Eisenbahngesellschaften ihre Zahlungen einstellen. Viele von ihnen verschwanden, andere wurden »border lines« (Grenzgesellschaften), was im Börsenjargon nicht Gesellschaften an der Staatsgrenze, sondern an der Grenze des Konkurses heißt.

Diese Serie von Zahlungseinstellungen setzte sich bis zum Ausbruch des Zweiten Weltkrieges fort. An der Schwelle des Jahres 1940 waren von 574 Eisenbahngesellschaften 54 in Konkurs – eine auf zehn.

Sanierungspläne, die auf den schlechten Zahlen der schlechten Jahre aufbauten, waren in Bearbeitung, als eine radikale Änderung der Situation durch den Krieg eintrat.

Der Krieg stellte das ganze Wirtschaftsleben auf den Kopf. Materialzüge, Truppentransporte, Lebensmittellieferungen durchquerten das Land zwischen dem Pazifischen und dem Atlantischen Ozean, von einer Seite zur anderen, nach den beiden Fronten im Fernen Osten und in Europa. Eine emsige Aktivität ergriff das Land.

Die Sanierungspläne für die bankrotten Eisenbahngesellschaften waren von Fachleuten wissenschaftlich sehr genau aufgestellt worden – von Juristen, Ingenieuren und Technikern, aber sie hatten die Zahlen der schlechtesten Jahre zugrunde gelegt. Nun war die Situation eine völlig andere: Die Einnahmen der Eisenbahnen stiegen ins Unermessliche.

Wäre eine so ungewöhnliche Konjunktur früher eingetreten, hätten die meisten Gesellschaften nicht Bankrott gemacht; und die Firmen an der Grenze (des Bankrotts) ließen nun die Schwierigkeiten hinter sich und kehrten zur Prosperität zurück.

Das ist die erträumte Chance für den Spekulanten, der die Gelegenheit beim Schopf zu ergreifen versteht: zu billigem Preis die notleidenden Eisenbahn-Obligationen aufzukaufen in der Hoffnung, dass nach

Überwindung der Schwierigkeiten die Bezahlung der Coupons wieder aufgenommen wird.

Von der Zahlungsunfähigkeit bis zur Zahlungsfähigkeit mag der Weg lang sein, aber er ist mit Gold gepflastert.

Der Spekulant musste jede Situation klar beurteilen können. Er bedurfte eines technischen »Zugangs« zu jedem Problem. Um die Rentabilität eines Eisenbahnnetzes zu beurteilen, ist jede Einzelheit der Linie wichtig: die Zahl der Waggons, die Länge der Schienen, das Personal, die Güte des Materials, die befahrenen Strecken, die beförderten Güter usw. Die Verhältnisse waren jeweils unterschiedlich: Eine nur der Personenbeförderung dienenden Linie stellt nicht die gleichen Anforderungen wie eine, die Getreidetransporte durchführte, und wieder anders war es, wenn ausschließlich Industriegüter befördert wurden.

Der Spekulant musste selbst gleichzeitig Brücken- und Straßenbau-Ingenieur, Statistiker, Volkswirt usw. sein oder sich der Dienste von Fachleuten versichern. Die Universität von New York richtete sogar einen Lehrstuhl für die Probleme der Eisenbahn-Sanierung ein.

Die gewaltige Hausse verzehnfachte den Wert der Obligationen. Alle konnten zurückgezahlt werden. Der erzielte Gewinn war noch größer bei den Obligationen »mit nassen Füßen«[18], die aufgrund ihrer mangelnden Güte zu einem niedrigeren Preis angeboten worden waren.

Am meisten verdiente, wer kühn genug gewesen war, die allerschlechtesten Obligationen zu kaufen, die nämlich am meisten im Wert stiegen, weil sie am niedrigsten gestanden hatten.

Diese Kühnheit habe ich nicht besessen, ich habe nur die »Kuchenkrümel« geerntet, weil ich meinem Herkommen entsprechend zu konservativ bin. Ich habe aber daraus für später gelernt. Ich war bestrebt, mich zu schützen, indem ich mich an Papiere mit besserer Garantie hielt, und es waren gerade die Papiere mit der geringsten Garantie, die am meisten gestiegen waren. Der Favorit steigt vielleicht sicherer als der Outsider, aber er steigt dann nicht so hoch.

---

18 »Nasse Füße«: wertlose Wertpapiere, die auf null gefallen sind; der Winkel der Börse wo man, manchmal kiloweise, mit Werten handelt, mit denen man vielleicht eines Tages etwas anfangen kann. In dem Roman »Geld« von Zola ist davon die Rede.

Nach knapp einem Jahrhundert, nachdem die Eisenbahn ihren Betrieb aufgenommen hatte, boten die Gesellschaften auf diese Weise die Möglichkeit, neue Königreiche aufzubauen, neue Vermögen zu erwerben, ebenso märchenhafte wie die der Vanderbilts oder Goulds von ehemals.

Die notleidenden Obligationen

Wie ein Medizinstudent, der von einer gläsernen Kuppel aus, die ihn vom Operationssaal trennt, seinem Lehrer beim Operieren zusieht, so habe ich der Operation von Eisenbahnen beigewohnt. Dabei habe ich die Praxis des Operierens gelernt.

Das Ende des Krieges brachte, wenn auch nicht gleiche, so doch im Grunde ziemlich ähnliche Situationen, sodass ich nutzbringend anwenden konnte, was ich gelernt hatte.

Alle japanischen, italienischen und deutschen Staatsanleihen und Obligationen, die auf Dollar, Pfund Sterling oder französische Francs lauteten, waren notleidend.

Die Aufwertung, die sie wieder zahlungsfähig machte, war ein Geschenk des Himmels für erfolgreiche Spekulanten, zu denen ich diesmal gehörte.

Diese ganze Spekulation war von einer Idee ausgegangen, der Idee nämlich, dass der Friede nicht ein einfacher Waffenstillstand war, sondern ein dauerhafter Friede und der Beginn einer Zukunft, die es aus den Ruinen der hoffnungslosen Tage geduldig aufzubauen galt. Man musste mit den Aktien der »Friedens-AG« auf Hausse spekulieren.

Um von Neuem zur wirtschaftlichen Blüte, zur Prosperität, zu gelangen, musste ein schwieriger Abschnitt bewältigt werden: die Neuordnung der Finanzen, des Geldes. Diesen Weg haben, mit ebenso viel Vernunft wie Mut, die besiegten Länder beschritten, wenigstens diejenigen unter ihnen, die weiterhin unter einem kapitalistischen Regime lebten.

Ich werde über Italien, Japan und Deutschland in chronologischer Reihenfolge berichten wie über drei Theater, in denen ich in einem Stück mit dem Titel »Spekulation« aufgetreten bin.

Italien war das erste Land, das mit den amerikanischen Gläubigern über die Regelung seiner Obligationen-Schuld gegenüber den Vereinigten Staaten Verhandlungen führte.

Mehrere Fragen waren offen: die Regulierung der während des Krieges nicht bezahlten Coupons ebenso wie die Wiederaufnahme der künftigen Zinszahlungen.

Relativ kurze Verhandlungen wurden auf der von den amerikanischen Gläubigern akzeptierten Diskussionsbasis durchgeführt. Eine neue Serie von Obligationen ersetzte die alten staatlichen, kommunalen oder privaten Obligationen. Diese neuen Obligationen wurden an der New Yorker Börse zu einem außerordentlich niedrigen Kurs von 12 bis 14 Prozent ihres Nominalwertes eingeführt.

Bei diesem Preis ergab sich ein Ertrag von 25 Prozent pro Jahr, ein lächerlicher Satz, wenn man berücksichtigt, dass Italien mühelos zahlen konnte. Die jährliche Belastung durch die abgeänderte Schuld war nur ein minimaler Bruchteil der Dollar-Schecks des Marshall-Plans, die Italien von der amerikanischen Regierung geschenkt bekam.

Mit der rechten Hand kassierte Italien große Dollarbeträge, die es in die Lage versetzten, sich mit der linken Hand weitgehend von – verhältnismäßig – kleinen Schulden bei seinen privaten Gläubigern, den Obligationen-Inhabern, zu befreien.

Der aus einer solchen Situation zu ziehende Gewinn lag auf der Hand: Man musste die neuen Obligationen kaufen und einfach auf ihre Aufwertung warten.

Als besonders klug erwies sich derjenige Spekulant, der zuerst richtig erkannt hatte, warum die Kurse so niedrig waren, und später die komplizierten Faktoren richtig einzuschätzen wusste.

Im Jahre 1947 hatten die Vereinigten Staaten Europa noch nicht richtig ihre Aufmerksamkeit zugewandt, denn es erschien noch als ein fernes, mit traurigen Trümmern übersätes Land.

Mr. Jones, der amerikanische Durchschnittskapitalist, legte seine Ersparnisse in amerikanischen Investitionen an, die ihm näherlagen und sicherer vorkamen. Zu diesen psychologischen Gründen kamen politische. Italien stand damals kurz vor den ersten allgemeinen Nachkriegswahlen und die vorsichtigen Kapitalisten hatten Angst vor einem kommunistischen Sieg. Nun, man musste begreifen, dass dieser befürchtete Sieg praktisch unmöglich gewesen wäre. Wenn die Kommunisten auch nur die Absicht gehabt hätten, ihn zu erringen, hätten die Wahlen nicht stattgefunden. Wenn sich Anzeichen für ihren Sieg gezeigt hätten, hätte man die Wahlergebnisse rechtzeitig gefälscht, und wenn sie durch ganz außergewöhnliche Umstände den Sieg errungen hätten, dann wären die Wahlen ganz einfach für ungültig erklärt worden. So wenig lag eine kommunistische Regierung im Jahre 1948 im Rahmen des Möglichen (dank des Vetorechts der Alliierten).

Der Spekulant musste also genügend Urteilsfähigkeit besitzen, um seine politische Diagnose zu stellen.

Das Ergebnis ließ nicht auf sich warten: Man begann, Italien wieder Vertrauen zu schenken, und das Land brachte zur gleichen Zeit seine Wirtschaft wieder in Ordnung und stellte seinen guten Ruf wieder her. In weniger als einem Jahr schoss die Spekulation mit diesen vorher »zum Tode verurteilten« Obligationen wie ein Pfeil in die Höhe. Von der Tiefe des Abgrunds stiegen sie bis auf 70 Prozent ihres Nominalwertes.

Ein solcher Aufschwung konnte nur bei den notleidenden Obligationen erfolgen. Es kam darauf an, genügend Fantasie zu haben und das Risiko auf sich zu nehmen.

Die ganze italienische Spekulation beruhte auf dem Kapitalisierungssatz[19], den die Obligationen erreichten, nachdem eine Vereinbarung unterzeichnet war – die Aufwertung an sich war eine ziemlich sichere Sache, die in gewisser Weise durch die amerikanische Hilfe ebenso wie durch die Ausschaltung des politischen Risikos garantiert wurde.

Von dem Augenblick an, da der Spekulant feststellen konnte, dass die Ereignisse seine Hoffnungen bestätigten, seinem Mut Ehre machten, legte er sich auf einem größeren Gebiet fest, was weniger sicher, aber viel aufregender war. Der Erfolg weckt den Abenteurergeist. Er lässt die Zukunft in einem anderen philosophischen Blickwinkel erscheinen. Man begnügt sich nicht mit weniger deutlichen Anzeichen, mit weniger greifbaren Tatsachen, man entschließt sich leichter, das zu wiederholen, was einmal geglückt ist.

---

19 Kapitalisierungssatz: Ertragssatz, ausgedrückt in einem Verhältnis von Kapital zu Laufzeit.

Die Bestätigung, dass eine gemachte Erfahrung richtig war, peitscht die Einbildungskraft auf. Die Romanze ist manchmal gefährlich, doch die größeren Gewinnspannen sind die Entschädigung für die Gefahr. Man musste also weiter vorangehen und bei der nächsten Etappe – den japanischen Obligationen, dann den deutschen – das gleiche Verfahren anwenden.

Von der italienischen bis zur japanischen Spekulation nimmt das Risiko gewaltig zu. Im Jahre 1948 war Japan fassungslos über seine Niederlage. Es sah nicht danach aus, als ob ein baldiger Wiederaufbau möglich sei. Natürlich war damals noch keine Rede davon, dass die Amerikaner den Siegern von Pearl Harbor mit Subsidien unter die Arme greifen würden. Die Spekulation baute sich auf dem schwankenden Fundament einer für irgendwann einmal ins Auge gefassten Regelung auf, zumal die Schulden bei den westlichen Ländern (den Vereinigten Staaten, Großbritannien und Frankreich) ziemlich bedeutend waren.

Zwei Kardinalfragen erhoben sich für den Spekulanten, von denen der günstige Verlauf der Operation abhing. Würde Japan seine »ehrenvolle« Rolle als Großmacht wieder spielen können? Würde es seinen Verpflichtungen aus der Vorkriegszeit nachkommen?

Über das erste Problem, ein politisches, war meine Ansicht unumstößlich. Da hinsichtlich der Konsolidierung des Friedens allgemein Optimismus herrschte, wobei der wirtschaftliche Wiederaufbau der politischen Stabilisierung folgen würde, konnten die Japaner sicherlich ihren Verpflichtungen nachkommen. Aber würden sie es wollen? Waren sie »able and willing« – fähig und willens? Da lag das Problem.

Die Geschäftsmoral der Japaner in der Vorkriegszeit war ausgezeichnet gewesen und es gab Gründe genug, an ihren guten Willen zu glauben. Diese Vermutungen erwiesen sich als richtig. Einige Jahre später wurde die ganze Schuld anerkannt, das Kapital und auch die unbezahlten Zinsen. Die Japaner bezahlten die rückständigen Coupons vollständig und nahmen die Zahlungen für die laufenden Coupons wieder auf. Und diejenigen, die gewagt hatten, sich auf diese Spekulation einzulassen, waren die Nutznießer.

Das große Experiment der Nachkriegszeit, das gefährlichste, das erregendste und auch das furchtbarste, war Deutschland. Das hier herrschende Chaos war nicht nur die unmittelbare Folge des Krieges. Die Zerstörungen hatten ein seit langer Zeit schon krankes Land physisch ausgelöscht. Die Weimarer Republik hatte Deutschland auf den Weg der Zahlungsunfähigkeit geführt, den das Hitler-Regime dann konsequent weiterging.

Amerika, Frankreich, Großbritannien, die Schweiz, Holland, die skandinavischen Länder, ganz Europa, die ganze Welt zahlte die Zeche für den deutschen Zusammenbruch.

Die rückständigen unbezahlten Coupons und das seit 1931 angesammelte Kapital ergaben riesige Beträge. Die Niederlage konnte das schon so schwer verschuldete Deutschland nur noch in den Abgrund des totalen Bankrotts stürzen.

Ein Land, dessen Lebenskraft zerstört war, das keinen Kredit mehr hatte: Das war recht wenig, wenn man auf den Wiederaufbau spekulieren wollte. Keine Transportmittel, zerstörte Brücken, keine Rohstoffe, keine intakten Eisenbahnstrecken – nichts mehr; man musste bei null wieder anfangen.

Es gab jedoch auch Hoffnungen: das liberale Regime des Kanzlers Adenauer und die amerikanische Marshall-Plan-Hilfe, die umso intensiver war, als sie einen Wall gegen den Kommunismus aufrichten wollte.

Man konnte sich außerdem auf ein natürliches Kraftreservoir stützen, auf den guten Willen, die Arbeitskraft und die Disziplin eines jetzt wieder demokratischen Deutschlands, das sich mit einem niedrigen Lebensstandard abfand. Es gab also verständliche und einleuchtende Chancen, die es zu nützen galt. Welche Strategie sollte man anwenden? Der erste Schritt war die wirtschaftliche Wiedergesundung und das Ziel der Aufwertung der Auslandsschulden. Es musste mit dem gleichen logischen Aufbau wie bei einem gut gemachten Theaterstück ein ganzer Spielplan ausgearbeitet werden.

Zuerst der Ort der Handlung: Welche Börse sollte es sein? Die Schweizer Börsen kamen in erster Linie infrage.

Das Hauptinteresse Deutschlands war, diejenigen Gläubiger zu befriedigen, die über die größten Druckmittel verfügten. Es gehört zur Tradition der Schweiz, ihre Staatsangehörigen zu beschützen; sie ist immer der erste Nutznießer von Entscheidungen, die in der Luft liegen. Überdies gab der rege Warenaustausch zwischen der Helvetischen Konföderation und Deutschland der Schweiz die Möglichkeit, Repressalien anzuwenden.

Nachdem das Bühnenbild also vorbereitet war, wer würden nun die Darsteller sein?

Eine Fülle von Obligationen verschiedener Herkunft bot sich mir dar, und ich bemühte mich, unter ihnen die beste Losnummer herauszufinden.

Es standen zur Auswahl: die Schuldverpflichtungen des Dritten Reiches, des Vorkriegsdeutschlands (Dawes- und Young-Plan[20]), diejenigen der Länder, welche heute zur Bundesrepublik gehören, und diejenigen der Städte. Es gab auch zahlreiche Obligationen von Privatunternehmen, den bekannten Industriekonzernen, deren Hochöfen früher Tag und Nacht den Himmel des Ruhrgebietes erleuchtet hatten.

Es blieb nur noch übrig, den Gang der Handlung festzulegen: auf die Vorschläge zu warten, die die Schuldner den Gläubigern machen würden, um die Vergangenheit zu bereinigen und für die Zukunft eine Regelung zu finden.

Nachdem die Hauptfaktoren einmal festgelegt waren, mussten nur noch viele Einzelheiten der Inszenierung bestimmt werden; die Währung, auf die die Obligationen lauteten, ob Dollar, Pfund Sterling oder Franken; das Problem der Sicherheit, das Vorhandensein einer Wechselklausel oder Goldklausel[21], die die Schuld aufwertet.

Die Tatsache, dass eine Schuld sich auf eine Goldklausel stützt, ist sehr häufig die Quelle juristischer Spitzfindigkeiten und unendlichen Feilschens, wobei jede Partei sich hinter einer anderen Interpretation verschanzt.

---

20 Dawes- und Young-Plan: Zwei deutsche Anleihen, die von den Alliierten ausgegeben wurden, um die Zahlung der deutschen Reparationsschulden an die Alliierten zu finanzieren. Dawes und Young waren zwei amerikanische Finanzsachverständige, die diese Pläne ausarbeiteten (1924 und 1930).

21 Goldklauseln: Vertragliche Vereinbarungen, wonach eine Schuld, einschließlich der Zinsen, in Gold oder Goldwert zurückzuzahlen ist. Gold-, Valuta- oder andere Wechselklauseln schließen ein gewisses Risiko ein, da solche Klauseln wechselrechtlich zwar zulässig, aber bedeutungslos sind.

Die »Lage« des Schuldners, seine Zahlungsfähigkeit, spielte gleichermaßen eine Rolle.

Würde die neue deutsche Bundesrepublik die ganzen Schulden des Reiches anerkennen oder einen Unterschied machen zwischen den Schulden des Westens und den Schulden des Ostens, wobei die Verantwortung für Letztere der Pankower Republik überlassen bliebe?

Die zerstörten Städte (Köln, Berlin), die ihre ganzen verfügbaren Mittel für die Trümmerbeseitigung, den Wiederaufbau der Brücken und die Verwandlung der Ruinenfelder in neue Wohnstätten umsetzen mussten, konnten unter Umständen weniger fruchtbare Spekulationsobjekte sein als die intakt gebliebenen Städte.

Bei den kommunalen und ebenso bei den privaten Unternehmungen mussten Unterscheidungen gemacht werden hinsichtlich der finanziellen Möglichkeiten, des guten Willens, der in den ursprünglichen Verträgen festgelegten Garantien und natürlich ihrer geografischen Lage.

Die Spekulation musste sorgsam wie ein Mosaik aufgebaut, eine Formel aufgestellt werden, nach der man jeden Grundstoff, jeden Bestandteil mit der Akkuratesse eines Chemikers beigeben musste.

Und es wurde ein voller Erfolg: Die gesamte Schuld mit allen Klauseln und ursprünglichen Bedingungen über die Rückzahlungen aller aufgelaufenen Zinsen wurde anerkannt und die normalen Zinszahlungen wieder aufgenommen.

Wie üblich waren die schwarzen Schafe die erfolgreichsten Spekulationsobjekte.

Gewisse Obligationen konnten, weil sie zu Anfang die schlechtesten Bedingungen gehabt hatten, zu einem sehr niedrigen Kurs erworben werden, und auf diese Weise legten sie den längsten Weg zurück und überwanden den größten Höhenunterschied.

Da waren zum Beispiel die Obligationen des Young-Plans, die im Jahre 1930 in Frankreich in französischen Francs herausgegeben worden waren; sie begannen mit 300 alten Francs und erreichten dank der Einhaltung der Wechselklausel die fantastische Summe von 30.000 alten Francs. Mit dieser Vertragstreue hatte man absolut nicht rechnen können.

Demjenigen, der Geduld zu haben verstand und Mut genug hatte, um auszuharren, bot sich, von Akt zu Akt, vom Prolog bis zum dramatischen Schluss, ein wunderbares Schauspiel.

Es war ein großartiges Drama, eine »Show« in drei Akten:

Akt I:

- Genesung der deutschen Finanzen
- Währungsstabilisierung durch Schaffung der D-Mark
- Industrieller Wiederaufbau, in dem alle Kräfte des Landes durch Ankurbelung des Exports, der Devisen ins Land brachte, konzentriert wurden.

Nachdem diese Grundbedingungen erfüllt waren, konnte sich der Vorhang für den zweiten Akt heben:

- Verhandlungen zwischen den Treuhändern für die ganzen deutschen Schulden und den Gläubigern aller interessierten Länder
- Die Besprechungen gingen ohne allzu viele Hindernisse bis zur letzten Hürde: der Ratifizierung.

Würde das deutsche Parlament, dessen Legislaturperiode fast abgelaufen war, aufgelöst werden, bevor die Vereinbarungen ratifiziert worden waren? Dank der Beharrlichkeit des Bundeskanzlers Adenauer konnten alle Schwierigkeiten überwunden werden: Er gab Deutschlands Kredit seinen alten Glanz zurück, verhalf ihm wieder zu seinem guten Ruf, den es seit einem halben Jahrhundert eingebüßt hatte.

Der dritte Akt ist die logische Folge des zweiten Akts:

- Aufgrund der neuen Vereinbarungen traten neue Schuldverschreibungen an die Stelle der alten und stiegen steil in die Höhe, da ihnen ein zu hoher Kapitalisierungssatz gegeben war, der nicht mehr der Qualität der nunmehr ausgezeichnet gewordenen Obligationen entsprach.

Das Ende war natürlich für die Spekulanten und auch für Deutschland unerwartet, das aus dieser »Episode« mit einem ungewöhnlich großen Kredit hervorging. Der Vorhang konnte fallen. Die Zuschauer haben befriedigt das Theater verlassen. Wer sich weiter amüsieren wollte, brauchte nur hinter die Kulissen zu gehen, um dort die Partie fortzusetzen. Man musste also nun in Deutschland mit deutschen Werten spekulieren, mit Industrie-, Bank- und Handels-Aktien. Das Spiel hatte erst begonnen. Es war gut ausgegangen. Wie und warum, das würde einen zweiten Band füllen.

Wertlose Aktien

Die Geschichte der Börse, wie überhaupt die Geschichte, ist ein ständiger Wiederbeginn.

Was in Deutschland geschah, war schon einige Jahre früher in Italien geschehen.

Direkt nach Kriegsende befand sich Italien in einer einzigartigen Situation. Das Land selbst hatte keine unmittelbaren Kriegsschäden erlitten. Der größte Teil der Fabriken war intakt, konnte aber wegen Rohstoffmangels nicht arbeiten. Und Rohstoffe konnten nicht gekauft werden, weil es keine Devisen gab.

Ein mit den Vereinigten Staaten genial ausgeklügeltes System half Italien aus dieser Sackgasse. Aufgrund von Lohnarbeitsverträgen lieferte Amerika an Italien Rohstoffe: Wolle, Baumwolle, Kunstseide. Nach der Verarbeitung in italienischen Fabriken kehrte ein Teil der Fertigwaren als Bezahlung nach den Vereinigten Staaten zurück, während der Rest für den Inlandsmarkt bestimmt war oder sogar nach anderen europäischen Ländern exportiert wurde.

Von 1946 an erfreute sich die italienische Textilindustrie einer neuen Blüte. Andererseits erlebte die Mailänder Börse eine Wiedergeburt; es stellte sich allmählich die von Leidenschaft erfüllte Atmosphäre wieder ein, die Mailand vor dem Kriege zu einem der Plätze in Europa gemacht hatte, wo am meisten spekuliert wurde. Diese Neubelebung beschränkte sich jedoch mehr oder weniger auf die Herstellung und den Handel mit Textilien und damit verwandte Industriezweige, die direkt oder indirekt mit der Textilindustrie zu tun hatten (Warenhäuser, Werkzeugmaschinen etc.).

Als ich von den Vereinigten Staaten kam, wo man Europa mit einem gewissen Pessimismus beurteilte, war ich sehr überrascht, eine wahre Flut von Artikeln aus Baumwolle, Seide und Wolle in den eleganten Mailänder Geschäften in der Nähe des Doms vorzufinden.

Selbstverständlich reagierte meine Spekulationsnase sofort, um die richtige Spur zu wittern, die zu verfolgen war.

Ich fragte einen meiner Freunde, einen Makler an der Mailänder Börse, um Rat.

»Es ist viel zu spät«, sagte er, »um hier mitzumachen. Die guten Sachen sind schon zu sehr gestiegen. Sie sind viel zu teuer, als dass man sie jetzt noch kaufen könnte. Und die, die nicht teuer sind, haben keinen Grund zu steigen.«

Es war klar, ich kam von den Vereinigten Staaten und war mit den europäischen Verhältnissen noch nicht wieder vertraut genug. Er musste es besser wissen als ich. Ich gab mich also mit seiner Behauptung zufrieden und fand mich notgedrungen damit ab, von diesem »Kuchen« nicht kosten zu können.

Ein paar Wochen später erregte eine Notiz in der *Neuen Zürcher Zeitung* meine Aufmerksamkeit.

Die große kalifornische Automobilfirma Kaiser-Frazer[22] hatte soeben einen Vertrag mit Fiat in Turin abgeschlossen, wonach die italienische Firma 100.000 Motoren jährlich im Lohnarbeitsvertrag herstellen sollte.

So, sagte ich mir, das Verfahren hat seit den Textilien Schule gemacht; wer ist jetzt an der Reihe? Wahrscheinlich die Autos.

Einige Minuten Überlegung genügten, um meinen Plan festzulegen. Bei Eröffnung der Börse fragte ich meinen Makler:

»Sagen Sie, welches ist die schlechteste Automobil-Aktie?«

»Sie meinen doch wohl die beste? Das ist Fiat.«

»Nein, die schlechteste. Erkundigen Sie sich bitte, ich interessiere mich wirklich für die schlechteste, so merkwürdig Ihnen das auch vorkommen mag.«

22 Kaiser-Frazer: Bekannte amerikanische Automobilmarke neueren Datums.

»Gut«, sagte er und verschwand in der Menge, um nach einigen Minuten zurückzukommen.

»Es heißt, das sei Isotta Fraschini[23] (I.F.); die Firma steht kurz vor dem Bankrott.«

Dieser Name rief die Erinnerung an jene langgestreckten Vorkriegslimousinen wach, die Filmstars und Generaldirektoren zu fahren liebten. I.F., diese Initialen des Luxus, bedeuteten also jetzt »Industrie in Finanzschwierigkeiten«?

»Sind Sie sicher?«

Er verschwand zum zweiten Mal im Menschengewühl.

»Ja, es ist mehr als sicher. I.F. ist schon beinahe bankrott.«

»Gut, dann will ich ein Paket kaufen.«

Mit einem Gesicht, das viel von seiner Skepsis verriet, ging er, um meine Order zu etwa 150 Lire auszuführen.

Nachdem meine Spekulationslust befriedigt war, verließ ich die Börse und einige Tage später auch die Stadt.

Monate vergingen, ehe ich wieder nach Mailand kam. Mein Makler rief mich gleich an: »Gratuliere, lieber Freund, zu diesem ausgezeichneten Tipp. Woher haben Sie ihn?«

!!!

»Sagen Sie nur nicht, dass Sie nichts wussten. Es ist unglaublich. Isotta steht auf 450. Sie wollen sicher verkaufen?«

»Keineswegs!« Und ich gab ihm Anweisung, noch mehr Isotta-Aktien zu kaufen.

Diesmal fügte er sich gleich. Er versuchte seine Überraschung zu verbergen und führte die Aufträge aus.

Da es mich selbst verwunderte, dass eine so aus der Luft gegriffene Idee so rasch Erfolg gehabt hatte, machte ich mich daran, die Kursbewegungen zu verfolgen.

Es war ein Einzelfall, diese Aktie, die allein nach oben strebte, denn die übrigen Börsenwerte, einschließlich Fiat, blieben ziemlich konstant.

---

23 Isotta-Fraschini: Italienische Automobilfirma, die vor dem Kriege Luxuswagen herstellte und inzwischen in einer anderen Firma aufgegangen ist.

Die für 150 Lire gekauften Papiere stieß ich während einer Baisse-Welle zu ungefähr 1.500 Lire ab, nachdem sie zwischendurch bis auf 1.900 Lire geklettert waren.

Das Wunder war jedoch erklärbar. Meine Idee war richtig gewesen. Im Zuge des wirtschaftlichen Wiederaufbaues war ein Wirtschaftszweig nach dem anderen an die Reihe gekommen. Italien hatte einen guten Ruf in der Automobilindustrie und war bestrebt, ihn zu fördern. Hier und da waren Gruppen von Geldleuten und Industriellen aus dem Ausland aufgetaucht, hatten die daniederliegenden italienischen Fabriken überprüft und Pläne ausgearbeitet, um sie wieder flottzumachen und Fusionierungen durchzuführen. So war auch eine dieser Gruppen gekommen und hatte die I.F. übernommen, um sie zu reorganisieren und wieder auf die Beine zu bringen. Die Firma als solche besteht heute nicht mehr, aber mir ist sie als eines der kühnsten und erfolgreichsten Spekulationsobjekte in Erinnerung geblieben.

In der Affäre »Oceanic« war ich noch unerfahren in der Materie: Ich hatte aus Unkenntnis auf das schlechte Pferd gesetzt; diesmal setzte ich absichtlich auf das schlechte Pferd. Mein Spekulationstalent war ausreichend ausgeprägt, sodass ich begreifen konnte, dass außerordentliche Situationen außerordentliche Methoden erfordern.

Meine ganze Laufbahn als Spekulant lässt sich fast vergleichen mit derjenigen eines abstrakten Malers.

Bei meinen ersten Spekulationen habe ich gepfuscht wie ein Kind, das seine Pinsel einfach in die Farben taucht. Und während ich als junger Nichtswisser in Börsenangelegenheiten herumpanschte, ist mir ein Werk geglückt, aus dem ich Geld herausschlagen konnte: das Gemälde »Oceanic«. Es war das wertlose abstrakte Werk eines Kindes, das sich trotzdem verkaufen ließ.

Die Affäre Isotta-Fraschini zeigt bereits eine gewisse Schulung. Bei Beendigung des Zeichenunterrichts ist das Kind schon kein Schüler mehr. Es hat eine sichere Hand, um die Wirklichkeit zu kopieren. Es entstellt sie, weil es sie entstellen will, das ist ebenso sehr Überlegung wie Berechnung. Es beherrscht die Technik und malt nur, was es sehen will. Also wird dasselbe Gemälde eine Kombination von Gegenständlichem und Abstraktem.

Wer auf konventionelle Weise seine Ersparnisse anlegen will, der kauft das beste Wertpapier oder versucht es zu kaufen. Die Suche nach dem schlechtesten Papier scheint eine gefährliche Inkonsequenz zu sein.

Jeder hat seine eigene Vorstellung von der Wahrheit. Der einfache Zuschauer an der Börse und der Spekulant kommen nicht zu den gleichen Lösungen, wenn sie sich demselben Problem gegenübersehen. Das Urteil des einen erscheint dem anderen falsch, sogar verrückt.

Die sichtbare Wirklichkeit zu verdrehen ist verführerisch. Der Maler erliegt dieser Versuchung; mehr und mehr wird es eine Gewohnheit, eine Verführung. Manchmal aus Trotz, um sich über etwas lustig zu machen, oder auch einfach, um den Bürgerlichen eins auszuwischen.

Das ungefähr war es, was ich eines Tages tun wollte.

Alles begann mit dem Telefonanruf eines aufgeregten und fantasiebegabten Maklers. Er rief mich aus der Schweiz an, um mir einen sicheren und vertraulichen Tipp zu geben – diese beiden Eigenschaften nehmen solche Winke immer für sich in Anspruch.

Man müsse Aktien einer Papierfabrik mit dem poetischen Namen Mont Blanc kaufen. Warum? Hinter der Flut von guten Argumenten, die mein Gesprächspartner anführte, spürte ich die schöne, sorglose Unbefangenheit von Leuten, die nicht Bescheid wissen. Hier hilft nur der Glaube! Verführt durch die leeren Redensarten – gerade weil sie so leer und von aller Wahrscheinlichkeit entblößt klangen –, gab ich ihm eine Kauforder: »Vox populi, vox Dei.«

Durch Zufall lernte ich kurz darauf bei einem Essen den Generaldirektor der Papierfabrik Mont Blanc kennen. Zum ersten Mal ging ich von meiner Gewohnheit ab, einer Politik nach Art des Vogel Strauß, der den Kopf in den Sand steckt, um nichts zu wissen; diesmal versuchte ich, die Hintergründe der Affäre herauszufinden und ihn um seine Meinung zu fragen.

»Wie, das ist ja absurd, so teuer zu kaufen!« sagte er mir. »Für die nächsten Jahre kann keine Rede von Dividendenzahlungen sein. Beeilen Sie sich, so schnell wie möglich wieder zu verkaufen. Der Kurs ist durch eine unsinnige Spekulation hochgetrieben. Sie haben eine Dummheit gemacht, lieber Freund.«

Die Heftigkeit, mit der er diese letzte Ankündigung unterstrich, berührte mich irgendwie unangenehm. Ich fühlte mich verpflichtet, die Angelegenheit etwas näher zu untersuchen, und stellte tatsächlich fest, dass der Preis unverhältnismäßig hoch war. Doch überzeugt, dass die Börsen-Torheit keine Grenzen kennt, traf ich meine Dispositionen.

Die Zeit bis zum nächsten Morgen schien mir dahinzukriechen. Mein Makler, den ich schon in der ersten Geschäftsstunde anrief, schien auf diesen Schlag nicht vorbereitet. Mein Bericht über die Unterhaltung vom Abend vorher war eine kalte Dusche für ihn, und ich merkte, wie der arme Mann vor Schuldbewusstsein zitterte.

»Aber was wollen Sie jetzt tun, Monsieur?«

»Was ich tun will? Ich werde es Ihnen sagen. Verdoppeln Sie meinen Kauf!«

...

(Es folgte ein Schweigen; er gab auf und verstand offenbar überhaupt nichts mehr.)

»Ja, wirklich. Ich will Ihnen beweisen, welchen Wert ich den Auskünften der großen Zauberer beimesse, seien es nun Präsidenten oder Direktoren!«

Nach kurzer Zeit vergaß ich die ganze Affäre Mont Blanc. Doch vor ein paar Tagen schnurrte mein Radioapparat, den ich auszuschalten vergessen hatte, die Börsenkurse herunter. Dabei erfuhr ich, dass meine Mont-Blanc-Aktien in wenigen Wochen einfach um das Doppelte gestiegen waren.

Wieder ein abstraktes Gemälde; das erste war aus Ignoranz, das zweite durch Berechnung und dieses letzte hier aus Trotz entstanden. Die Bescheidenheit verbietet mir eigentlich, es zu sagen, aber ich muss gestehen, es war ein Meisterwerk geworden. Es war auch ein abstraktes Gemälde, aber ich hatte inzwischen Malen und Zeichnen gelernt.

Ich will nicht zu predigen versuchen oder immer der Meinung anderer widersprechen. Doch während ich aus dem Schatz meiner Erfahrungen und der beruflichen Schulung Nutzen zog, konnte ich mir bei aller Sachkenntnis erlauben, solchen Launen nachzugeben.

Habe ich nicht gesagt, dass die Spekulation eine Kunst ist?

Die internationale Arbitrage

Die Börse ist eine Kunst, aber sie kann auch eine Wissenschaft sein. In diesem Fall ist die Methode, die man verfolgen muss, nicht mehr bloß eine Frage der Intuition. Vielseitige und genaue technische Kenntnisse sind unerlässlich.

Zahlreiche Börsenwerte, die der Sprachgebrauch »internationale« getauft hat, werden gleichzeitig an verschiedenen Handelsplätzen notiert. Sie sind Gegenstand sehr einträglicher Transaktionen. Und es geschieht sehr häufig, dass eine Kursverschiebung bei ein und demselben Börsenwert an den verschiedenen Börsen, wo er notiert wird, auftritt. Diese Unterschiede bleiben manchmal eine gewisse Zeit hindurch bestehen, manchmal aber auch nur einige Stunden oder ein paar Minuten. Die Spezialisten, die aus diesen Kursunterschieden Nutzen zu ziehen wissen, indem sie an einem Platz kaufen, um an einem anderen zu verkaufen, werden Arbitragisten oder Arbitrageure genannt, und ihre Transaktionen heißen Arbitragen.

Vor dem Kriege von 1914/18 gab es zum Beispiel sehr bedeutende Arbitragegeschäfte zwischen Paris und St. Petersburg mit russischen Börsenwerten und zwischen Paris und Madrid mit gewissen spanischen Renten.

Gegenwärtig, und das schon seit Jahren, werden von Paris aus besonders rege Arbitragegeschäfte mit London, Brüssel, New York, Frankfurt oder Genf getätigt.

Während der Spekulant versucht, aus Kursdifferenzen in der Zeit zu spekulieren, versucht der Arbitragist, aus Kursdifferenzen im Raum Vorteile zu ziehen.

Es gibt einfache Arbitragen und komplizierte Arbitragen. Und mehr und mehr komplizieren sich seit einigen Jahren die Operationen wegen der verschiedenen Beschränkungen für solche Transaktionen, Währungskontrollen und andere Maßnahmen.

Die Arbitrage muss daher nicht nur immer schneller arbeiten, um eine »Blitzverbindung« zwischen zwei Plätzen herzustellen, sondern auch immer geschickter, um ihre Operationen jeweils miteinander verknüpfen zu können.

Diese Arbitragen werfen ein Netz über die gesamte Erde und sprengen stürmisch den Rahmen normaler Wertpapier-Transaktionen. Der Arbitragist springt, je nachdem, wie es seine Transaktionen erfordern, von einem Platz zum anderen, tauscht ein Wertpapier gegen einen Rohstoff, Aktien gegen Staatsanleihen, Anleihen gegen Edelmetalle usw. Diesem wirbelnden Reigen vermag kein Laie zu folgen.

Die Reise um die Welt über 80 Börsen

Im Zuge dieser Zauberkunststücke machen die Transaktionen fast eine Reise um die Welt über 80 Börsen und sichern denjenigen, die sie erdacht, aufgebaut und schließlich ausgeführt haben, einen nicht unbeträchtlichen Nutzen.

Da war zum Beispiel jene Rundreise, die mit wahrer Meisterschaft in den Nachkriegsjahren aufgezogen wurde.

Als der Krieg Frankreich aus seinen Klauen gelassen hatte, begann das Land wieder im Rhythmus seiner zurückgewonnenen Freiheit zu leben. In der Zeit der Feindseligkeiten war der Kreislauf des Kapitals sowohl aus praktischen wie auch aus psychologischen Gründen unterbrochen. Zu den Schwierigkeiten, die Zinsen für die Coupons ausländischer Wertpapiere ausgezahlt zu erhalten, kam das Misstrauen, der Schutzinstinkt, der dem Einzelnen eingibt, bei drohender Gefahr zuerst sich selbst und gleich danach sein Hab und Gut zu verbergen.

Vergraben unter Bäumen, versteckt auf dem Grunde irgendwelcher trockengelegter Brunnenschächte oder auch verborgen in den Erdhöhlen eines uralten Waldes, so warteten die Wertpapiere, bis sie in weniger schwierigen Zeiten wieder ans Tageslicht kommen konnten.

Statt gleich zu ihren Verstecken zu laufen, hatten die Eigentümer dieser Wertpapiere (hauptsächlich Goldminen) Verstand genug, erst einmal zu überlegen. Konnte nicht das plötzliche Wiederauftauchen so vieler Wertpapiere die Regierung in Versuchung führen, und – man weiß ja schließlich nie – würde sie sie nicht kraft ihrer Staatsgewalt womöglich beschlagnahmen?

Für Monsieur Dupont wie für Madame Dupont gab es nur einen einzigen Zufluchtsort, nur einen einzigen sicheren Hafen – so glaubten sie jedenfalls naiv seit Jahr und Tag –, wo sie vielleicht den nächsten Sturm überstehen könnten: im Gold.

Man musste sich also dieser Haufen von Wertpapieren im Dornröschenschlaf entledigen – diese vielen Tonnen Papier in wirkliches, gelbes Metall verwandeln. Wieder einmal wirkte das Fluidum des Goldes, von dem jedermann, angefangen von Volpone[24] bis Mercadet[25], glaubt, dass es den Menschen vor allen Misslichkeiten beschütze.

In den tiefsten Tiefen der Geldschränke sollten die guten Goldbarren die Aktien der Goldminen ersetzen, die ihrerseits eine überstürzte Reise in alle Himmelsrichtungen antraten. Spezialisten des Grenzverkehrs wussten ihnen den Weg nach Genf zu bahnen, wo die Goldminen-Aktien einem amerikanischen Arbitragisten, den wir Mr. Kux nennen wollten, zur Verfügung gestellt wurden; er bezahlte dafür in Dollar.

Wir nennen ihn Kux und nicht Jones oder Smith, denn das könnte falschen Schlüssen Vorschub leisten.

Nein, Mr. Kux stammt nicht aus Boston und nicht aus Texas. Er ist in der Slowakei geboren, hat in Wien die Schule besucht, in Göttingen Nationalökonomie studiert und an der Sorbonne klassische Kultur in sich aufgenommen. Schließlich ging er nach Amsterdam, wo er an der Börse volontierte, bevor er in London seine Ausbildung als Bankier begann.

Kurz, er ist der perfekte Arbitragist ... Außerdem hat er einen Bruder in Johannesburg, einen Vetter in Sydney, einen Schwager in London und viele Freunde, Kollegen und Berufsgenossen überall in der Welt. Er hört das Gras da wachsen, wo es sprießt, und weiß seine Entscheidungen in einer Sekunde zu treffen, was schließlich sein Beruf ist ...

Dank seiner Dollars konnten die Barren, die Napoléons und die Sovereigns, dieses ganze so heiß ersehnte Gold, den Weg nach Frankreich einschlagen.

Im 32. Stock eines Wolkenkratzers in der Wall Street, im traurigen Mosaik dieser Glaskäfige mit ihren luxuriös-unpersönlichen Büros,

24 Volpone: Held des gleichnamigen Theaterstückes von Ben Johnson.

25 Mercadet: Held des Theaterstücks von Balzac mit dem Titel »Der Börsenspieler«.

überlegt Mr. Kux, ob ihm hier wohl der schönste Coup seiner Laufbahn als Arbitragist gelinge. Mit einem Telefongespräch wird er die Papiere von Genf in ein Land dirigieren, wo der Staat eine weniger schwere Hand hat: nach Havanna in Kuba.

Während der Kriegsjahre hatten die in Frankreich begrabenen Aktien einen »langen Bart« bekommen, das heißt, sie waren mit einem langen Streifen von rückständigen Coupons versehen, deren Inkasso unterblieben war. Im Nothafen Kuba wurde der Bart der Coupons abrasiert und nach London geschickt, wo die Zahlung in steuerfreien Dollars erfolgte.

Von ihren Coupons befreit, gingen auch die Wertpapiere auf die Reise, und zwar nach New York, der Geburtsstätte des Schlachtplans. Von seinem Hauptquartier aus bereitete Mr. Kux die nächste Etappe vor, die zweite Überquerung des Atlantiks für die Minenaktien, zur Stock Exchange in London, wo sie verkauft werden sollten.

Der britische Käufer bezahlte den Gegenwert der Papiere in gesperrten Pfund Sterling, das heißt, dass sie nur für den Kauf anderer Wertpapiere verwendbar waren.

Mr. Kux kaufte an der Londoner Börse mit den Sperr-Pfunden brasilianische Staatsanleihen und alle möglichen argentinischen Aktien: Brauereien, Mühlen, Eisenbahnen usw.

Dann lancierte er diese Papiere von seinem Wolkenkratzer in Manhattan aus nach Buenos Aires und Rio de Janeiro, in ihre Ursprungsländer, die begierig waren, ihnen wieder Heimatrecht zu geben. In Argentinien und Brasilien wurden die Aktien mit gesperrten Cruzeiros und Pesos bezahlt – gesperrt, weil in beiden Ländern das Geld nur für den Einkauf von Erzeugnissen verwendet werden durfte, deren Export gefördert werden sollte: Kaffee, Kakao, brasilianische Baumwolle oder auch argentinisches Gefrierfleisch.

Mr. Kux besaß nun Sperr-Cruzeiros und Sperr-Pesos, hatte aber nicht die Dollars zurückbekommen, die er in Genf ausgegeben hatte.

Und was sollte er mit diesen Cruzeiros und Pesos machen? Er kam hier mit einer eisernen Regel in Konflikt, die Brasilien und Argentinien aufgestellt hatten. Für sie war Amerika gleich Dollar. »Wenn die Yankees unseren Kakao, unseren Kaffee trinken, unser Fleisch essen wollen, dann sollen sie in harten klingenden Dollars bezahlen – oder wir verkaufen ihnen gar nichts«, sagten sie.

Doch die armen Verwandten der Nachkriegszeit, die Japaner, die Finnen, die durften ihre Einkäufe in Brasilien und Argentinien mit gesperrtem Geld bezahlen.

Sofort verkaufte unser Amerikaner seine Sperrguthaben in Helsinki und Tokio, wo sie sich in Kakao, Baumwolle oder Kaffee verwandeln durften – in alles, was die brasilianische und argentinische Wirtschaft den Vereinigten Staaten verweigerte.

Der Reigen ging manchmal noch weiter, denn es kam vor, dass Finnland einen Teil der eingekauften Waren nach Russland leitete, um damit alte Schulden zu bezahlen. Obwohl Finnland ein armes und vom Kriege verwüstetes Land war, stellte es dennoch die Dollars zur Verfügung, um Mr. Kux in New York zu bezahlen – und das konnte es, weil es Papierbrei aus seinen Wäldern im hohen Norden in alle Länder der Welt exportierte.

Man könnte hier nach dem Sinn des Geldtanzes fragen. Warum haben Helsinki oder Tokio gesperrtes Geld gekauft, um damit Waren zu kaufen, die sie sich leicht mit ihren eigenen Dollars hätten direkt beschaffen können? Man muss auf die Quelle zurückgehen, nach Paris, um den Mechanismus des Ganzen zu begreifen.

Das französische Publikum wollte sich seiner Goldminen-Aktien entledigen und war auf das Metall Gold versessen. Also wurden die Aktien zu Spottpreisen verschleudert, und für Gold in Münzen und Barren wurden überhöhte Preise gezahlt.

Mr. Kux konnte sich dadurch seine Cruzeiros und Pesos so billig beschaffen und sie günstig weiterverkaufen, dass die Finnen und Japaner ihre Warenimporte aus Südamerika mit diesen Geldsorten vorteilhafter finanzieren konnten, als wenn sie die Waren gleich in Dollar bezahlt hätten. Für Kux jedenfalls war das eine schöne runde Sache; der Kreis war geschlossen, er hatte seine Dollars zurück.

Aber es gab noch viele andere Variationen des gleichen Themas. Eine Firma in Beirut zum Beispiel, die auf den Metallhandel spezialisiert war, hatte eine Lücke im Gesetz entdeckt. Wenn unter bestimmten

Umständen englische Pfunde zugunsten einer dänischen Bank transferiert wurden, dann konnte man sie zum Einkauf von Rohstoffen aus dem Britischen Empire verwenden. Die Entdeckung wurde bald in klingende Münze verwandelt. Unter dänischer Flagge segelten Zinn aus Singapur und Kautschuk aus Malaysia nach Rotterdam. Dann bezahlten die Amerikaner in Dollar, und der Kreis war wiederum geschlossen.

Noch eine Lücke dieser Art war die Basis für eine dritte Variation. Absprachen mit der Bank von England ermöglichten den Ankauf von Silber in Dschibuti gegen die berühmten Pfunde.

Das weiße Metall ging in die Münze nach Wien, wo es zu Maria-Theresia-Talern geschlagen wurde; zurückgekehrt nach Dschibuti, wurden die Taler von denen gekauft, die sie für Einkäufe in Abessinien brauchten.

So merkwürdig das erscheinen mag, so waren diese Münzen mit dem Profil der habsburgischen Kaiserin doch gültiges Zahlungsmittel im Reiche des Negus, und da die Käufer der Taler in Dollar bezahlten, war der Kreis erneut geschlossen! Was war bei diesem Reigen des Geldes und der Waren aus den in London verkauften Goldminen-Aktien geworden?

Ein Teil der Papiere war nach Johannesburg gegangen, um gegen englische Staatspapiere eingetauscht zu werden, die nach Großbritannien zurückkehrten. Die Nachkriegszeit hatte überall eine umfangreiche Heimkehr-Bewegung für nationale Wertpapiere hervorgerufen. Die Auslandspapiere kehrten in ihre Ursprungsländer zurück. Die Argentinier kauften ihre Brauereien und ihre Eisenbahnen zurück, die Brasilianer ihre Staatsanleihen, die Südafrikaner ihre Goldminen und die Engländer alle möglichen Wertpapiere, die sich außerhalb ihrer Grenze befunden hatten. Diese Repatriierungswelle ergriff unversehens alle Märkte der Welt.

Der andere Teil der Wertpapiere verwandelte sich aus Inhaberpapieren in Namenspapiere, und als solche kehrten sie auf den Kontinent an die Börse von Paris zurück. Andere Duponts und andere Durands kauften sie, doch diesmal ohne alle Heimlichkeit, mit Geldern, die dem Fiskus nicht verhehlt waren.

Nachdem die Goldminen-Aktien offiziell in den großen Banken deponiert worden waren, begaben sie, die so lange nach der Pfeife böser

Geister hatten tanzen und reisen müssen, sich unter den wachsamen Schutz der Regierung zur Ruhe.

Hätten diese Reisen nicht Milliarden französischer Spargroschen gekostet, so könnte man fröhlich feststellen, dass die Komödie ein Happy-End gehabt habe.

Nur hat es in Wirklichkeit Milliarden gekostet, denn jede Transaktion brachte ihrem Urheber namhafte Gewinne, trotz der Kosten; und die Gewinne verursachten jedes Mal einen Rückprall und lösten eine neue Transaktion aus, an der andere wieder verdienten.

Diese Milliarden stellen den Unterschied dar zwischen dem Verkaufspreis, zu dem sich die Papiere zum ersten Mal heimlich auf den Weg in die Schweiz machten, und dem offiziellen Kaufpreis bei der Rückkehr nach Frankreich.

Gewissermaßen eine Reise um die Welt, frei nach Jules Verne.

3. Streifzüge durch die Vergangenheit

Booms und Börsenkräche

Allein der Schmerz sei positiv, schreibt der Philosoph Schopenhauer. Glück sei nur die Abwesenheit des Leidens.

Das bedeutet, dass wir in einer Art Unbewusstheit leben. Wir tauchen daraus nur auf, wenn uns etwas wehtut. Beim normalen Stand der Dinge geschieht gar nichts. Wir leben die meiste Zeit in der Verdunkelung, kurz gesagt im Nebel.

Diese Vorstellung, die Schopenhauer vom Dasein im Allgemeinen hatte, lässt sich vollendet auf die Börse anwenden. Das einzig positive Ding für den Spekulanten ist der Schmerz – der Schmerz der anderen: der Verlust, also bei der Börse die Baisse oder mehr noch der Börsenkrach.

Die öffentliche Meinung wird sich der Börse erst in dem Augenblick wirklich bewusst, da der Wind aus der falschen Richtung weht. Die Zeitungsüberschriften »Börsenkrach mit soundso viel Millionen« lassen oft erkennen, dass ein Rad der Riesenmaschine sich gelöst hat.

Der Börsenkrach ist eine für das Wohlbefinden des Spekulanten sehr fühlbare Realität, umso mehr, als er überraschend kommt. Die Hausse steigt sanft, sie erklimmt Absatz um Absatz, ohne dass man es eigentlich merkt, während der Börsenkrach plötzlich und mit der Heftigkeit göttlicher Rache kommt. Er lässt die Vermögen zu Staub zerfallen, lässt sie zuerst unter dem Aufprall zersplittern und zermalmt sie schließlich vollständig.

Die Lage an der Börse ist befriedigend, wenn das Barometer auf »beständig« steht. Wenn alles gutgeht und soweit alles gut steht, streicht der Herr Spekulant vergnügt seinen Gewinn ein. Dass die Börse gut geht, erscheint ihm absolut normal, zur natürlichen Ordnung der Dinge gehörend.

Dass sie auch schlecht gehen kann, und noch dazu auf so gewalttätige Weise, kommt ihm gar nicht in den Sinn: Das wäre eine persönliche Beleidigung

Und wenn der Börsenkrach wirklich kommt, wenn die Baisse sein Kapital annagt, dann empfindet er natürlich die finanzielle Einbuße schmerzlich, dann fühlt er sich vom Schicksal ungerecht behandelt: Das allein ist positiv.

Der Gewinn ist nur eine Illusion, allein der Verlust ist wirklich. Die Kriege, die Börsenkräche der Politik, sind die Meilensteine auf der langen Straße der Geschichte. Sie sind selbst Geschichte, sie durchziehen die Geschichte, um sie in Perioden zu unterteilen.

Die Geschichte der Börse ist durch Schlachten abgegrenzt, die eine Trennungslinie zwischen den guten und den schlechten Perioden bilden: die Booms und die Börsenkräche. Sie sind ein unzertrennliches Gespann, der eine kann nicht ohne den anderen sein.

Die Booms schwellen im Rhythmus der Prosperität gemächlich an wie eine Schweinsblase. Und dann, ganz plötzlich, ist fatalerweise ein Ballon daraus geworden, der durch einen Nadelstich platzen kann. Es gibt ein Gesetz bei der Spekulation: kein Börsenkrach, kein Knall, dem nicht ein Boom vorangegangen ist, und kein Boom, der nicht mit einem Börsenkrach endet.

Für »Börsenkrach« haben die Franzosen das deutsche Wort »Krach« entlehnt, das sie »Krack« aussprechen und das sie an das Zerbrechen eines Spiegels erinnert. Auf Englisch heißt er Crash; hier kommt das Gewitter plötzlich bei blauem Himmel zum Ausbruch, ohne dass auch nur die kleinste Wolke es angekündigt hat.

Tatsächlich kamen die ersten Börsenkräche aus heiterem Himmel: Der Ausbruch eines Vulkans, ein Erdbeben, eine Überschwemmung, das war der Ruin für Hunderte von Familien.

Bald kamen sie aber auch durch die Schuld der Menschen.

Die Verkehrswege waren weder garantiert noch geschützt. Wenn Räuber eine durch die Wüste ziehende Karawane angriffen, die Korsaren sich einer Schiffsladung bemächtigten und eine ganze Gruppe von Geldleuten sich ruiniert sah, wenn der Markt aus den Angeln gehoben war: Das war der Börsenkrach.

Wenn zu viele Lieferungen unverhofft zur gleichen Zeit eintrafen und das Gleichgewicht des Marktes durch das gehäufte Angebot gestört war: Das war der Börsenkrach.

Die einen schickten Gebete zum Himmel, die Waren möchten heil und sicher den Hafen erreichen, und die anderen, die Spekulanten, legten ein Gelübde ab für den Fall, dass sie überhaupt nicht ankommen und die Preise infolge der eintretenden Verknappung steigen würden.

Die Preise vollführten Zickzackbewegungen, machten unvorhergesehene Seitensprünge, die für die Spekulation ein sehr fruchtbares Feld boten. Dem Zusammenhang zwischen Angebot und Nachfrage entsprechend war das Gleichgewicht mehr oder weniger gestört, mehr oder weniger bedroht, und Tür und Tor mehr oder weniger offen für den Ausbruch des Börsenkrachs.

»Le Grand Parti«

Die erste Finanzkrise im modernen Sinne des Wortes spielte sich im Jahre 1557 vor dem Hintergrund der Renaissance ab, vor mehr als vier Jahrhunderten.

Von Spanien bis Österreich spannte der Habsburger Adler seine kaiserlichen Schwingen. Karl V. regierte in Madrid, der strenge Philipp II. war sein Nachfolger. Ihr Prunk, ihr Luxus, ihre Hofhaltung, ihre Kriege und ihre Eroberungen kosteten Geld, nochmals Geld und wieder Geld.

Die Herrscher hatten nicht viel Geld, also borgten sie es sich. Die Fugger, die schon die Kaiserwahl finanziert hatten, schickten weiterhin ihr Gold an Karl V. Auch von anderen Augsburger Bankiers und von Genueser Bankhäusern erhielt er beträchtliche Subsidien. Die Unterschrift des Kaisers war die Garantie für die Anleihen, und die Schuldscheine wurden an den europäischen Märkten notiert. Die Schuldverschreibungen des Heiligen Römischen Reiches waren ebenso in Antwerpen und Bourges wie in Genua und Lucca im Umlauf. Und in Toulouse und Lyon notierte man die Schuldscheine der französischen Krone, die »Königliche Briefe« genannt wurden.

Für diese Millionen war der alleinige Schuldner der Staat, Frankreich oder Spanien. Eine Inflation riesigen Ausmaßes, die in sich den Keim für eine Katastrophe trug, bereitete sich vor. Die Geschäfte mit den königlichen Briefen entwickelten sich in ungewöhnlicher Weise; die Umsätze wurden durch die Händler, die Kaufleute, hochgetrieben, die die reinen Handelsgeschäfte aufgaben, um mit diesen Schuldverschreibungen zu schachern. Natürlich versäumte der Staat, der allen Grund dafür hatte, nicht, diesen Gang der Dinge zu fördern. Wer würde schließlich die Rechnung begleichen, wer sollte die Anleihen zurückzahlen? Über diesen Punkt machte sich niemand Sorgen. Die Antwort war immer die gleiche: Amerika wird bezahlen. Damals schon.

Amerika, das heißt das Neue Spanien, das Neue Kastilien, diese märchenhafte Schatzkammer, die Spanien nur auszuräumen brauchte, um das reichste Land der Erde zu werden. Es war ein schöner Wahn, dem sich die Gläubiger genießerisch hingaben und der die königlichen Schuldner ermutigte, immer mehr zu borgen.

Jedes Jahr, so hoffte man, würden die Karavellen und Galeeren des Geschwaders wieder in den Hafen von Cádiz einlaufen, beladen mit Smaragden, Topasen und allen Sorten Edelsteinen, die scheffelweise in den Bergwerken der Neuen Welt gefördert würden.

In einer Euphorie der Spekulation strömte das Geld, das geborgte, gleichermaßen nach Frankreich.

Der Finanzminister des Königs von Frankreich hielt nun den Augenblick für günstig, um eine Operation durchzuführen, die wir heute »Konversionsanleihe« nennen. Er gab Anweisung, die »Königlichen Briefe« zu einer einzigen Anleihe zu verschmelzen, die vielen in Umlauf befindlichen Serien von Anleihen mit verschiedenen Fälligkeitsterminen und Zinssätzen gegen eine neue Anleihe umzutauschen, der alle anderen einverleibt werden sollten und die »Le Grand Parti« genannt wurde.

Der Zinssatz war gegenüber den alten Anleihen stark erhöht worden, er betrug 16 Prozent pro Jahr statt 12 Prozent im Durchschnitt. Und um daraus Nutzen zu ziehen, musste man 30 Prozent mehr zeichnen und bar bezahlen; dies ist übrigens eine Klausel, die auch in den letzten Jahren recht häufig angewandt wurde.

Um die Anleihe »Nouveau Grand Parti« zu zeichnen, verkauften Frauen ihren Schmuck, gaben Witwen ihre Pensionen auf, legten Dienstboten ihre Ersparnisse an, und selbst türkische Paschas und Händler zeichneten durch ihre Strohmänner in Frankreich für mehr als 500.000 Ecus (Silbertaler).

Ja, aber da ... platzte die Schweinsblase. Warum? Das ist ein Geheimnis, zu dem uns der Klatsch den Schlüssel liefert. Die Verschuldung des spanischen Hofes erreichte enorme Summen. Um die Zinsen für die neue Anleihe zu zahlen, brauchte man neues Geld, und um neues Geld zu haben, wieder neue Anleihen.

Das aufgebaute Gerüst hielt bis zu dem Tage, an dem der Vertreter der Fugger in Madrid von einer Indiskretion Wind bekam. Der Jesuiten-Kardinal, Beichtvater des Königs von Spanien, hatte seinen Herrn davon überzeugt, dass es dem Evangelium widerspräche, wenn man Zinsen für seine Schulden bezahlt.

Der Kardinal war schwatzhaft, die Fugger waren vorsichtig. Sie beschlossen, keine neuen Kredite mehr zu gewähren.

Zur gleichen Zeit erzählte in einer Wirtschaft in Cádiz ein soeben angekommener Seemann, was er in Amerika gesehen hatte, oder vielmehr, was er nicht gesehen hatte. Keine Diamantenberge, keine edelsteinführenden Flüsse, alles das waren nur Luftschlösser. Es gab allerdings ungewöhnliche Früchte unbekannter Form, Ananas, Mango, aber sonst nichts, was die Reise wirklich lohnen würde.

Das Gerücht verbreitete sich dank der Zeitungen, die gerade aufkamen und mit manchmal sechsmonatiger Verspätung die Nachricht in alle Winkel Europas trugen.

Der Wettlauf um die Rückzahlung begann. Die Gläubiger, von Panik ergriffen, präsentierten ihre Rechnung; das bekam ihnen schlecht, man entzog ihnen die vorher eingeräumten Monopole und zwang ihnen ein Moratorium[26] auf.

---

26 Moratorium: Ein auf Vertrag oder Gesetz begründeter Zahlungsaufschub fälliger Zins- und Kapitalrückzahlungen. Nach weltweiten Krisen (so im Basler Stillhalteabkommen 1931) oder politischen Umwälzungen werden Moratorien von Schuldnern auf internationaler Basis ausgehandelt.

Zu jener Zeit waren die Effektenmärkte schon gewissermaßen Nachrichtenzentralen. Die spanische Krise griff auf Frankreich über. Wenn der allmächtige Philipp II. in Schwierigkeiten geraten war, warum sollte Frankreich davon verschont bleiben? Das Vertrauen war erschüttert.

Zu den psychologischen Problemen trat ein technischer Faktor: der Geldmangel. Die Gläubiger, deren spanische Rechnungen unbezahlt geblieben waren, machten vergeblich die Runde bei ihren Schuldnern.

Der französische König Heinrich II., der zuerst lauthals Frankreichs Zahlungsfähigkeit versichert hatte, musste ein paar Monate später zugeben, dass er überhaupt nichts bezahlen konnte, weder die Schuld noch die Zinsen. »Der König zahlt alles, aber der König nimmt auch alles«, sagte das treue Volk in Paris. Das war der Zusammenbruch des »Grand Parti«, der zwei Jahre früher noch so beliebt gewesen war.

Die Katastrophe von 1557 ist ein Markstein in der Geschichte der Börse und der Finanzen und bezeichnet ein sehr trübes und erinnernswertes Jahr.

Achtzig Jahre später

Es ist – Ironie des Schicksals – eine zarte Blume, die das ebenso treffende wie klassische Beispiel für eine Boom-Katastrophe bietet: die Tulpe.

Heute ist sie nichts als eine gewöhnliche Blume, doch sollte sie einen Platz unter den Königen haben, denn Holland lebte im 17. Jahrhundert einige Jahre lang unter der Herrschaft der Tulpe.

Aus Zwiebeln hervorgegangene Blüten, die eine Stunde Sonne oder Frost für immer verwelken lässt, konnten die Wirtschaft dieses aufstrebenden Landes erschüttern, das kaum die spanische Zwingherrschaft abgeschüttelt hatte.

Fern von Holland hatte die Geschichte angefangen, mit einer hochoffiziellen Reise. Seine Exzellenz Herr Busbeck, Gesandter des Kaisers des Heiligen Römischen Reiches, machte sich auf den Weg, um seinen Posten bei Süleyman dem Prächtigen anzutreten. Von Wien nach Konstantinopel ist die Reise weit und besonders im Winter beschwerlich.

Der Diplomat konnte sich nicht satt sehen an dem schönen Oval dieser vielfarbigen Blumen, die die Türken »Turban« nannten und die er bald »Tulipan« taufte. Bei seiner Ankunft im Reiche der Hohen Pforte beeilte er sich, seinem Herrn einen begeisterten Bericht zu schicken. Einige Wochen später landete die Tulpe an den europäischen Gestaden und fand sich bald in den kaiserlichen Gewächshäusern, den Gärten der Fugger in Augsburg. Dem Botaniker Clodius gelang es, sie an das raue Klima der Nordsee zu gewöhnen, doch brauchte es mehr als fünfzig Jahre, bis die Holländer sich so närrisch in sie verliebten, dass dieses ruhige Bürger- und Kaufmannsvolk den Kopf dabei verlor.

Jahrelang war die Tulpe nichts als der Farbtupfen, das Zeichen der Fröhlichkeit in diesen schwarz und weiß gekachelten Behausungen, die Vermeer so sehr zu malen liebte.

Dann wurde sie allmählich ein Symbol, das Zeichen für sozialen Aufstieg. Die eleganten Schönen in Den Haag suchten mit der Geduld von Schulmädchen unter den tausendundein Nuancen der gleichen Blume den Farbton heraus, der am besten zu ihrer soeben vom Palais Royal gekommenen Pariser Toilette passte. Auf den Lindenalleen, vorbei an den Villen, zwischen denen sich Blütenteppiche mit einer Farbenpracht erstreckten, die die von Orientteppichen übertraf, fuhr man in tulpengeschmückten Kutschen spazieren. Es waren sich täglich wiederholende Blumenfeste, ein Wettstreit der Eleganz, eine Augenweide.

Der Inbegriff der Vornehmheit und vor allem des Snobismus war die Vorliebe für Tulpen und es gehörte zum guten Ton, seltene Sorten zu sammeln, die der Nachbar noch nicht hatte. In seinem Vorstadtgarten macht sich der »Blumenliebhaber« von La Bruyère schon mit Aufgang der Sonne zu schaffen:

»Sie sehen ihn gleichsam angewurzelt inmitten seiner Tulpen vor seiner allerschönsten stehen, er reißt die Augen auf, reibt sich die Hände, er bückt sich, er betrachtet sie ganz aus der Nähe, er hat sie niemals so schön gesehen; sein Herz weitet sich vor Freude, er betrachtet sie aufmerksam, er bewundert sie. Gott und die Natur bewundert er dabei gar nicht, er sieht nicht weiter als bis zur Zwiebel seiner Tulpe, die er nicht für tausend Ecus weggeben würde.

Dieser vernünftige Mann, der eine Seele, der Glauben und Religion hat, kehrt (bei Nacht) ausgehungert nach Hause zurück, doch überaus befriedigt von seinem Tag: Er hat seine Tulpen gesehen.« (La Bruyère, »Die Charaktere«).

Die Hauptstadt des Handels, Amsterdam, griff die Mode auf. Je mehr die Bankkonten anschwollen, umso mehr milderte sich die Strenge des holländischen Lebens. Nachdem die Bürger und Kaufleute dieser auf Heringsfässer erbauten Stadt einmal reich geworden waren, machten sie sich auf die Suche nach einer sozialen Rangordnung.

Sie waren bürgerliche Edelleute und äfften die Gewohnheiten und Narrheiten des Blauen Blutes von Den Haag nach. Indem sie ihre Gärten mit Tulpen aller Sorten und Farben vollstopften, leiteten sie eine sich ständig steigernde Überbewertung ein. Das Bürgertum war die soziale Klasse, die im Aufstieg begriffen war und die mithilfe der Tulpe aufsteigen wollte. Es war kein unerreichbares Ziel: Dieses Bürgertum besaß die Macht dank seiner Zahl und seines Geldes. Die Nachfrage stieg wie ein Pfeil und erreichte eine Höhe, die die Ausbeute des holländischen Bodens nicht sofort befriedigen konnte. Stufenweise, regelmäßig und sicher, erhöhten sich die Preise. So traten in diesem Spiel der Spekulation neue Darsteller an die Seite der Statisten; sie waren von der Schönheit der Blume weniger hingerissen, aber mit dem Auge des Spekulanten beobachteten sie die langsame und stetige Hausse der Zwiebeln.

Wer mit Pfeffer spekuliert hatte, verließ wegen der Tulpen die geräuschvollen Korridore der Amsterdamer Börse, denn die Tulpen waren lukrativer. Die Erhöhung der Umsätze lenkte das Interesse derjenigen, die sich bisher mit Aktien der Ostindischen Kompanie befasst hatten, von den Wertpapieren auf die Zwiebeln, und sie zögerten nicht, ihre Anteile gegen Tulpen einzutauschen.

Auch heute passiert es noch häufig an der Wall Street, dass die Effekten-Spekulanten ihrem Markt, den Aktien von Stahlwerken oder Ölgesellschaften, untreu werden, um sich mit Kakao, Sojabohnen oder anderen Waren in Abenteuer zu stürzen, wenn sie glauben, da sei »der große Coup«.

Die Neuankömmlinge, die sich bisher auf dem Geldmarkt betätigt hatten, warfen eine beträchtliche Menge Geld auf den Markt, um es in Tulpen zu investieren.

Gerade dieser unerwartete Zustrom von Kapital sollte jedoch das – schon erschütterte – Gleichgewicht zwischen Angebot und Nachfrage zerstören. Die Preise stiegen sehr schnell und lockten Spieler und Schieber aller Art an. Jeder Monat, besonders die Monate von Juni bis September, wenn die Zwiebeln gesetzt wurden, brachte höhere Kurse. Alle Welt wollte verdienen. Jedermann kaufte Tulpen und bezahlte unglaubliche Preise. Und das in dem Jahrhundert, das sich doch der Vernunft geweiht hatte!

Das ganze verfügbare Geld wurde mobilisiert, und als es kein Bargeld mehr gab, kehrte man zum Tausch zurück.

Mancher Züchter tauschte gegen eine einzige Zwiebel der Sorte »Vizekönig«, die neue Farbzusammenstellungen erwarten ließ, zwölf Fuhren Getreide, ebenso viel Hafer, acht fette Schweine, vier Kühe, vier Fass besten Bieres, 1.000 Pfund der feinsten Butter und einige Tonnen Käse.

Ohne zu überlegen – zum Ruhme und auch für die Eitelkeit – gab ein Bierbrauer aus Utrecht seine Brauerei her für die Ehre, drei kostbare Sorten Tulpen zu besitzen.

Und als die Schubladen bis auf den Grund leer waren, kaufte man per Termin, das heißt: auf Kredit. Warum auch nicht? Es war ein sicherer Coup. Der Käufer verpflichtete sich, ohne das nötige Geld zu haben, zu einem späteren Zeitpunkt eine Tulpenlieferung abzunehmen, und wenn der Termin kam, verkaufte er, weil er immer noch kein Geld hatte, seine Zwiebeln zu einem höheren Preis an einen anderen Spekulanten und kassierte nur die Preisdifferenz. Der zweite Spekulant verkaufte an einen dritten; die Tulpe wanderte im höllischen Kreislauf der Hausse von einer Hand zur anderen.

Heute hielt die »Rote« die Spitze, morgen hatte die »Gelbe« sie eingeholt, der die »Papageientulpe« mit ihren gezackten Blumenblättern in Rosa und Grün auf den Fersen folgte.

Es war schon damals nicht viel anders als heute!

An den heutigen Börsen werden die Schlachten der Hausse mit dem gleichen Elan ausgetragen. Die Spekulanten werfen sich eines

Tages auf eine Gruppe von Börsenwerten, den nächsten Tag auf eine andere, vom Petroleum bis zur Elektronen-Industrie, und so geht es weiter, eine Welle bringt die andere. Es ist dies das Charakteristikum der Märkte, die im Wesentlichen auf die Hausse ausgerichtet sind und von den Angelsachsen »bull markets« genannt werden.

Von der Poesie war man damals schon weit entfernt: Die Tulpe war nicht länger eine Blume, ein ästhetischer Genuss, sie war ein Handelsobjekt geworden.

Von Seeland bis Friesland, in den sieben Provinzen der Niederlande, diskutierte man ganze Tage in den verräucherten Tavernen, vor den Bierschoppen sitzend, in jener einzigartigen Atmosphäre, die durch die Gemälde der holländischen Meister für uns lebendig geblieben ist. Es gab keine Würfel mehr, die Spielkarten zählten nicht mehr. Die Tulpe war der Zeitvertreib und auch der Brotverdienst. Eine neue Persönlichkeit im öffentlichen Leben, der »Tulpen-Notar«, legte die Usancen und Verträge fest, die für diese Vielzahl von Börsen galten, wo eine einzige Ware gehandelt wurde und mehr wert war als ihr Gewicht in feinem Gold.

Ein reicher Reeder, der seinen Konkurrenten imponieren und von sich reden machen wollte, kam auf die Idee, seiner Tochter als Hochzeitsgabe nicht einen besonders schönen Diamanten, sondern eine höchst seltene Tulpenzwiebel zu schenken. Nachdem er seine Freunde eingeladen hatte, das Juwel zu bewundern, ließ er einen Extratisch herrichten. Die Zwiebel wurde auf seinen schönsten Delfter Teller in die Mitte gestellt. Während er sich noch mit seinen Gästen im Garten erging, betrat ein Fremder, ein Seemann, das Haus: Er war noch ein Neuling in der Liebe zu Tulpen. Gerade war er dabei, einen Hering mit einem Stück Brot zu verzehren, da fiel sein Blick auf die Zwiebel, und er dachte, sie müsste doch prächtig dazu schmecken. Er ergriff sie und verspeiste sie mit Haut und Haar. Der Herr des Hauses kam zurück. Ach, es war zu spät, das Hochzeitsgeschenk war vor der Unterzeichnung des Ehekontrakts aufgegessen worden. Es ist nicht überliefert, ob der gute Bürger vor Kummer oder Ärger darüber starb, aber es ist sehr wahrscheinlich!

Die Tulpen-Hysterie dauerte einige Jahre. Nach den Edelleuten, den Bürgern und den Bauern kamen die Abenteurer aus ganz Europa, aus Deutschland, Frankreich und besonders aus England, nach Holland, um mit Tulpen zu handeln. Man dachte überhaupt nicht daran, dass die durch den günstigen Preis hochgetriebene Erzeugung den Verbrauch einmal weit übersteigen könnte, die im Ausland gezüchteten Tulpen den holländischen Markt überschwemmen würden oder sich womöglich die Mode wandeln könnte. Man glaubte, mit der Tulpe sei für Holland das Goldene Zeitalter angebrochen und es würde ewig dauern.

Der Ballon war bis aufs Äußerste aufgeblasen. Alles ging, alles lief normal, als ein Ereignis eintrat: der Nadelstich.

Im Jahre 1636 begriff plötzlich ein aufgeklärter Spekulant im Laden eines Lieferanten, dass die etwa 350 Mustertulpen, die ihm vorgelegt wurden, ja bereits auf dem Markt im Umlauf waren. Es gab da gar nichts so Originelles. Die Offenbarung verbreitete sich wie ein Lauffeuer, jedermann wurde sich der riesigen und gefährlichen Tulpen-Inflation bewusst; es brach eine Panik aus.

»Feuer! Feuer!«, hatte ein Spekulant gerufen, und alle Leute stürzten gleichzeitig zum Notausgang. Jeder wollte verkaufen, niemand wollte mehr kaufen. Die Zwiebeln ließen sich nicht absetzen, sie hatten plötzlich nicht mehr Wert als jene andere Zwiebel, die kaum essbar war. Die Spekulanten, gestern noch Millionäre, waren nur noch Habenichtse, Ritter von der traurigen Gestalt. Das war der Börsenkrach. Der aufgeblasene Ballon war geplatzt, er hinterließ Zusammenbrüche, Kummer und Schmerzen, »das einzig Positive«, hätte Schopenhauer gesagt.

In Büchern über die Geschichte der Naturwissenschaften ist die Liebe zu den Tulpen noch eine Leidenschaft am Gelde nicht interessierter Botaniker, doch die Tulpen-Manie der Finanzgeschichte ist und bleibt der Wahnsinn einer mythischen Spekulation.

Dieses unvernünftige Spiel mit den »Unwerten« ist das Symptom für das Ende großer wirtschaftlicher Booms, für die letzte Phase der Prosperität, wo das Geld in Strömen fließt; und dieses Phänomen ist seit jener Zeit mehrmals wieder aufgetreten.

Es kann leicht sein, dass wir heute im Zeichen einer Tulpen-Manie leben, die man »Bilder-Manie« nennen müsste. Ihr Ursprung, ihre Art, sich kundzutun, ihre Charakteristika ähneln merkwürdig dem Tulpen-Abenteuer.

Die Hausse fährt zuerst im klassischen Rahmen fort, dann geht sie an fragliche Werte heran, und durch langsame Infektion verursacht sie die unvernünftige Übersteigerung mittelmäßiger Werte; schließlich erfasst sie sogar eine große Zahl von Unwerten und sogar Anti-Werten.

Vielleicht wird bei uns aus den gleichen Gründen wie bei der Tulpen-Manie alles auf die gleiche Weise enden.

Nach der Tulpen-Katastrophe war das Schlachtfeld mit Toten übersät. Langsam kehrte die Ordnung zurück, man vergaß die Tulpen. Die wenigen Überlebenden – es gab zum Glück welche – nahmen, teils an der Effektenbörse, teils an der Warenbörse, die solidere Spekulationen mit Aktien der Indischen Kompanie, mit Pfeffer und Walfischen wieder auf.

Die Indische Kompanie

Die Indische Kompanie genoss die Freuden eines wolkenlosen Glücks, das zu Anfang des 17. Jahrhunderts eingesetzt hatte, als die ersten Grenzpfähle ihres Handelsimperiums abgesteckt waren.

Diese erste organisierte Kolonialunternehmung war im Jahre 1602 gegründet worden, und ihre Väter waren einige holländische Kapitalisten, die sich zu Herren des Überseehandels machen wollten.

Bevor sie den unbekannten Ozeanen ihre Schiffe und ihr Vermögen anvertrauten, hatten sie gründlich den Berichten der Seefahrer gelauscht, die die neuen Länder entdeckt hatten. Sie hatten ihre Segelschiffe so ausgerüstet, dass sie die Stürme der südlichen Meere bestehen konnten. Um das notwendige Kapital aufzubringen, hatte jeder sein Scherflein beigetragen: Vierundsechzig Tonnen Gold waren für die Subskription aufgebracht worden. Sie hatten sich auch das Handelsmonopol gesichert und besaßen auf den zahlreichen Inseln Ostindiens eine fast absolute Souveränität. Die Flotte der Kompanie kehrte vollgeladen mit kostbaren

Gütern an die Amsterdamer Kais zurück: mit Gewürzen, Stoffen oder Porzellan, um die sich die Nachbarländer stritten.

Die Prosperität der allmächtigen Kompanie machte aus ihr einen Staat im Staate. Sie hatte es bei den Streitigkeiten zwischen den Radschas und eingeborenen Fürsten verstanden, geschickt höher zu bieten, um die Portugiesen zu vertreiben. In Amsterdam saßen die siebzehn Herren der Kompanie um einen runden, mit schwerem Brokat bedeckten Tisch in ihrem prächtigen Palast und erließen Gesetze wie vormals die Herrscher.

Nachdem sie jahrelang Reserven angelegt hatten, und als das Imperium der Kompanie fest verankert war von den Gewürzinseln bis zum asiatischen Kontinent, von Batavia bis Kalkutta, von Java bis Madras, ließen sie die erste Gewinnverteilung zu. Die Gewinne stiegen, die Dividenden ebenfalls, und auch der Aktienkurs: Man verteilte bares Geld, Obligationen oder, in manchen Jahren, nach Belieben der Kompanie und entsprechend den finanziellen Gegebenheiten, auch Pfeffer oder Zimt.

England war beunruhigt über die souveräne Seemacht der Indischen Kompanie und über den Reichtum, der Holland zu einem gefährlichen Rivalen machte. Es versuchte, dieses Monopol zu brechen und den freien Wettbewerb wieder herzustellen, indem es eine englische »East India Company« gründete, der es jedoch nicht gelang, die holländische Gesellschaft zu entthronen.

So vollzog sich mit Erbitterung der Kampf der westlichen Großmächte, auf dem Lande, zur See und – an der Börse.

Wir erleben heute eine diesen Rivalitäten gerade entgegengesetzte Strömung, sowohl den Taten als auch dem Geiste nach. Heute werden die westlichen Großmächte nicht mehr von der Idee der Konkurrenz um jeden Preis beherrscht, sondern von der Vereinigung, der Fusion unter der Firma »Europa«. Es ist das Stichwort, das Ideal, das automatisch die technischen und sonstigen Divergenzen, die hier und da nicht ausbleiben können, ausgleichen wird.

Und die finanzielle Reaktion? Eine nie da gewesene Hausse an den europäischen Börsen. Die Unternehmen, die Industriellen sind jetzt die Nutznießer. Alle Börsenwerte sind gestiegen und haben sich über alle Schwierigkeiten hinweggesetzt und alle Befürchtungen Lügen gestraft.

Würden die holländische Indische Kompanie und die englische Indische Kompanie heute noch existieren, würden sie jetzt sicher fusionieren. Aber von einem solchen politischen Ideal und den Hoffnungen, die es in sich bergen kann, ließ man sich damals keineswegs leiten. Im Gegenteil, es herrschte eine scharfe Rivalität zwischen Engländern und Holländern.

Die Spekulanten warteten auf Nachrichten von den Schiffen, während sie sich bei einer Partie Schach über den Hafenklatsch unterhielten und ihre Schokolade oder ihren Kaffee in den Wirtschaften am Kai schlürften. Je nach den Frachtkosten stiegen oder fielen die Aktien der einen oder der anderen Kompanie. Die eintreffenden Schiffsladungen wurden immer wertvoller und ließen noch bessere erwarten, und die Spekulanten wurden von Tag zu Tag aufgeregter.

Im Jahre 1688 kam dann für die holländische Ostindische Kompanie eine Katastrophe, die auch für uns noch von besonderem Interesse ist, weil es zum ersten Mal das war, was wir heute unter einem »Aktien-Krach« verstehen. Die Kompanie erwartete eine sehr wichtige Ladung und die Hoffnung darauf ließ die Aktien einen Rekordkurs erreichen, wie er seit Jahrzehnten nicht erlebt worden war. Die Spekulation hatte sich mit Kasse- und Termingeschäften »auf Leben und Tod« engagiert. Zuerst trafen allerhand alarmierende Nachrichten ein; die Flotte musste infolge schwerer Havarien vom Kap der Guten Hoffnung nach Batavia zurückkehren. Einige Schiffe allerdings kamen in Holland an. Doch die Waren ließen sich nur zu einem Preis verkaufen, der 35 Tonnen Gold entsprach, während man gehofft hatte, einen Gegenwert von 50 Tonnen zu erzielen. Dieses Geschäft war an sich gar nicht so schlecht, aber die Spekulation war bis aufs Äußerste angespannt.

Wenn allerdings ein Börsenwert Aussicht auf eine erhöhte Dividende hat, dann stürzt sich die Börse in Schulden. Wenn diese Dividende dann nicht hält oder nicht ganz hält, was sie versprach, dann ist sie der Funke im Pulverfass. Aber wenn eine wirklich schlechte Nachricht in eine angespannte Marktlage hineinplatzt, zum Beispiel dass überhaupt keine Dividenden verteilt werden, dann gibt es ein Unglück: Grenzenloses Misstrauen löst grenzenloses Vertrauen ab.

Dies ist der Grund, warum die kanadischen Uran-Bergwerke vor einigen Jahren das gleiche Schicksal hatten. Trotz der Entwicklung der Atomwissenschaft, die überdies begonnen hat, auch auf anderen Gebieten zu experimentieren, kamen die erhofften Dividenden niemals, und es war keine Aussicht mehr, dass sie eines Tages kommen würden; die Spekulanten mussten ihre Illusionen teuer bezahlen.

Die auf lächerliche Kurse hinaufgetriebenen Aktien der Uran-Bergwerke verloren bei dem Börsenkrach von 1957 ungefähr neun Zehntel ihres Wertes. Die Wunden waren so tief, dass die kanadischen Börsen für lange Zeit ihre Dynamik einbüßten. Sie konnten, trotz einer Börsen-Hausse, die im Nachbarland, an der Wall Street, um sich griff, das verlorene Gelände nicht wiedergewinnen.

Die gleichen Gründe wurden für andere Spekulanten der Anlass zum Ruin, weil sie ihnen ungeheure Gewinne bei der Erdölförderung in Kanada vorspiegelten. Die Gewinne standen nur auf dem Papier, und diese Don Quichottes haben ihren Optimismus teuer bezahlt.

Die Nachrichten, die in jenem Jahr 1688 in Amsterdam in den Büros der Kompanie eintrafen – die Verspätung der Karavellen der Indischen Kompanie, die Wertminderung der Schiffsladungen –, waren bei Weitem nicht so schlimm wie die Enttäuschungen mit dem Uran oder der Katzenjammer wegen des Erdöls im 20. Jahrhundert. Trotzdem wirkten sich diese schlechten Nachrichten wie eine eiskalte Dusche auf einen überhitzten Markt aus.

Seit der Mitte des 17. Jahrhunderts ähnelte die Amsterdamer Börse in verblüffender Weise den modernsten Börsen, Termingeschäfte[27] und Prämiengeschäfte[28] machte man schon damals. Es gab Liquidationstage[29],

27 Termingeschäfte: Im Gegensatz zu Kassageschäften, wo man sofort die gekauften Waren abnehmen muss, kauft oder verkauft man bei Termingeschäften zu einem späteren Termin.

28 Prämiengeschäft: Variante des Termingeschäfts; der Käufer zahlt eine Prämie, um das Recht zu haben, die Lieferung eines bestimmten Wertes zu einem bestimmten Datum zu verlangen, weil er hofft, dass der Wert bis zum vorgesehenen Tage steigen wird. Steigt er, wird er die Prämie »aufheben«, die Lieferung abnehmen und den Wert mit Gewinn verkaufen. Im umgekehrten Falle verliert er die Prämie, im Börsenjargon »abandonniert« er sie.

29 Liquidationstage: Käufe und Verkäufe auf Termin werden an einem bestimmten Tag abgewickelt, den man Liquidationstag nennt. An der Pariser Börse ist es der 25. jeden Monats, an anderen Börsen häufig der Ultimo oder Medio.

Kompensationskurse[30], das Report- und Deport-Geschäft[31], Hausse-Konsortien und Baisse-Syndikate[32]. Amsterdam war der bedeutendste Markt für Staatsanleihen in Europa. Die Spekulation im Effekten-Termingeschäft mit all ihren Feinheiten und Raffinessen hat ihre Schulzeit und ihre Kinderkrankheiten an der Amsterdamer Börse durchgemacht.

Es gab Kursmakler und Remisiers: Verbindungsoffiziere zwischen den Maklern innerhalb der Börse und der Kundschaft, die in den benachbarten Kaffeehäusern auf die Ergebnisse warteten.

Gerüchte, falsche Alarme, Machenschaften, um die Kurse zu beeinflussen, das ganze Rüstzeug war vorhanden, das es den guten Strategen erlaubte, aus Hausse oder Baisse Nutzen zu ziehen.

Die Aktien der Indischen Kompanie, der Blickfang des Marktes, stiegen unablässig, umso mehr als ein machtvolles Konsortium sie auf Hausse manövrierte.

Die schlechte Nachricht, die Verzögerung der Schiffe – nichts als eine an sich ganz ungefährliche, einfach schlechte Nachricht – kam bei dem allgemeinen Aufruhr zur unrechten Zeit. Unter den Opfern befand sich ein gewisser José de La Vega, Dichter, Philosoph und passionierter Spekulant. Sein Buch »Die Verwirrung der Verwirrungen«, ein philosophisches Werk und eine Reportage zugleich, gibt ein getreues Bild

30 Kompensationskurs: Das ist der am Liquidationstag festgesetzte Kurs; er wird der Berechnung der Differenzbeträge zugrunde gelegt, die man bei Termingeschäften zu zahlen oder zu erhalten hat.

31 Report- und Deport-Geschäft: Zwei weitere Möglichkeiten des Termingeschäfts. Wenn bei einem Termingeschäft die Frist abgelaufen ist und der Käufer die Lieferung noch nicht nehmen will, kann er die Lieferung auf einen späteren Termin zurückstellen. Er wendet sich daher an seine Geldgeber oder ein Kreditinstitut (Bank), das die Lieferung an seiner Stelle abnimmt und die Verschiebung des Termins bis zu einem neu festzusetzenden Datum ermöglicht.

Derjenige, der sich an das Kreditinstitut wendet, wird Hineingeber oder Stückgeber genannt, derjenige, der die Stücke nimmt oder das Geld dafür gibt, ist der Reporteur, und der Aufschlag, den der Hineingeber dem Reporteur bezahlt, heißt Report.

Wenn der Verkäufer die versprochenen Papiere nicht liefern kann, also im umgekehrten Falle, wendet er sich an ein Leihinstitut für Wertpapiere, das ihm die benötigten Stücke liefert; dann kann der Verkäufer seine Lieferung auf einen späteren Termin verschieben (reponieren). Die dem Entleiher vom Verkäufer gezahlte Kommission wird Deport genannt.

32 Syndikat oder Konsortium: eine Vereinigung verschiedener Kapitalisten oder Gesellschaften zum Zweck einer gemeinsamen Aktion. Ein »Börsen-Syndikat« ist ein Zusammenschluss, um irgendeinen Wert auf Hausse oder Baisse zu manövrieren.

der Amsterdamer Börse im 17. Jahrhundert. Er hatte dreimal durch unglückliche Spekulationen sein Vermögen verloren (sodass er mit einer gewissen Kompetenz schreiben konnte). Ich glaube, wer sich während seiner Laufbahn an der Börse nicht mindestens zweimal ruiniert hat, kann nicht Anspruch auf den schönen Titel »Spekulant« erheben.

Außer meinen Abenteuern mit dem Schweineschmalz-Mais oder dem Silber habe auch ich noch ein paar ruinöse Erfahrungen gesammelt. Aber wie bei allen Börsianern sind auch meine Wunden schnell vernarbt. Kaum hat man einen Unfall hinter sich gebracht, da stürzt man sich schon mit neuen Plänen in die Schlacht.

Illusionen, Verdrießlichkeiten, Optimismus, Pessimismus, Überraschungen oder Überzeugungen, Geld und Schulden ergeben zusammen das feine Räderwerk des sehr komplizierten Spekulationsmechanismus. Ein Sandkorn genügt, um die ganze Maschinerie zum Knirschen und Stillstand zu bringen. Das ist das ewige Schema der Spekulation, so weit man auch in der Geschichte zurückgeht.

Die Londoner Börse

Unberührt von den Strudeln auf dem Kontinent erfreute sich England einer relativ großen Stabilität seiner finanziellen Verhältnisse. Die Schulden der Krone, so drückend die Engländer sie auch empfanden, waren unbedeutend im Vergleich zu den spanischen und französischen Schulden.

Andererseits hat die große Elisabeth niemals durch Verleugnung ihrer Unterschrift ihre Gläubiger betrogen.

Das Geschäft mit Staatsanleihen war daher nicht sehr rege und die Spekulation wandte sich, ähnlich wie in Holland, den Aktien der verschiedenen Kompanien des Handels und des Abenteuers zu. Wenn es auch in London noch kein Börsengebäude gab, so gab es doch die Börsenstraße, die Straße der Lombardgeschäfte, ein seit dem Mittelalter den Italienern zugestandenes Reservat, oder die Allee der Wechselgeschäfte im Herzen der City.

Im Jahre 1567 gab der Schatzkanzler, Sir Thomas Gresham, der Königin Elisabeth einen sehr pessimistischen Bericht über seine Erkundungsreise an die Antwerpener Börse. Die Religionskriege verdüsterten den Horizont, der Finanzapparat lief Gefahr, in Unordnung zu geraten, und England würde davon betroffen werden. England mochte noch so sehr eine Insel sein, es war dennoch nicht in Sicherheit, denn es brauchte die anderen Länder. (Die Geschichte wiederholt sich!) Es war nötig, eine Börse zu errichten, um das Königreich zu schützen, und so kam es, dass sich bald die grauen Mauern des Royal Exchange in der City erhoben, an der Ecke der Threadneedle-Straße, der berühmten Nadelöhr-Straße, wo sich später auch die Bank von England niederließ.

Gresham hatte richtig gesehen: Es gibt keine liberale Wirtschaftsmacht ohne einen organisierten und geregelten Finanzmarkt, also eine Börse. Dank der Royal Exchange konnten die Großkapitalisten ihr Geld in Staatsanleihen anlegen und sie wieder zu Geld machen, wenn sie es brauchten. Seit ihrer Gründung wurde die Londoner Börse das Nervenzentrum eines unermesslichen Imperiums, das vielleicht ohne sie gar nicht entstanden wäre.

Es gibt aber auch kein Finanzzentrum ohne Parasiten, die von der Möglichkeit zu spekulieren angezogen werden wie die Motten vom Licht. Die Zunahme der Staatsschulden erhöhte den Umsatz in Staatsanleihen und lockte die Spekulanten an. Allerdings ermöglichten es gerade die Spekulanten der Regierung, die Schuldenlast durch neue Emissionen noch zu erhöhen.

Die großen Geldgeber, die Kaufleute, die die Importe aus Indien durchführten, mussten sich mit einer Menge von Zwischenhändlern, kleinen Spekulanten, Maklern und so weiter in die Räume der Royal Exchange teilen, und diese Leute stürzten sich wie die Stiere auf die Geschäfte, bei denen ihre Kollegen in Amsterdam so erfolgreich gewesen waren.

Im Jahre 1666 hatte der König von England den Juden offiziell Erlaubnis erteilt, sich im Lande niederzulassen. In sehr großer Zahl kamen sie von Holland herüber, um ihr Glück in London zu versuchen, und zu ihrem Reisegepäck gehörten alle Kniffe und Pfiffe der

Börsenwissenschaft. Sie machten bald Schule an der Royal Exchange. Die Aristokratie des Handels verabscheute die Neuankömmlinge und ihre englischen Nachahmer. Diese Leute, die so laut sprachen, störten den Frieden ihres ehrwürdigen Börsenpalastes und mussten daraus vertrieben werden. Das führte dazu, dass das Parlament ein Gesetz gegen sie erließ. Um dieser Animosität und den nunmehr legalisierten Erschwernissen zu entgehen, flüchteten sich Broker[33], Jobber[34] und ihresgleichen, die vom Royal Exchange in Acht und Bann getan worden waren, in gastlichere Gefilde, in die benachbarten Kaffeehäuser, wo die Atmosphäre freundlicher war.

Hier florierten nun die Geschäfte, neue Gesellschaftsschichten interessierten sich für Effekten. Die Transaktionen überschritten bei Weitem die Umsätze der Royal Exchange, deren Entwicklung hinterherhinkte.

Neidisch auf diesen Erfolg, forderten die Mitglieder der Royal Exchange die Vertriebenen auf, zu ihnen zurückzukehren. Doch es war zu spät. Sie hatten sich bereits zu einer Vereinigung unter dem Namen »Stock Exchange« zusammengeschlossen und organisierten den Effektenmarkt. Aus ihren eigenen Beiträgen brachten sie die Mittel auf, um das Gelände zu erwerben, auf dem sich hundert Jahre später das Gebäude der Stock Exchange erheben sollte.

Erfolg ruft immer Neider hervor: Pamphlete, Schmähschriften, Karikaturen machten die Runde, auf denen Makler und Spekulanten als Raubvögel dargestellt waren, die gewinnsüchtig das menschliche Elend ausschlachteten. Es herrschten lose Sitten und es gab viele Missbräuche. Die großen Spekulanten verstanden es, die Karten durcheinanderzubringen und die kleinen auszubeuten.

---

33 Broker: Makler.

34 Jobber: Eine für die Londoner Börse typische Figur. Der Jobber ist ein berufsmäßiger Spekulant, der auf den Handel mit einem oder mehreren Werten spezialisiert ist. Während der Broker auf Rechnung eines Kunden kauft und verkauft, kauft und verkauft der Jobber auf eigene Rechnung.

Der Broker, der für einen Kunden hundert Papiere verkaufen soll, geht nicht zur Börse, um einen Käufer zu finden, d. h. einen anderen Broker, sondern er wendet sich direkt an den Jobber; dieser ist immer bereit, zu einem bestimmten Preis zu kaufen oder zu verkaufen. Der Jobber macht die Geschäfte reibungsloser, er ist in gewisser Weise der Joker im Spiel, der jede Karte ersetzen kann, d. h. jeden Kunden, ob er Verkäufer oder Käufer ist.

Sir Henry Furnese, der Direktor der Bank von England, hatte ein ausgezeichnetes Nachrichtennetz aufgezogen. Vertrauensleute auf dem Kontinent sandten ihm ihre Informationen, sobald es eine wichtige Neuigkeit gab. Wenn seine Agenten kaufen wollten, führten sie eine Komödie an der Stock Exchange auf: Mit gerunzelter Stirn und geheimnisvoller Miene liefen sie umher, als erwarteten sie eine wichtige Nachricht. Sie lenkten die Aufmerksamkeit auf sich, indem sie ein paar Verkaufsorders erteilten. Angesichts der hohen Stellung ihres Chefs wurde auch die kleinste ihrer Gesten belauert. Die Seuche griff rasch um sich, die Spekulanten folgten, alarmiert, ihrem Beispiel, und durch die zahlreichen Verkäufe senkte sich der Preis.

Die Fabrikation falscher Gerüchte ging munter voran! Gegen Ende der Regierungszeit der Königin Anna hieß es plötzlich, die Königin sei tot, was eine allgemeine Panik hervorrief. Große Aufregung: Die Spekulanten verkauften um jeden Preis, es gab einen Kurssturz für Staatspapiere. Damals rafften Manasse Lopez, ein hartgesottener Börsianer aus Amsterdam, und einige seiner Freunde zu den niedrigsten Kursen zusammen, was sie nur bekommen konnten. Am nächsten Tag ging es der Königin gut, die Kurse stiegen und Lopez strich die Preisdifferenz ein.

Dieses geniale System ist auch noch heute sehr in Mode und wird in der Gegenwart weise angewandt. Ganz zu schweigen von den falschen Nachrichten, die von allein in überreizten Gehirnen entstehen. Von Zeit zu Zeit tauchen z. B. falsche Gerüchte über das Gold auf und werden von interessierten Gruppen verbreitet, die eine vernunftwidrige Psychose erzeugen wollen. Und das, weil sie zu einem erhöhten Preis ihr Gold abstoßen oder die Kurse der Goldminen, die andererseits durch politische Ereignisse in Südafrika beeinflusst werden, in die Höhe treiben wollen. Der Drang politischer Ereignisse bietet einen fruchtbaren Boden: Alarmglöckchen läuten hier und da in bestimmten Abständen. Die Börse ist nicht nur Opfer alarmierender Nachrichten, sie ist sogar ihre Quelle. Sinken die Kurse aus irgendeinem Grunde, dann brütet die Fantasie des Publikums auf der Stelle eine imaginäre Nachricht aus.

Es gab leider eine Zeit, da wurden sehr viel Gräuelnachrichten erfunden, bis zu dem Augenblick, da die letzte Gräuelnachricht herauskam: dass nämlich alles wahr gewesen war …

Die beiden englischen Revolutionen hatten viel Geld verschlungen und das Volk hatte die Kosten getragen. Es trug auch die Kosten für die kriegerischen Unternehmungen, auf die sich die Herrscher mit mehr oder weniger Erfolg einließen. Ihre Finanzminister verstanden sich darauf, immer neue Subsidien zu fordern. Es mussten für den Ruhm und die Größe Alt-Englands immer neue Anleihen emittiert werden, sie vergrößerten die bereits sehr beträchtliche Schuldenlast des Landes.

Im Jahre 1716 wurde eine dieser Anleihen, 600.000 Pfund zu 4 Prozent, kaum voll gezeichnet. Der Zinssatz war viel zu niedrig, um verborgene Schätze herauszulocken, während die Spekulation in der Allee der Wechselgeschäfte durch ungleich einträglichere Operationen über Nacht aus Kutschern Millionäre machte.

Zweieinhalb Jahrhunderte haben die Mentalität des Sparers nicht viel geändert. Die Aversion gegen Wertpapiere mit festem Ertrag ist die gleiche geblieben, ja sie ist sogar noch größer geworden. Die ständige Geldentwertung hat den Sparern die Kaufkraft ihres Hab und Guts zum Bewusstsein gebracht. Die Erfahrungen der letzten zehn, zwanzig Jahre haben ihnen bewiesen, dass Industrieaktien den besten Schutz und zudem die Möglichkeit gewähren, an der außerordentlichen Ausweitung der Weltwirtschaft teilzunehmen. Im Kielwasser dieser neuen Welle schwammen Seite an Seite mit der Boheme der Hochfinanz die kleinen Kapitalisten, »investors«[35], die besonders konservativ waren. Den Inhalt der Sammelbüchsen der Kirchen, der Pensionkassen von Firmen und der Schatullen karitativer Anstalten, der traditionsgemäß für die Zeichnung von Obligationen mit festem Ertrag verwendet wurde, legte man nun nicht mehr in Staatsanleihen an, sondern diese Institutionen bekamen Geschmack an Aktien, die man früher für eine Sache der vulgären Spekulation gehalten hatte.

---

35 Investor: Angelsächsische Bezeichnung für einen Kapitalisten, der sein Geld wohlüberlegt anzulegen sucht.

Diese Methode hat bis jetzt trotz mancher Verdrießlichkeiten relativ gute Ergebnisse gebracht. Es wird jedoch in Zukunft auf dem Gebiet allzu gefragter Wertpapiere noch Enttäuschungen geben. Aus politischen, wirtschaftlichen und sonstigen Gründen, die hier wiederzugeben zu weit führen würde, ist es möglich, dass diese Welle lange anhalten wird.

Als die englische Regierung im Jahre 1711 offiziell die Gründung der Kompanie der Südmeere unterstützte, geschah dies hauptsächlich, um nach dem Fiasko der Staatsanleihe das Kapital hervorzulocken.

Mit dem Segen des Kanzlers Harley, Graf von Oxford, versehen, ergaben sich würdige Gentlemen der City einem Handel, der zu dem Sittenkodex dieses geistig hochstehenden 18. Jahrhunderts in keiner Weise in Widerspruch stand: der Verladung schwarzen Elfenbeins, das heißt dem Sklavenhandel nach den spanischen und portugiesischen Kolonien in Südamerika. Es wurde nicht geleugnet, dass der Gegenstand des Unternehmens der Sklavenhandel war, und er war für die Sparer erheblich verlockender als das Zeichnen von Obligationen der Regierung Seiner Majestät.

Unsere Zeit hat etwas Besseres gefunden als schwarzes Elfenbein: das schwarze Gold, die Petroleum-Aktien, die auf die Sparer eine magnetische Kraft ausgeübt haben und wovon gewisse Regierungen zu profitieren verstanden. Indem sie in Frankreich die Gründung zahlreicher Ölgesellschaften unterstützten, konnten sie die Kapitalien dem nationalen Kreislauf erhalten. Es wurde verhindert, dass das Kapital in Devisen und ausländischen Wertpapieren angelegt wurde.

Die »South Sea Company« verschlang zur großen Erleichterung des Schatzkanzlers Millionen Pfund Sterling in Staatsanleihen unter Nennwert. Die gezeichneten Anleihen wurden aber zum Nennwert eingesetzt, sodass zum Mindesten auf dem Papier ziemlich beträchtliche Gewinne zu erwarten waren, wodurch sich immer wieder Leichtgläubige verführen ließen. Das war auch sehr nötig, denn der Handel selbst war gar nicht übermäßig erträglich. Angekettet in den Bäuchen der Schiffe, ertrug die »Ware« die Dünung des Atlantiks schlecht. Die in den Häfen der Neuen Welt eintreffenden Transporte hatten Ausfälle und waren in schlechtem Zustand. Diese Enttäuschungen zählten nicht viel. Das Publikum wollte eben spekulieren und tat es über jede Vorstellung hinaus. Der Bazillus der Spielsucht hatte alle Engländer erfasst, vom Herzog bis zum Lumpensammler. Die Aktien der »South Sea½ stiegen rapide in die Höhe. Der Kurs war

500 im Mai 1720
890 im Juni
940 zwei Tage später

und stieg dann von Neuem, auf 1.100 und sogar auf 2.000. Das Beispiel war ansteckend und nach dem Muster der »South Sea« schossen Hunderte von Gesellschaften wie Unkraut aus dem Boden. Allenthalben entstanden trügerische Firmen, die die lächerlichsten Geschäfte betrieben: angefangen beim Pferdehandel, Einbringung von Strandgut an den gesamten irischen Küsten, Verbesserung der Behausungen auf allen englischen Inseln, Schweinezucht, Herstellung von Rädern für das Perpetuum mobile, bis zu grandiosen Unternehmungen, bei denen man die Angabe des Geschäftsgegenstandes einfach vergessen hatte.

Man stand Schlange, um Aktien für diese Gesellschaften zu zeichnen, die Luftblasen, »bubbles«, genannt wurden; ein beunruhigender Name, der jedenfalls voraussehen ließ, dass alles eines Tages platzen würde.

»Das Spekulieren ist heut Mod',
es macht der Minister, der Patriot,
es macht die Gräfin am Königshofe,
es macht ihr Diener, es macht die Zofe,
sie alle sind ganz versessen.«

Die großen Spekulanten ließen sich Doktoren nennen, die bescheideneren begnügten sich mit dem Titel Scholar.

Sir Isaac Newton schüttelte missbilligend den Kopf und sagte: »Ich bin sehr wohl imstande, die Bahn der Himmelskörper zu berechnen, die Bahn einer verrückt gewordenen Menge aber ganz sicher nicht.«

Eine dieser kleinen unseriösen Gesellschaften, die ihrer Verpflichtungen nicht nachkommen konnte, platzte eines Tages und löste damit das Gewitter aus.

Man stellte mit Entsetzen fest, dass in diesen Luftblasen nur Wind, nichts als Wind war. Als wäre es eine ansteckende Krankheit, flogen fast alle auf. Die Aktien der großen »South Sea«-Gesellschaft, die beileibe kein Schwindelunternehmen war, wurden in das allgemeine Chaos hineingezogen und bröckelten ebenfalls ab.

Eine solche Auflösung vollzieht sich häufig unabhängig vom Geschäftsgang und der finanziellen Situation einer Firma. Wenn die Kurse zu hoch gestiegen sind und eine gewisse von der Vernunft diktierte Grenze überschritten haben, kehren sie gewöhnlich auf die Erde zurück. Das ist ein Naturgesetz.

Die ganzen Torheiten der Südsee verursachten ebenso viel Verluste, wie sie Vermögen geschaffen hatten.

Alle Angestellten der Gesellschaft hatten spekuliert und alle mussten die Folgen tragen, und man erzählte sich, selbst der Prinz von Wales habe 40.000 Pfund verloren und seinen Posten als Vorsitzender des Aufsichtsrates bei einer dieser anrüchigen Gesellschaften in dem Augenblick niedergelegt, als die gerichtlichen Untersuchungen gerade eingeleitet werden sollten.

Doch haben die »bubbles« immerhin auch ihr Gutes gehabt. Das Spekulationsfieber hat wie eine Art Sauerteig auf das Wirtschaftsleben gewirkt.

Die Entwicklung der Baumwollindustrie in Manchester und der Eisen- und Stahlindustrie im Gebiet von Birmingham hat in dieser Epoche der Torheit eingesetzt. Die »South Sea Bubble« hat in England eine fruchtbare Saat hinterlassen, aus der die industrielle Entwicklung des Landes hervorwuchs.

John Law

Während dieser Zeit war die Spekulation in Frankreich noch unvernünftiger und sie hatte zudem weniger glückliche Folgen. Man bezeichnete diese Spekulationswut häufig mit dem Namen des Schauplatzes, wo sie sich austobte: in der Rue Quincampoix; in dieser Straße hatten seit Beginn des 18. Jahrhunderts die Bankiers ihre Kontore eingerichtet.

Musterschüler machten ihren Weg: John Law war ein für das Rechnen bemerkenswert begabter Schüler. Als großer Spieler und großer »Kombinator« hatte er in den verschiedenen Ländern, in denen er sich umgetan hatte, überaus gut verdient. Er hieß John Law, als er aber in Frankreich bekannt wurde, nannte man ihn nur noch Lass. In Paris sprach man von ihm als einem auf dem Gebiet der Bankgeschäfte, des Handels, des Geldumlaufs und der Währung überaus erfahrenen Manne. Das erweckte in dem Regenten den Wunsch, ihn kennenzulernen. Frankreichs Kassen waren leer: Dieser schlaue und liebenswürdige Schotte, der, wie die Damen am Hofe sagten, schöner war, als einem Manne eigentlich erlaubt ist, der konnte sie vielleicht wieder füllen.

Der Regent und der Schotte wurden die besten Freunde der Welt. Nachdem John Law durch königlichen Erlass unbeschränkte Vollmacht zur Emission von Schuldverschreibungen erhalten hatte, gründete er die Nationalbank, die erste französische Bank im heutigen Sinne des Wortes. Dann warf er sich auf das Gebiet der Hochfinanz und gründete die Mississippi-Gesellschaft, zu deren Aufgabenbereich die Kolonisation von Louisiana, Handelsgeschäfte und die Ausbeutung von Bodenschätzen gehörten. Neben seinen theoretischen Fähigkeiten als Finanzmann war Law ein hervorragender Psychologe, der es verstand, das Streben nach Gewinn zu reizen. Er war der Erste, der begriff, wie man das Nichts in Erfolg verwandelt, wie man geschickt alle Schichten des Volkes gewinnen, Kapital heranziehen und es dazu bringen kann, eine große Menge von Wertpapieren aufzunehmen.

Ganz allmählich heizte er der Spekulation ein, bis sie den Siedepunkt erreicht hatte, wo sie über jede Kontrolle hinaussprudelte. In den Werbeschriften der Mississippi-Kompanie waren die Reichtümer dieser neuen Gebiete überaus anziehend beschrieben: Berge von Gold und Silber in idyllischer Landschaft; kolorierte Stiche zeigten, dass der Traum des harmlosen Eingeborenen lukrative Wirklichkeit geworden war: Gegen einen Schluck Schnaps oder drei Glasperlen tauschten die Wilden ganze Klumpen feinen Goldes ein. Der »große Smaragd« sei vergraben, irgendwo am Ufer des Flusses Arkansas, die Gesellschaft bietet demjenigen, der ihm auffindet, eine Belohnung – und so weiter.

Diese meisterhaft dirigierte Werbekampagne hatte einen Strom von Kapital in die Rue Quincampoix geleitet, das nichts als die Ehre erbat, in einem solchen Dorado investiert zu werden. Die Kompanie legte neue Aktien auf; die Hoffnung auf Hausse wurde sorgsam und ständig genährt.

In den Postkutschen nach Paris, wo man die Aktien des Monsieur Law kaufen wollte, wurden die Plätze schon Monate im Voraus bestellt. Ein kleiner Buckliger verdiente ein Vermögen damit, dass er seinen Höcker als Schreibunterlage anbot. Alles war bestens. Einige Schönheiten am Hofe schreckten, um Aktien zu erhalten, nicht vor den ungewöhnlichsten Mitteln zurück. In einem Zeitraum von drei Wochen wurden 300.000 Aktien auf den Markt geworfen und sie waren vergriffen, ehe die Tinte trocken war.

Niemand rechnete mit dem, was diese Papiere einbringen konnten, nämlich den Dividenden, sondern jeder dachte nur an den Kursgewinn, der bis zum Zwanzigfachen des Emissionspreises betrug.

Im Dezember 1719 wurde der Rekord gebrochen: Die Aktien erreichten den Kurs von 18.000 Pfund, was dem Sechsunddreißigfachen ihres Nominalwertes entsprach. Die Augen von ganz Europa waren auf dieses aufregende Schauspiel gerichtet. In gelehrten Broschüren wurde der Wert des Systems diskutiert, das sich aber in nichts auflöste, bevor überhaupt alle Überlegungen zu Ende gedacht waren.

Es genügte außerdem, einen Bleistift zu Hand zu nehmen und die Dividenden auszurechnen, oder auch nur die Aussicht auf Dividenden.

Hier und da wurden ein paar Verkäufe getätigt, und schon war die Auflösung da. Trotz seiner verzweifelten Bemühungen gelang es Law nicht, der Panik Einhalt zu gebieten – das Abgleiten war unaufhaltsam.

Im Oktober 1720 hatten sich die 18.000-Pfund-Aktien festgefahren, sie waren unverkäuflich und auf 40 Pfund gefallen. Dramatische Szenen lösten den Jubel ab. Noch immer stand man den ganzen Tag hindurch Schlange in der Rue Quincampoix, jetzt aber, weil man sein Geld zurückhaben wollte. In Briefen, in Theaterstücken wurden die Ereignisse mit bitterer Ironie kommentiert.

»Alle, die vor sechs Monaten reich waren, sind heute im Elend. Wer damals kein Stück Brot hatte, ist jetzt reich. Law hat den Staat umgestülpt, wie ein Kleiderhändler einen Mantel wendet«, schrieb Montesquieu, schockiert über den Skandal.

Nach der Katastrophe wurde man sich darüber klar, dass eine straffe Organisation notwendig wäre, um die Gemüter zu beruhigen und eine Art Schutzgerüst gegen die Exzesse der Spekulation zu errichten.

Die Pariser Börse

Offiziell war die Börse 1724 durch Dekret ins Leben gerufen worden, doch irrte sie während der folgenden unruhigen Zeiten auf der Suche nach einem eigenen Gebäude noch heimatlos umher.

Die Stadtbüttel ließen die Wache in der Rue Quincampoix aufziehen, in der alle Geldgeschäfte untersagt waren und die von allen wie die Pest gemieden wurde.

Auch der Platz Louis le Grand (der heutige Vendôme-Platz) musste aufgegeben werden, weil der Lärm der Börsianer den Kanzler d'Aguesseau störte, der dort wohnte.

Die heimatlose Börse flüchtete sich dann in die Gärten des Hôtel de Soissons (wo heute die Warenbörse untergebracht ist); hier vermietete der Grundstückseigentümer etwa hundert Holzbaracken sehr teuer, die den wie Kaninchen eingepferchten Börsenmaklern Obdach gewährten. Die Geschäfte, die von morgens sieben Uhr bis abends sieben Uhr abgewickelt wurden, waren bald derart lebhaft, dass ein königliches Dekret sie verbot, wobei zum ersten Mal der Ausdruck »Börse« fiel.

Das Palais Mazarin (die heutige Nationalbibliothek) war die nächste Etappe bei diesen ewigen Umzügen. Seine riesigen Säle, seine Galerien boten Maklern und Spekulanten eine sehr viel geräumigere Unterkunft.

Die Revolution war der große Kehraus für alles, und in erster Linie für die Herren der Finanz; sie flüchteten sich in die Kirche am Platz der Petits Pères, die selbstredend ihrer eigentlichen Bestimmung entzogen war und erst später, nach dem Umsturz, wieder Notre-Dame-des-Victoires wurde.

Im Jahre 1826 wurde der Börse endlich durch König Ludwig XVIII. das Gebäude geschenkt, das wir kennen, ein griechischer Tempel, entworfen von dem Architekten Brongniart, von der gleichen Farbe wie die alten Kupferdächer von Paris.

Die gigantischen Börsenkräche der »South Sea Bubble« und der Mississippi-Kompanie hinterließen für lange Zeit einen höchst peinlichen Eindruck. Ein gewisser Ekel vor der Spekulation, vor Aktien, war die Folge, und er sollte fast ein halbes Jahrhundert anhalten. Die Napoleonischen Kriege verliehen der Stock Exchange in London wieder einigen Glanz, und zwar durch die Initiative der Rothschilds[36], der halboffiziellen Bankiers der englischen Regierung, die zahlreiche Anleihen zur Finanzierung der Kriegszüge herausgaben. Die Rothschilds machten sich während des 19. Jahrhunderts dadurch einen Namen, dass sie zuerst das Geschäft mit englischen Staatsanleihen, dann mit Staatspapieren aller Länder der Welt belebten. »Bankiers der Könige, Könige der Bankiers« sagte man von ihnen!

Die Spekulation hat ihre Lieblingsgebiete: die Spekulationsobjekte nach neuestem Schrei, nach dem Geschmack des Tages, oder solche, die durch die jeweiligen politischen Ereignisse aktuell werden.

Die Kolonisierung von Louisiana war in Paris der Einsatz bei der Spekulation mit den Aktien der Mississippi-Kompanie.

Die Auflösung des spanischen Kolonialreiches in Amerika im ersten Viertel des 19. Jahrhunderts löste an der Londoner Börse ein neues Spekulationsfieber aus.

Eine spanische Kolonie nach der anderen machte mit Blut und Eisen eine »Lehrzeit der Freiheit« durch. Die Einbildungskraft entflammte sich von Neuem an den fantastischen Reichtümern, die jetzt vom spanischen Joch befreit waren. Wieder einmal ließ man sich einlullen von dem Sirenengesang von Edelsteinen und Metallen: Kupfer, Silber, Zinn. Zahlreiche »Mercadets« nach dem Vorbild des Börsenspielers von Balzac tauchten

36 Rothschild: Der Stammvater dieser Frankfurter Familie war Maier Amschel Rothschild (1734–1812), Geldleiher und später finanzieller Ratgeber des Markgrafen von Hessen-Kassel. Seine fünf Söhne, die fünf Frankfurter, ließen sich in fünf verschiedenen Städten nieder, wo sie ihre eigenen Bankhäuser gründeten, deren Schicksale mit der Geschichte des 19. Jahrhunderts parallel liefen (Paris, London, Wien). Ihre Vorherrschaft wurde stark beeinträchtigt durch die Entwicklung der Kreditinstitute. Der Name Rothschild ist wie der des Krösus zu einem Synonym für unermesslichen Reichtum geworden.

überall auf, um mithilfe der Aktiengesellschaften die neuen Quellen des Reichtums an der Börse zu erschließen: Bergwerksgesellschaften in Chile, Perlenfischerei in Kolumbien, Silberminen in Peru, Kupferminen in Mexiko. Schon der exotische Geruch dieser Unternehmungen zog Tausende von Leichtgläubigen an. – Die großen Hoffnungen endeten wiederum mit großen Enttäuschungen.

Die kaum aus dem Ei geschlüpften lateinamerikanischen Regierungen beeilten sich nicht, ihre Anleihen zu honorieren. Die Firmen arbeiteten ganz ohne Gewinn und es war keine Rede von Dividenden.

Also gab es im Oktober 1825 einen neuen Börsenkrach. Die letzten Rückschläge waren kaum vergessen, da machte sich die Spekulation schon zu neuen Ufern auf.

Die Dampfmaschine, die mechanische Weberei, die Lokomotiven gaben ihr einen unerhörten Antrieb; die neuen Erfindungen reizten die Fantasie, verzauberten die Vorstellungskraft und brachten Leute zum Spekulieren, die früher nie daran gedacht hätten.

Die Spekulation stimulierte die Anwendung in der Praxis, das Experimentieren mit Erfindungen; sie wurde zum wahren Motor der industriellen Expansion. Der Kapitalismus des 19. Jahrhunderts war geboren.

Die Spekulation hatte die Möglichkeiten der großen Erfindungen richtig erkannt, zum Beispiel der Eisenbahnen, aber sie schätzte den Rhythmus ihrer Entwicklung falsch ein.

Der gleiche Irrtum wird in der Geschichte der Börse immer wieder begangen, jedes Mal wenn eine neue Industrie sich unseres Geldes und unseres Lebens bemächtigt, jedes Mal wenn wir von einer Welle zur anderen getragen werden. Die gleichen Übertreibungen wiederholen sich ständig, ob es sich – wie Ende des 19. Jahrhunderts – um Goldminen oder – wie zu Beginn des 20. Jahrhunderts – um die Automobilindustrie, um Petroleum-Abenteuer, um die chemische und pharmazeutische Industrie oder, wer weiß, vielleicht sogar im Augenblick um die Elektronen-Industrie handelt.

Es gibt große Bewegungen. Sie schwingen nach oben, sie fallen zurück, aber niemals bis zu ihrem Ausgangspunkt. Sie bewegen sich in einem gewaltigen Zickzackkurs mit steigender Tendenz.

Zickzack-Kurse der Börse

Bei jedem Aufschwung entsteht eine große Zahl von Unternehmungen und bei jedem Sturz verschwinden diejenigen wieder, die nicht lebensfähig sind. Doch die Durchschnittskurve steigt kontinuierlich, die Industrie entwickelt sich weiter und weiter.

Dieser Mechanismus wirkt sich auf die neuen Industrien, die ihre Kinderkrankheiten nicht überleben, wie ein Sieb aus.

Wie viele Automobilgesellschaften sind an ihren Verlusten erstickt, ehe General Motors, Ford oder Chrysler[37] ihre heutige Größe erreichten?

Wie viele Ölgesellschaften sind von der Bildfläche verschwunden, bevor die British Petroleum, Standard Oil, Royal Dutch[38] und andere ihre überragende Stellung errangen?

Doch ist die Börse immer, bevor diese Aussiebung stattfindet, Ausbrüchen von Hysterie unterworfen, und die Kurse bewegen sich unkontrollierbar im Zickzack.

Stellen Sie sich einen Mann vor, der mit seinem Hund die Straße entlanggeht. Der Mann schreitet gleichmäßig voran; das ist die Industrie. Der Hund stürmt vorwärts, springt hierhin und dorthin, kommt zu seinem Herrn zurück, läuft wieder davon und kommt wieder zurück; sein Weg stellt die Bewegungen der Wertpapiere dar. Beide kommen voran, Herr und Hund. Schließlich erreichen sie beide das Ziel des Spaziergangs.

Während der Mann einen Kilometer gegangen ist, hat der Hund den gleichen Weg drei- oder viermal zurückgelegt. Genauso ist es mit den Bewegungen an der in Unordnung geratenen Börse; indem sie zwei Schritte voran und einen Schritt zurück macht, begleitet sie die industrielle Expansion. Die Entwicklung der Eisenbahnen verursachte eine wahre Eisenbahn-Manie, die die Londoner Börse und alle europäischen Börsen und später die der Vereinigten Staaten in Atem hielt. Die befriedigenden Ergebnisse der ersten Jahre zogen das Publikum

37 General Motors, Ford, Chrysler: drei amerikanische Automarken.

38 British Petroleum, Standard Oil, Royal Dutch: drei große internationale Erdöl-Trusts.

an, das – ermutigt durch den niedrigen Eisenpreis – mit dem Ausbau des Schienennetzes grenzenlos spekulierte und den Fortschritt leidenschaftlich verfolgte.

Im September 1844 bewilligte das britische Parlament neunzig Projekte für neue Eisenbahnlinien. Um die Rentabilität kümmerte sich niemand. Man spekulierte hemmungslos mit Aktien, ohne die Ergebnisse in Rechnung zu stellen, nur um des Spieles willen. Man kaufte nicht Aktien, um Geld anzulegen, sondern nur zu dem Zweck, sie schnell zu einem höheren Kurs wieder zu verkaufen.

Die Torheit hörte nicht auf, bis man eines Tages feststellte, dass – wie immer – die Gewinne eine so unvernünftige Spekulation nicht rechtfertigen, und die Kurse bröckelten ab.

Als sich König Louis-Philippe im Jahre 1848 durch eine Hintertür heimlich aus dem Tuilerien-Palast davonstahl, musste die Pariser Börse den Stoß auffangen, der nicht verfehlte, sich auch auf die Nachbarländer auszuwirken.

In diesem Jahr lag ganz Europa in Zuckungen, die Kronen wackelten und die Kurse fielen.

Nach dem Staatsstreich von Louis Napoléon erreichte der auf dem patriotischen Schlagwort »Das Kaiserreich ist der Friede« begründete Unternehmungsgeist seinen Höhepunkt: Es war die große Zeit, in der Banken, Kreditinstitute und Immobiliengesellschaften gegründet wurden.

Die Entdeckung von Gold in Kalifornien und von Goldfeldern in Australien brachte eine neue Zunahme der Spekulation mit sich. Man glaubte, Gold mache allein durch die Tatsache, dass es Gold sei, reich. Eine große Zahl dieser Unternehmen befasste sich ausschließlich mit dem Spiel an der Börse, ohne sich wirklich aufbauend zu betätigen.

Das in den kalifornischen Goldminen geförderte und das aus dem Sand der australischen Flüsse gesiebte Gold trat seinen Weg in die Keller der Notenbanken an, um dort einen Dornröschenschlaf zu halten; es vergrößerte damit die Spekulationskapazität, ohne aktiv zum Reichtum der Menschheit beizutragen.

Der Gold-Krach

Gerade dieses Gold wurde an dem berühmten Freitag, dem 23. September 1869, Anlass und Gegenstand einer tragischen Katastrophe an der New Yorker Börse. Wie jede unruhige Zeit, so hatte auch der amerikanische Bürgerkrieg den Papiergeld-Umlauf stark erhöht und eine gewisse Inflation in Greenbacks – Papierdollars – hervorgerufen.

An der Wall Street hatte sich unter der Führung von Jay Gould und seines Genossen Fisk[39] ein Syndikat für einen prächtigen Börsen-Coup gebildet. Sie hatten bereits alle beide eine Reihe anrüchiger Eisenbahn-Geschäfte auf dem Gewissen und sie waren, um ihre Ziele zu erreichen, entschlossen, sich jedes Mittels zu bedienen, und sei es ein Dolchstoß in den Rücken. Mit Bestechungsgeschenken aller Art, die sie überall, bis hinauf zum Schwager des Präsidenten, General Ulysses Grant, geschickt verteilt hatten, war es ihnen gelungen, den Augenblick hinauszuzögern, wo die Regierung Gold auf den Markt werfen würde, um den Dollar zu stützen.

Sie kauften zuerst Gold auf eigene Rechnung; dann erteilten sie etwa zwölf Brokern den Auftrag, Provokationskäufe zu tätigen, um den Preis des gelben Metalls in die Höhe zu treiben. Angesichts der ununterbrochen steigenden Kurse ließ es sich jedermann angelegen sein, Gold gegen Kasse und auf Termin zu kaufen. Die Atmosphäre verwandelte sich angesichts dieser Gold-Hausse in eine Panik, was auf eine Baisse-Panik bezüglich des Dollars herauskam.

Am 23. September traf ein Telegramm des Kabinetts des Präsidenten Grant mit der Ankündigung ein, dass eine Intervention der Regierung unmittelbar bevorstehe: »Die Regierung wird eine große Menge Gold auf den Markt werfen, um den Dollar steigen zu lassen.« Gould und Fisk fuhren kaltblütig fort, durch ihre bevollmächtigten Broker so viel Gold als möglich kaufen zu lassen, und gleichzeitig stießen sie heimlich das ganze Gold ab, das sie besaßen.

39 Jim Fisk: amerikanischer Finanzmann (1834–1872). Er kämpfte mit Vanderbilt erbittert um die Kontrolle über die Eisenbahnen am Erie-See, deren Gelder er verschwendete. Im Alter von 37 Jahren wurde er von dem Liebhaber seiner Mätresse ermordet.

Sofort nach dem Eingreifen der Regierung begann der Goldpreis abzubröckeln und stürzte dann rapide, und abends war die Katastrophe da. Die Verwirrung war vollkommen, denn zu den Verlusten, die das Publikum erlitten hatte, kam noch, dass Gould und Fisk sich weigerten, die riesigen Goldmengen abzunehmen, die ihre eigenen Makler aufgrund ihrer mündlichen Orders gekauft hatten.

Die »Clique« leugnete schamlos, diese Aufträge erteilt zu haben, ohne sich um das Schicksal ihrer Beauftragten zu kümmern. Fast alle mussten ihre Zahlungen einstellen, was eine Kette von Bankrotten auslöste. Niemand wusste am Ende des Tages mehr, wer zahlungsfähig und wer es nicht mehr war. Jay Gould, Jim Fisk und die ganze »Gold-Clique« strichen händereibend ihren Gewinn ein, während ihre Makler an den Bettelstab gebracht waren.

Dieser Sommertag des Jahres 1869 bleibt in der Geschichte der Wall Street als der Tag der Gemeinheit in Erinnerung, das Pearl Harbor der Börse. Das hinderte Gould nicht, mit ebenso viel Unverfrorenheit und Erfolg seine betrügerischen Machenschaften bei den Eisenbahnen fortzusetzen. Man könnte den Ausdruck Gangstertum, auf ihn angewandt, in Bankstertum abwandeln. Eine ebenso maßlose Gold-Spekulation, die für manche Leute mit einer Tragödie endete, spielte sich 1924 ab, als Ministerpräsident Poincaré die Schlacht um den Franc gewann.

Nur waren die europäischen Börsensitten grundverschieden von denen im amerikanischen »Wilden Westen«. Es gab einen Ehrenkodex, der die Bestrafung eines Sünders befahl! Die Spekulanten hatten gegen den Franc gespielt, sie verloren, und sie bezahlten. Andere Zeiten, andere Sitten!

Doch zurück ins 19. Jahrhundert. In jener Zeit schritt die Entwicklung Europas mächtig voran, teilweise ruckartig, teilweise waren gelegentliche Hindernisse zu überwinden, je nach den verschiedenen Ländern und den Ereignissen, die sich hier abspielten. In Deutschland nannte man sie die »Gründerzeit«, die den Industriekapitalismus, die Immobiliengesellschaften und die großen Finanzinstitute (die D-Banken[40]) mit

40 D-Banken: Die vier großen deutschen Kreditinstitute, die am Ende des 19. Jahrhunderts gegründet worden waren und deren Firmenbezeichnung mit »D« anfängt: Darmstädter und Nationalbank, Diskont-Gesellschaft, Deutsche Bank und Dresdner Bank.

sich brachte. Einer großen Prosperität erfreuten sich Österreich und die österreichisch-ungarische Monarchie. Die fünf Milliarden Goldfrancs, Kriegsentschädigung nach der französischen Niederlage von 1871, hatten zu dieser wirtschaftlichen Entfaltung beigetragen.

Börsenkrach in Wien

Neue soziale Klassen gelangten auf das erträumte Niveau der Bourgeoisie. Sozialreformen waren absolut notwendig, sie wurden gefordert von Linksparteien und dem mit unheimlicher Gewalt aufsteigenden Sozialismus. Wiederholte Lohnerhöhungen beschnitten die Gewinne der Unternehmungen in schmerzlicher Weise. 1873 war der Gefahrenpunkt erreicht.

Der Börsenkrach ging in Wien in einem Augenblick los, da niemand ihn erwartete. Die schwarze Liste der Selbstmorde wurde immer länger. Ob es echte oder unechte Selbstmorde waren, bleibe dahingestellt, denn einige ruinierte, aber noch sehr boshafte Spekulanten verschwanden unter Hinterlassung alter Kleidungsstücke am Flussufer rechtzeitig von der Bildfläche.

Von Wien aus überschritt die Welle rasch die Landesgrenzen, sie breitete sich über ganz Deutschland aus, von Hamburg bis München, von Stuttgart bis Danzig. Der Börsenkrach von 1873 setzte in der Welt der Finanzen und der Spekulation einen sehr wichtigen Meilenstein in der Geschichte von Bankrotten, Zahlungsunfähigkeiten, Selbstmorden, Tränen und Zähneknirschen. Doch die lebendigen Kräfte des Jahrhunderts gewannen bald wieder die Oberhand. Die Wunden verheilten schnell, die Zeit war im Vormarsch. Die Fortschritte in der Nachrichtenübermittlung, die Dampfschiffe, die Eisenbahnen, die Unterseekabel webten über die ganze Erde ein immer dichteres Netz. Der Orient rückte dank des Suezkanals näher.

Das südafrikanische Gold

Gegen Ende des 19. Jahrhunderts, in dem so viel geschehen war, glaubte man, dass der legendäre Traum der goldsuchenden Menschheit Wirklichkeit geworden sei. Man wusste nicht, wer als Erster die Minen in Transvaal entdeckt hatte, aber man bildete sich ein, die Schatzkammer der Königin von Saba gefunden zu haben. Die Illusionen waren groß und die Schwierigkeiten zu Anfang zahlreich: Mangel an gelernten Arbeitern, hohe Materialpreise, besonders für das im Bergbau unerlässliche Dynamit, Transportschwierigkeiten, Erzdiebstähle durch die Arbeiter usw. Aus dem Lager der »diggers«[41] wurde bald eine prunkvolle Stadt, die Cecil Rhodes zum Gibraltar der Finanzen machen wollte: Johannesburg.

Das Gold war kein Hirngespinst, es war wirklich da und brauchte nur gefördert zu werden. Noch einmal führte es der Börse das englische Kapital zu, das durch die noch nicht lange zurückliegenden Enttäuschungen mit den südamerikanischen Wertpapieren mehrfach abgekühlt war. Eine Reihe neuer Gesellschaften wurde gegründet, der Reigen der Spekulation begann wieder, vom Golde hypnotisiert wie früher die Alchimisten. Vermögen wurde im Handumdrehen erworben: Ein ehemaliger Zirkusclown, Barney Barnato, war der Dirigent dieses gewaltigen Aufruhrs. Das Publikum nahm ohne Unterschied alle auf den Markt geworfenen Aktien auf.

Kaum waren die Gesellschaften gegründet, da erhöhten sie schon ihr Kapital, und die neuen Anteilscheine waren noch nicht ganz gezeichnet, da wurden schon wieder Kapitalerhöhungen vorbereitet.

Hunderte von Gesellschaften gingen daran, sich der ersten unter ihnen anzuschließen: der 1867 gegründeten Limpopo Mining Company (Bergwerksgesellschaft Limpopo). Die Deutschen hatten sich in das Spiel eingeschaltet und das Kapital des Reiches ergoss sich über den Markt, der dessen eigentlich gar nicht bedurfte. Auch die Franzosen waren von der Goldleidenschaft ergriffen und hatten ihr Reservoir geöffnet, um Millionen in die Spekulation zu stecken.

---

41 diggers: Goldgräber.

Die Sparer in Frankreich haben immer der Aufforderung ein sehr williges Ohr geliehen, Kapital für die Erforschung der Bodenschätze zur Verfügung zu stellen: Abgesehen von den Goldminen von Witwatersrand in Transvaal, den Kupferbergwerken in Rhodesien und Spanien und der Erdölgewinnung in der ganzen Welt haben auch die Uranbergwerke ständig die französischen Spargelder anzuziehen vermocht.

Diesmal handelte es sich um Gold, einen seit eh und je fast geheiligten Fetisch.

Verschiedene Anekdoten gab es fast überall. Der Londoner Bankier Beit von der Firma Beit & Co. schickte seiner Mutter, die in Hamburg wohnte, ein kleines versiegeltes Paket, das Aktien enthielt. In einem beifolgenden Brief erklärte er ihr unter dem Siegel der Verschwiegenheit, dass die Aktien auf dem besten Wege seien, um das Zehnfache zu steigen. Aber sie dürfe unter keinen Umständen das Paket öffnen, bevor ihr Sohn sich für seine eigene Rechnung auch Aktien gekauft habe.

Der Bankier spekulierte auf die weibliche Neugier und die Gutmütigkeit seiner Mutter. Sie konnte sich natürlich nicht zurückhalten, das Paket zu öffnen, und bei einer Tasse Tee erzählte sie die Geschichte ihren Freundinnen, die nichts Eiligeres zu tun hatten, als sie an ihre besten Freundinnen weiterzugeben.

Der Tipp durchlief die ganze Stadt in Windeseile, immer unter dem Siegel der Verschwiegenheit.

Und ein paar Tage später kaufte Hamburg in London alle Aktien auf, die der Bankier Beit nicht losgeworden war.

Der Sommer 1895 erlebte den Zenit dieser Spekulationswut; die Kurse waren außer Rand und Band geraten. Die Aktien des »Coronation Syndicate« stiegen in wenigen Wochen steil von 10 Pfund auf 2.000 Pfund. Es handelte sich dabei nicht einmal um eine Bergwerksgesellschaft, sondern seine Tätigkeit bestand lediglich darin, andere Firmen auf die Beine zu stellen.

Die Finanzierungsgesellschaften, die diesen Wirbel angezettelt hatten, waren nicht mehr im Mindesten daran interessiert, den Markt aufrechtzuerhalten, nachdem nun ihre Papiere platziert waren.

Das Gebäude war so baufällig, dass es durch den kleinsten Windhauch zum Einsturz gebracht werden konnte. Der Anlass war so unauffällig, dass man kaum wusste, wie es eigentlich geschah.

Was war der Grund? Vielleicht waren es die enttäuschenden Schürfungsergebnisse der einen Gesellschaft oder die Arbeitsunterbrechungen bei der anderen, oder vielleicht politische Schwierigkeiten – gleichviel, irgendein Ereignis von ganz untergeordneter Bedeutung konnte den Todesstoß geben.

Die Aktien verloren neun Zehntel ihres Wertes, und eine Unmenge von Firmen, von denen man heute nicht einmal mehr den Namen weiß, verschwand.

Eine ganz geringe Zahl dieser Gesellschaften kam über die Klippe hinweg und bereitete den Aktionären angenehme Überraschungen. Seit mehr als einem halben Jahrhundert werden regelmäßig ansehnliche Dividenden gezahlt, neue Vorkommen abgebaut und weitere Gebiete für die Ausbeutung erschlossen.

Die südafrikanischen Goldminen haben seitdem für die Spekulation viel von ihrem Reiz verloren, doch dank ihres regelmäßigen Abbaues und ihrer reichlichen Dividenden interessieren sie die Geldgeber in der ganzen Welt noch immer. Heute liegen die Kurse sicherlich unter ihrem wirklichen Wert. Angesichts dieser Kurse stellen die Dividenden einen unangemessenen hohen Ertrag dar; diese Lage der Dinge kann noch lange andauern, denn das Damoklesschwert, das Südafrika bedroht, macht die Angleichung der Börsenkurse an die echten Werte schwierig.

Die Wall Street

Während sich das Tempo der wirtschaftlichen Entwicklung in Europa etwas verlangsamte, liefen die Vereinigten Staaten noch auf vollen Touren. Eine fantastische Prosperität herrschte im ganzen Lande. Die riesigen Trusts lieferten sich erbitterte Kämpfe, und eine verrückte Spekulation hielt die Wall Street in Atem.

»Der Markt wird durch einige reiche Übeltäter gestört«, sagte Präsident Theodore Roosevelt.

Damals gab es noch keinerlei wirksames Banksystem, das geeignet gewesen wäre, den Geldmarkt in Schach zu halten. Die Spekulation zog alle verfügbaren Mittel an sich: Man zahlte jeden Zinssatz, denn solange die Hausse dauerte, konnte man seinen Einsatz drei- oder viermal einstreichen. Diese Situation behinderte den wirtschaftlichen Ausbau, denn Handel und Industrie verfügten nicht mehr über das notwendige Kapital, weil es von der Wall Street geschluckt worden war.

Einem Journalisten, der ihn fragte, wie lange die Hausse dauern würde, gab der alte John Pierpont Morgan in seinem feierlichen schwarzen Anzug folgende Antwort: »Ich weiß es nicht, junger Mann, aber wenn die Leute erkannt haben, dass man nicht mit Geld zu 125 Prozent pro Jahr spekulieren kann, dann wird alles zusammenkrachen.«

Morgans Antwort schlug wie ein Blitz ein. Die Leute, die noch am Abend vorher kaum einen Gedanken an die Zinsen verschwendet hatten, die sie für ihre Bankschulden bezahlten, nahmen einen Bleistift zur Hand und rechneten. Und wie immer wollten alle Leute zur gleichen Zeit durch die gleiche Tür gehen.

Zuerst waren es nur die Leute mit den Bankschulden, aber da so etwas ansteckend ist, folgten sofort diejenigen, deren Papiere voll bezahlt in ihren Kassenschränken lagen. Dank der geschickten Manipulationen von Morgan, der rechtzeitig den Markt wieder flüssig machte, gelang es der Wall Street, nicht vollständig zugrunde zu gehen.

Dieser Börsenkrach hatte übrigens eine aufsehenerregende Seite: die Organisation des Federal Reserve System[42], das heißt des Netzes von Notenbanken, das dazu beitrug, kleinere Krisen zu begrenzen und die Schwierigkeiten der Übergangszeit nach dem Ersten Weltkrieg zu überwinden. Ohne große Aufregung ging die Wall Street ihren Weg weiter, bis zu einem neuen tragischen Meilenstein: 1929.

---

42 Federal Reserve System: Durch Gesetz von 1913 begründetes amerikanisches Banksystem, das die Kreditströme des Landes zusammenfassen und die Aufrechterhaltung einer stabilen Währung erleichtern sollte.

Im Ganzen, kann man sagen, hat jeder Markt, jedes Finanzzentrum seinen Krach oder sogar seine Kräche gehabt, die mehr oder weniger schmerzhafte Verwirrung brachten: Antwerpen und Genua, als Philipp II. die Bezahlung seiner Schulden einstellte, worauf der Krach des Grand Parti in Lyon folgte; dann Amsterdam und seine Tulpen, London mit der South Sea Bubble, Paris und die Rue Quincampoix, der Goldkrach in der Wall Street vom Jahre 1867, Wien im Jahre 1873, die südafrikanischen Goldminen zu Ende des letzten Jahrhunderts – oder, mehr in unserer Zeit, der schwarze Freitag am 13. Mai 1927 in Berlin, die Panik von 1929, die von New York ausging und die ganze Welt bluten ließ, die Streichhölzer in Schweden, und so weiter.

Die Salami

Auch Budapest hat seinen Krach gehabt ... das war vor vielen Jahren, aber es ist eine für die Budapester Börse bezeichnende Geschichte, vielleicht wegen der malerischen Umstände, unter denen sie sich abspielte, und auch, weil Spekulation und Humor manchmal Hand in Hand gehen!

Die »Aktiengesellschaft der ungarischen Salami« stellte die berühmten Würste her, Konkurrenzprodukt der Mailänder Salami, die noch heute einen Ehrenplatz im Export des kommunistischen Ungarns einnehmen. Das Geschäft blühte und man begann, mit den Aktien dieser Gesellschaft eifrig an der Börse zu spekulieren. Das ging so lange, bis die Kurse von 50 Kronen auf 300 gestiegen waren. Eine Gruppe von Spekulanten, die den Kurs »lächerlich« fanden, beschloss, ein Baisse-Syndikat zu bilden. Sie waren überzeugt, die steigende Kurve würde sich bald wenden, und die Salami rechtfertigte trotz ihrer guten Qualität, an der zu zweifeln geschmacklos gewesen wäre, einen so hohen Aktienkurs nicht.

Das war eine sehr logische Überlegung. Aber an der Börse ist zwei mal zwei nicht vier; zwei mal zwei ist 5 – 1!

Kurz, die Baisse kam aus Gründen, die mit Logik überhaupt nichts zu tun haben, aber viel später: weil nämlich die geistigen Väter dieser klugen Spekulation in eine veritable Boulevard-Komödie verwickelt wurden.

Sie war bezaubernd und kokett.

Er, ihr Mann, war ein bekannter Budapester Bankier und ein erfahrener Börsenspieler.

Der Dritte, ihr Liebhaber, ebenfalls ein leidenschaftlicher Spekulant, war zufällig der Chef des Syndikats, das auf die Baisse der Salami wartete.

Sie wollte schrecklich gern das herrliche Collier haben, das sie schon seit Monaten in den Auslagen eines großen Juweliers in der elegantesten Geschäftsstraße Budapests bewunderte. Der Dritte wollte es ihr gern schenken, aber wie konnte sie denn ihrem Mann eine solche Erwerbung erklären? Sie beschlossen beide, sich eines Tricks zu bedienen, der, seit die Welt besteht, leichtgläubigen Ehemännern gegenüber angewandt wird.

Bevor sie ihren Mann bat, ihr das begehrte Collier zu schenken, ging sie heimlich zu dem Juwelier, um den genialen Plan vorzubereiten.

Der Dritte, ihr Liebhaber, wollte drei Viertel des Preises für das Collier bezahlen, was schon ein großer Betrag war, und dann sollte der Schmuck wieder in die Vitrine zurückkehren, dann sollte ein zweiter Käufer kommen, der Ehemann, und für ihn ein anderer Preis gelten: das letzte Viertel des ursprünglichen Preises, eine unbedeutende Summe. Bei einem solchen Gelegenheitskauf würde er bestimmt nicht zögern, das Collier für seine Frau zu erstehen.

Der Ehemann fand das alles ein bisschen komisch.

»Ein so billiges Collier, ich mag keine Ladenhüter. Es ist nicht meine Art, deine Geburtstagsgeschenke zu herabgesetzten Preisen zu kaufen!«

Trotzdem ging er zu dem Juwelier und fand sowohl das Collier als auch den Preis sehr nach seinem Geschmack. Er bezahlte bar und ging vergnügt von dannen, das Schmuckstück in der Tasche.

»Alles verlief nach Wunsch«, meldete der Juwelier sofort seiner Kundin telefonisch.

Die Tage vergingen. Der Ehemann summte fröhlich vor sich hin. Sie wartete auf das Collier, das einfach nicht kam. Schließlich konnte sie sich nicht länger beherrschen und begann auf eigene Faust eine kleine Nachforschung. Das Collier hatte die Stadt nicht verlassen, nur schimmerte es am Halse einer anderen: der hübschesten Primadonna von Budapest, die zarte Bande zu dem liebenswürdigen Ehemann unterhielt.

Die Geschichte kam heraus und die ganze Stadt machte sich darüber lustig. Zu dieser Qual kam noch, dass der Ehemann beschloss, seine ungetreue Frau zu bestrafen, die vor Ärger und Zorn unleidlich geworden war. Er musste seine Ehre rächen und seinen Nebenbuhler töten! Zu diesem Behufe wählte er eine viel sicherere Waffe als den Duelldegen. Er wollte sich mit Börsen-Orders schlagen ... die Achillesferse seines Gegners war nämlich die »Salami«, bei der Letzterer auf Baisse spekuliert hatte. Die in einem solchen Fall gegen Baisse-Spekulanten an der Börse häufig angewandte Strategie heißt »corner«.

Bei Termingeschäften kaufen die Haussiers, ohne die Lieferung sofort abzunehmen. Die Baissiers verkaufen, ohne sofort zu liefern. Wenn es den Haussiers gelingt, mehr Aktien auf Termin zu kaufen, als tatsächlich vorhanden sind, dann geht den Baissiers die Luft aus, weil sie nicht rechtzeitig begriffen haben, dass sie mehr Papiere verkauft haben, als es gibt. Am Liquidationstag können sie also nicht liefern und müssen die ihnen fehlenden Papiere bei den halsabschneiderischen Haussiers kaufen, die ihnen den Preis diktieren: Das ist der »corner«.

Der betrogene Ehemann raffte alle verfügbaren »Salami« zusammen. Die Kurse stiegen von 300 auf 1.000, dann auf 2.000 und schließlich auf 3.000 und mehr. Als keine Aktien mehr zu finden waren, fuhr er zu seinen Geldgebern nach Deutschland, um neues Kapital aufzunehmen und seine Käufe fortzusetzen.

Am Liquidationstage mussten sich die Baissiers den Bedingungen des Gegners beugen, die sehr kostspielig waren.

Der Triumph des Ehemannes dauerte nur kurz. Er und seine Bank verloren umso mehr, weil sie die Unvorsichtigkeit begangen hatten, bei einer simplen »Strafexpedition« unmäßige Summen für ein Papier zu bezahlen, das nicht ein Zehntel dieses Preises wert war. Und als es ihnen nicht gelang, dieses enorme Paket von »Salami«-Aktien abzustoßen, das niemand wollte, mussten sie ihre Schalter schließen.

Diese Geschichte ist ein Beispiel dafür, dass bei ein und derselben Transaktion Haussier und Baissier das gleiche Schicksal erleiden können: den Ruin!

Die Ereignisse der letzten Jahrzehnte haben die Helden unserer Geschichte in alle Winde verstreut. Der Juwelier verkauft heute in New York in seinem Laden auf der Madison Avenue wieder Colliers. Der großzügige Liebhaber lebt irgendwo in Lateinamerika und spekuliert immer noch. Der durch eigene Schuld ruinierte Bankier hat in Paris Selbstmord begangen und seine Frau ist in Italien gestorben. Die Primadonna lebt noch in Hollywood; sie hat ihre Stimme verloren. Und das Collier? Vom Winde verweht!

4. Besuch im Tempel

Nachdem es so viele Historiker und Nationalökonomen schon getan haben, halte ich es nicht für notwendig, noch einmal zu unterstreichen, dass das Jahr 1929 die größte finanzielle Katastrophe der Weltgeschichte brachte.

Wie die Entdeckung Amerikas oder die Französische Revolution das Gesicht der Welt verändert haben, so hat die amerikanische Wirtschaftskatastrophe von 1929 die westliche Welt, den Aspekt ihres wirtschaftlichen Lebens und damit die soziale Struktur vollständig verwandelt.

Sie geistert noch heute wie ein Gespenst durch unser Leben. Für eine ganze Generation dient das Jahr 1929, wenn man ein Ereignis zeitlich bestimmen will, als Fixpunkt, wenn man sich an etwas erinnern will, als Merkzeichen. Häufig hört man in Unterhaltungen die Redewendung: das war, erinnern Sie sich, »vor 29« oder »kurz nach 1929«. Doch hatte es vor dem schwarzen Donnerstag im Oktober viele rosenrote Wochen und glückliche Jahre gegeben, wo es sich gut leben ließ. »God's Own Country«, Gottes eigenes Land! Amerika strotzte voll Kraft im wiedergefundenen Paradies der Prosperität.

Aus einem Schuldnerstaat vor dem Kriege waren die Vereinigten Staaten zum Gläubiger der ganzen Welt geworden. Die industrielle Produktion wuchs, der Verbrauch ebenfalls, beide aufgeputscht durch eine Wunderdroge, die das Kaufen ohne Bezahlung zuließ: das Abzahlungsgeschäft.

Alle landwirtschaftlichen oder industriellen Rohstoffe, alle Wertpapiere stiegen ständig. Die Fernschreiber in der Wall Street spuckten unaufhörlich in einem betäubenden Rhythmus kilometerweise weiße Papierstreifen aus. Alle Amerikaner, der Mittelstand, die kleinen Leute, die kaum in Ellis Island gelandeten Einwanderer, alle machten der Geldaristokratie das Spekulieren nach. Die Wall Street, zur Erinnerung an eine von den Holländern im Jahre 1653 zum Schutz gegen die Engländer errichtete Mauer so genannt, wurde zum Symbol der Hoffnung und des für jedermann erreichbaren Reichtums.

Das Gerüst der Spekulation ruhte auf einem Koloss mit tönernen Füßen: dem Kredit, doch waren herzlich wenig Leute sich darüber klar. Das Leben war doch so schön!

Im Paradies der Geschwindigkeit und des Asphalts erprobte Ford I. seine neuen Modelle.

Nachts applaudierte man im Schatten der Wolkenkratzer des hell strahlenden Broadways von den Rängen des Ziegfeld-Theaters, das der letzte Schrei der Mode war, atemlos den Dolly Sisters.

Mit Paul Whiteman trällerte man die Melodien von George Gershwin, der später mit der »Rhapsody in Blue« zum größten amerikanischen Komponisten wurde. Dieser Sohn armer jüdischer Einwanderer war jetzt Ehrengast auf den glanzvollen »parties« der Aristokratie der Fifth Avenue. Jean Harlow beherrschte die Bildschirme der Gebrüder Warner. Mit ihren hellblauen Augen, dem glatten Haar unter einem Platinhelm und den geschmeidigen Bewegungen einer Raubkatze war sie das »glamour girl« Nr. 1 von Hollywood. Es war die heroische Epoche der Prohibition[43] und der Speakeasys; in »Twenty One« (Nr. 21 der 52. Straße Ost) lauschte man hingerissen den Schallplatten von AI Johnson und Eddie Condon, während man zwei Finger breit Whiskey aus … Teetassen schlürfte. Die Extravaganzen, die Eroberungen des schönen John Barrymore, lieferten den Gesprächsstoff.

Doch die unsichtbaren Dirigenten dieser betäubenden Schau, die großen Geldleute von der Wall Street, hüteten sich sehr, auch nur den Anschein einer Gefahr vermuten zu lassen. Präsident Calvin Coolidge[44], ebenso sein Nachfolger Herbert Hoover und der Minister Mellon,

---

43 Prohibition: Staatliches Verbot der Herstellung, des Verkaufs und Ausschanks von alkoholhaltigen Getränken. Nachdem bereits in mehreren nordamerikanischen Einzelstaaten Prohibitionsgesetze erlassen worden waren, wurde 1919 durch den Volstead Act die Prohibition für die ganze Union eingeführt und durch das 18. Amendment in Kraft gesetzt. Während der 1920er-Jahre nahmen jedoch der Alkoholschmuggel und der illegale Alkoholausschank, vor allem in den sogenannten Speakeasys (Flüsterkneipen, in denen Alkohol zur Tarnung auch in Teetassen ausgeschenkt wurde), solche Ausmaße an, dass die Prohibition für die Union 1933 durch das 21. Amendment wieder aufgehoben wurde. Heute ist der Verkauf von Alkohol durch einzelstaatliche und lokale Gesetze und Verordnungen verschieden geregelt.

44 Calvin Coolidge: Präsident der Vereinigten Staaten (der 30. nach George Washington), 1925–1929.

erklärten mit aller Autorität der amerikanischen Regierung öffentlich, es bestehe absolut kein Grund für die Annahme, dass all dies eines Tages aufhören würde.

Eine ähnliche Spekulationswut hatte Europa ergriffen. Jedes Land spürte aus verschiedenen Gründen und mit mehr oder weniger Erfolg die Wirkungen.

Großbritannien wurde nach Überwindung seiner sozialen Schwierigkeiten wieder flott. Es hatte sich von den monatelangen Streiks erholt und gewann mit viel gutem Willen die verlorene Energie zurück. Die Börse befand sich langsam, aber sicher wieder auf dem Weg zur Prosperität.

In Deutschland hing der Boom zum großen Teil von ausländischem Kapital ab.

Jahrelang hatte Amerika jährlich mehr als 250 Millionen Dollar zur Verfügung gestellt, die in der deutschen Wirtschaft investiert wurden und mit ihrem ständigen Zustrom der Berliner Börse Nahrung gaben.

Weniger als zehn Jahre nach ihrer Emission wurden diese Anleihen durch den Reichsbankpräsidenten Dr. Schacht verleugnet.

Dreißig Jahre später hat die neue Bundesrepublik unter Kanzler Adenauer sie samt und sonders mit allen unbezahlten Zinsen anerkannt. So wurden sie zum Kassenschlager auf den internationalen Märkten und brachten den Spekulanten, die scharfsinnig genug waren, die Gelegenheit wahrzunehmen, den größten Gewinn.

Zur gleichen Zeit mit den Dollars erschienen amerikanische Ingenieure und Techniker auf dem Plan, um den Schlotbaronen an der Ruhr bei der Modernisierung ihrer Fabriken und Arbeitsmethoden nach amerikanischer Art zu helfen.

Italien erlebte voller Glückseligkeit seinen Honigmond mit Mussolini. Wenn es auch einen guten Teil seiner Freiheit einbüßte, so hatte es doch zweifellos den Grundstein für eine moderne Volkswirtschaft gelegt.

Das Bild der Prosperität war in den Farben der Hoffnung gemalt. Ein magisches und beruhigendes Wort erhellte die Zukunft: der Friede.

Die Verträge von Locarno[45], dann der Briand-Kellogg-Pakt[46], hatten den Krieg auf immer für ungesetzlich erklärt. Es war Briands schöner Bariton, der schwungvoll diese ideale Politik verkündete.

Bei der Konferenz von Genf im Jahre 1927 war sogar davon die Rede gewesen, bald die Zollsätze zu senken. Das waren also, mit schönen Worten, die ersten Vorboten des europäischen Traums, der dreißig Jahre später mit dem gemeinsamen Markt Wirklichkeit werden sollte.

In Frankreich war es Poincaré gelungen, die Inflation in Schach zu halten und die Währung zu stabilisieren. Der Wiederaufbau erreichte seinen Höhepunkt. »Deutschland wird bezahlen!« war ein Schlagwort, an das man noch glaubte.

Die reichen Bürger rieben sich die Hände, wenn sie die Börse verließen: Die Aktien waren ständig auf dem Vormarsch.

Die Festigkeit der Währung, und der gute Stand der Finanzen hatten die Kapitalien aus aller Welt nach Paris gelockt.

Doch dieser Geldstrom, der die einen bereicherte, machte die anderen unglücklich. Mitteleuropa, auf den Schlachtfeldern besiegt, hatte sich mit der Spekulation auf die Franc-Baisse vollends zugrunde gerichtet.

Die Spekulanten in Wien, Prag und Budapest hatten schon den Verfall ihrer eigenen Währung erlebt und meinten, daraus eine nützliche Lehre gezogen zu haben. Weil sie glaubten, damit das Rezept gefunden zu haben, entschieden sie sich gründlich gegen den Franc und nahmen eine Haltung ein, die es ihnen erlauben sollte, ganz sicher zu gewinnen, vorausgesetzt, dass der Franc weiterhin an Wert verlor.

Doch diese Rechnung war, wie so viele andere, verhängnisvoll. Poincaré rettete den Franc. Das war ein aufsehenerregender Erfolg; der gestrenge Präsident verdankte ihn dem Vertrauen, das er dem Franc zu verschaffen verstanden hatte, und ebenso der ihm von dem amerikanischen Bankier J. P. Morgan gelieferten »Munition«.

---

45 Verträge von Locarno: Fünf im Jahre 1925 in Locarno unterzeichnete Verträge zwischen Deutschland und den Siegerstaaten des Ersten Weltkrieges, die die Dauerhaftigkeit des Friedens und der festgelegten Grenzen sichern sollten.

46 Briand-Kellogg-Pakt: Der im Jahre 1927 zwischen Aristide Briand, dem französischen, und Kellogg, dem amerikanischen Außenminister, abgeschlossene Pakt, der den Krieg »ächten« sollte.

Dass Frankreich wieder flott wurde, versetzte den Börsen von Wien, Budapest und Prag den Gnadenstoß; sie verfielen damit der schlimmsten wirtschaftlichen Auszehrung. Eine deprimierende Atmosphäre der Arbeitslosigkeit und Armut bedrückte Ungarn und Österreich. Die Idee, zwischen zwei Universitätssemestern einige Wochen in Paris zu verbringen und diesem Reich der Traurigkeit zu entfliehen, stellte für mich eine unverhoffte Möglichkeit dar.

Paris … »J'ai deux amours, mon pays et Paris.« Ich habe zwei Geliebte, meine Heimat und Paris.

Die Bananen-Colliers einer bezaubernden Tochter der Antillen, Josephine Baker, wippten den Takt zu diesem Lied, das ich zu meinem Glaubensbekenntnis gemacht habe.

Paris, das bedeutete ein ganzes Leben von Luxus, Vergnügen und Festlichkeiten, das ich mithilfe des Orientexpresses kennenlernen wollte, als ich ihm eines schönen Abends entstieg wie Balzacs Held Rastignac seiner Postkutsche.

Ich wusste noch nicht, dass diese Welt ein verbotenes Paradies, zum Greifen nahe und doch unerreichbar, bleiben würde, wenn man nicht den Schlüssel hatte, um sich Zutritt zu verschaffen: das Geld. Und ich hatte nicht genug in der Tasche, bei Weitem nicht.

Das Schauspiel war faszinierend anzusehen, aber das war nicht genug.

Mit Schildpattbrille und schwarzen Fransenhaaren erschien Fujita auf dem Montparnasse, gefolgt von Kiki, seinem Lieblingsmodell, um mit seinen Freunden Kisling, Vertès und anderen an den Holztischen der Rotonde und des Dôme zu diskutieren.

Die eleganten Damen ließen sich nach Longchamp und Auteuil begleiten, um beim Rennen die Kleider zu zeigen, die Poiret für sie entworfen hatte. Auf seiner Jacht in Boulogne empfing der Schneider als Grandseigneur seine Freunde aus der besten Gesellschaft und spielte ihnen, wenn schon der Morgen dämmerte, die neuesten Melodien aus New Orleans vor. Auf den Champs-Elysées gab es nur ein Kino, aber man stand auf den Boulevards Schlange, um Chaplins Amerika in »Goldrausch« und den Orient im »Dieb von Bagdad« zu entdecken.

In den Romanen von Francis Carco machte man sich mit der Sprache des Volkes vertraut, und so gewappnet konnte man sich – denn das war chic – in den Bars der Pigalle unter das Volk mischen.

An anderen Abenden ging man, nachdem man mit Maurice Chevalier das neueste Couplet »Valentine« mitgesummt hatte, bei Maxime soupieren, oder die Herren blieben im Café Weber unter sich, um über das neue Automodell oder die Beine der Mistinguette zu diskutieren. Am Montag berichteten die Zeitungen unter den Nachrichten des Tages, dass André Citroën beim Baccara in Deauville die Bank gesprengt habe. Die Engländer nahmen die Rasenflächen von Touquet in Beschlag und die Gemeindeverwaltung erwog schon, die Straßennamen und Preisschilder in den Schaufenstern ins Englische zu übersetzen.

Wie ein Kind, das sich an der Scheibe einer Konditorei die Nase plattdrückt, so bestaunte ich dieses ungeheure Leben und Treiben.

Aber bald musste ich abreisen, und als ich wieder in dem traurigen und beängstigenden Budapest war, hatte ich nur einen Gedanken: wieder nach Paris fahren. Und bis dahin die Mittel und Wege zu finden, um mich einzuschalten bei diesem Spiel und davon zu profitieren. Ich hatte begriffen – das hatte sich als eine unumstößliche Gewissheit bei mir festgesetzt –, dass es nur einer Sache bedurfte: Geld.

So kam es, dass ich in eine sehr heftige psychologische Krise eintrat. Jetzt, vom heutigen Standpunkt aus betrachtet, kann ich erkennen, wie bedeutsam dieser Wendepunkt in meinem Leben war.

Ich hatte das Geld auf ein Postament erhoben und dachte ununterbrochen daran. Es war für mich zuerst das Mittel, um ein Ziel zu erreichen, dann wurde es selbst zum Ziel und ließ mich alles andere unterschätzen.

Meine persönliche Ethik, mein eigenes Bewertungssystem, hatte sich vollständig gewandelt. Nichts interessierte mich außer Geld.

Kunst, Musik, Bücher hatten ihre Anziehungskraft verloren. Ich war damals einfach nicht fähig, eine, wenn ich so sagen darf, unentgeltliche Freude zu genießen. Ich träumte von einem Kassenschrank voller Geld, von Geldsäcken, die ich betrachten, befühlen, hin und her schaffen konnte wie Volpone seine Schätze.

Diese Mentalität führte zuerst zu einem gefährlichen Nachdenken über sich selbst, dann zu einer gewissen Trägheit im Handeln. Wozu bis in ein Geschäft gehen, um ein Luxusauto zu kaufen, wenn man es, wann immer man will, haben kann, sobald man das nötige Geld in der Tasche hat!

Auf der einen Seite der Waage stieg das Geld, und in dem Maße, wie es stieg, sanken auf der anderen Waagschale die reellen Werte, die man damit kaufen konnte. Dieser übertriebene Materialismus führte dazu, dass meine wirtschaftliche Konzeption durch eine deflamistische Einstellung gekennzeichnet war.

Dadurch, dass ich diese abscheuliche Religion bis ins Absurde steigerte, gelangte ich zu einer verallgemeinerten Missachtung aller Werte, die sich durch Bargeld ausdrücken lassen. Das war folglich der geeignete Boden, um »Baissier« für die reellen Werte einschließlich der Börsenwerte zu werden.

Werte in Bargeld ausdrücken bedeutet, für jeden einzelnen den Preis festsetzen. Da ich im Geiste den Wert des Geldes überschätzte, fand ich immer den Preis einer Ware zu hoch und wartete darauf, dass er in Zukunft fallen würde.

Ich konnte nur auf Baisse spekulieren. Außerdem wollte ich auch nichts anderes als die Baisse: Wenn Rothschild verliert, weil seine Werte sinken, und ich bei der gleichen Baisse verdiene, dann verringert sich dementsprechend der Abstand zwischen ihm und mir.

Ich hatte nur eine einzige Idee: wieder nach Paris fahren und mich auf die Spekulation an den internationalen Börsen stürzen, um dabeizubleiben.

Die Ereignisse kamen mir entgegen. Zum zweiten Mal entstieg ich am Pariser Ostbahnhof dem Orientexpress.

Der Wirbel des Pariser Lebens war aufregender denn je. Ich hatte meine Kreditbriefe in der Tasche, das heißt, ein Empfehlungsschreiben an einen Kursmakler, einen Freund meines Vaters, bei dem ich meine ersten Versuche machen sollte.

Der große Tag kam bald; die Erinnerung an meinen ersten »Besuch im Tempel« wird nie verblassen.

Der erste Eindruck

Wie in einem riesigen Spielkasino lag das Geld in der Luft. Es war überall. Man brauchte nur eine Antenne zu haben, um es zu erwischen. Wollte ich meinem Mentor glauben, so war das nicht schwer, es genügte, raffiniert zu sein, im Strom der Hausse schwimmen zu können, Vertrauen zu haben, »und am Ende des Monats geht man kassieren«, sagte er mit einem breiten Lächeln und klopfte mir auf die Schulter.

Ich verstand ehrlich gesagt nicht viel von dem Tohuwabohu, in dem ich einige Hundert Personen sich umtun sah. Die fremden Namen der Wertpapiere, die ich noch nicht kannte, dröhnten in meinen halbtauben Ohren. Jüngere Knaben, die »grouillots«, eilten von einer Gruppe zur anderen. Mit dem kleinen Auftragszettel, den sie in der Hand hielten und auf dem Aufträge der Kunden verzeichnet waren, tanzten sie zwischen den verschiedenen Flügeln des Gebäudes eine schwindelnde Polka und stießen und drängten sich, ehe sie wieder in die verschiedenen Richtungen auseinanderliefen.

In der Mitte, am »Ring«, standen siebzig Herren, Sommer wie Winter dunkel gekleidet; es waren die siebzig Mitglieder der Kompanie der Kursmakler; mit den Ellenbogen stützten sie sich auf die Balustrade, die sie vom Publikum trennte.

Wie die anderen schrien sie in diesem Höllenlärm: »Ich habe, ich nehme.« Die ganze Welt schien in diesem Tumult vertreten zu sein.

Die einen rannten zu den Telefonzellen, um die ersten Ergebnisse durchzugeben. Andere flüsterten, die Hand als Sprachrohr vor dem Mund, ganz aufgeblasen von Wichtigkeit. Wieder andere kritzelten fieberhaft Zahlen in kleine schwarze Hefte.

Die allgemeine Nervosität ergriff mich gar nicht. Je mehr ich in diese neue Welt eindrang, umso mehr wurde ich von dieser aufschneiderischen Atmosphäre abgestoßen. Jeder behauptete, die beste Information geben zu können, prahlte, bei jedem Börsencoup zu gewinnen, seine Kunden immer richtig beraten zu haben, den unfehlbaren Tipp zu kennen usw. Hörte man die umlaufenden Gerüchte, hätte man glauben können, es gäbe hier nur Genies oder Propheten. Alle berichteten selbstgefällig von ihren Erfahrungen oder Erfolgen und jeder Satz begann mit den Worten: »Ich hatte es dir doch gesagt.«

Ich werde Baissier

Ich hatte noch keinerlei Erfahrungen auf diesem Gebiet, doch der einfache, gesunde Menschenverstand sagte mir, dass dies alles nur Bluff sei. Die Logik, die Erklärungen, die Überlegungen, auf denen diese Wunderspekulationen beruhten, erschienen mir primitiv und kindisch. Weiter bedurfte es natürlich nichts, da mein Sinn schon auf die Baisse gerichtet war. Der Boden war bereit! Ich konnte nicht umhin zu denken: »Wenn alle diese Leute auf Hausse spekulieren, dann muss man eben auf Baisse spekulieren ...«

Zu meiner Geringschätzung der reellen Werte kam jetzt noch die Geringschätzung der Leute, die ich an der Börse traf. Als ich die Stufen hinabschritt, war mein Entschluss gefasst. Die Baisse würde mich gewinnen lassen und mir überdies die – boshafte – Genugtuung verschaffen, alle diese Angeber verlieren zu sehen.

Ich brauchte nur noch meine Spekulationsobjekte zu wählen und den Mechanismus der Baisse-Spekulation zu lernen.

Dieser Mechanismus, der dem Neuling so kompliziert erscheint, ist jedoch sehr einfach.

Der Spekulant Dupont glaubt, dass die Aktien der Firma »Luftschloss-Bau-AG« oder der »Mond-Immobilien-AG« fallen werden. Nehmen wir an, beide Papiere stehen auf 100. Er hält den Kurs für zu hoch und erwartet, dass der eine oder andere fallen wird.

Er verkauft sie per Termin für 100. Anders ausgedrückt, er verkauft die Papiere, liefert sie aber erst zum Monatsende.

Einige Tage danach fallen die Aktien der »Luftschloss-Bau-AG« von 100 auf 80. Also kauft Dupont und wird, wie im Vertrag vorgesehen, die zu 80 gekauften Papiere für 100 verkaufen; der Preisunterschied fließt in seine Tasche.

Dagegen fallen die »Mond-Immobilien-AG« aber keineswegs, sondern steigen auf 110 an dem Tag, an dem er sie liefern muss. Am vorgesehenen Tag, den man den Liquidationstag nennt, bittet er seinen Makler, die Lieferung auf den folgenden Monat zu verschieben. Da das Papier bereits höher steht als der Verkaufskurs, muss er einstweilen den Unterschied von 10 Punkten bezahlen. Bei Termingeschäften schreiben die Usancen in der Tat vor, dass die Differenzen am Ultimo vorläufig ausgeglichen werden. Wenn die »Mond-Immobilien« im nächsten Monat auf 70 fällt, kann er sie zurückkaufen und zu 100 verkaufen, wie im ursprünglichen Vertrag vorgesehen. Er bekommt dann die 10 Punkte Gewinn, die er vorsorglich gezahlt hatte, zurück und wird also insgesamt 30 Punkte Gewinn haben. Wenn das Papier immer noch nicht fällt, dann kann er ein zweites Mal reponieren, und das immer wieder, vorausgesetzt, dass er an jedem Ultimo die Differenz bezahlt.

Der Hausse-Spekulant kauft zuerst, um dann zu verkaufen, während der Baisse-Spekulant zuerst verkauft und später kauft.

Baisse-Spekulanten sind möglich an den Börsen, die einen Terminmarkt besitzen. Fast alle europäischen Börsen haben einen Terminmarkt, der Baisse-Spekulationen gestattet, wenn sich die Gelegenheit dazu ergibt.

Die New Yorker Börse hat jedoch keinen Terminmarkt und das kompliziert und beschränkt die Baisse-Spekulation durch technische Erschwernisse. Wie viele Gelegenheiten wurden in den vergangenen Jahren an der Wall Street versäumt! Aber in Paris, London, Frankfurt, Amsterdam, Stockholm, Düsseldorf oder Brüssel ist es ebenso »leicht«, auf Baisse wie auf Hausse zu spekulieren.

Die Baisse-Spekulation ist weit weniger verbreitet, als man meinen sollte. Auf hundert Spekulanten kommen sicher neunundneunzig Haussiers und nur ein Baissier. Baissier zu sein ist an sich schon eine geistige Entartung, fast eine Art perverser Sucht nach dem Schmerz, aber es handelt sich dabei um den Schmerz der anderen.

Die Inflation

Heute glaube ich mit all der Erfahrung, die ich inzwischen erwerben konnte und die ich damals noch nicht besaß, dass ich außer meiner gefühlsmäßigen Reaktion gegen die Atmosphäre der Superspekulation auch einfach gesunden Menschenverstand gehabt habe. Ich konnte bei einem künstlichen Boom noch keine Diagnose der Inflation stellen, aber ich fühlte instinktiv die Gefahr. Ich erkannte die Symptome einer ungesunden Situation, die für den Zusammenbruch reif war. Es war vielleicht die Rebellion des guten Geschmacks, eines klassischen Gefühls für das Maß aller Dinge angesichts dieser Orgie von schlechtem Geschmack, die sich vor meinen Augen abspielte.

Die Inflation ist im Wesentlichen eine Störung des Gleichgewichts der Werte; man verdient leicht, zu leicht, sodass man mit einer Banknote seine Zigarre anzünden könnte. Das war eine Beleidigung meiner ureigensten Gefühle, der ich doch das Geld auf ein solches Postament gestellt hatte und zusehen musste, dass es als Fidibus gebraucht wurde!

Diese anormale Situation förderte den Erfolg des Wertlosen auf Kosten des Wertvollen.

Von der Börse bis zu den kleinsten Spielhöllen erfreuten sich alle Gebiete des täglichen Lebens der gleichen Atmosphäre. Jedermann konnte König sein, er musste nur heute kaufen, um morgen zu verkaufen, oder morgen kaufen, um übermorgen zu verkaufen.

Diese Melodie war mir vertraut: sie erinnerte mich an die Tulpen, an die Ostindische Kompanie, die Rue Quincampoix, die South Sea Bubble. Ich hatte sie mit meinen eigenen Ohren in Mitteleuropa gehört. Das verfehlte nicht, mich zu beunruhigen; es war etwas faul im Reiche der Finanzen.

Von meinen Gefühlen und Überlegungen geleitet, begann ich, auf Baisse zu spekulieren, und ich verkaufte per Termin ein ganzes gemischtes Sortiment von Wertpapieren in der Absicht, sie später billiger zurückzukaufen.

Der Krach

Die angelsächsischen Nationalökonomen bemühen sich, die Krise von 1929 aufzuklären, indem sie ihr je nach dem jeweils ins Licht gerückten Standpunkt eine andere Erklärung geben. Die Erhöhung des Diskontsatzes durch die Bank von England scheint nicht das entscheidende Moment gewesen zu sein, wie man manchmal annimmt. Die amerikanische Zentralbank, die Federal Reserve Bank, hatte den Zinssatz für Geld mehrmals ohne merkliche Rückwirkungen auf die Börse der Wall Street erhöht, die trotz Wind und Wetter weiterblühte.

Im September 1929 brach in London der Photomaton-Krach[47] aus. Das war mehr als ein Finanzkrach, es war ein Skandal, der erste seit dem Kriege. Im Zusammenhang mit Clarence Hatry, dem höchsten Chef von Photomaton, sprach man bald von Betrug; dieses Wort sollte später noch allzu häufig auf Oustric, Kreuger, Stavisky und andere angewandt werden. Die psychologischen Rückschläge waren bedauerlich. Das Vertrauen war mit einem Schlage zerstört: Man stellte Fragen. Waren die neuen Industriezweige nicht auf Sand gebaut? Das Radio, die Kunstseide, die Autos – all diese Industrien, die sich so schnell entwickelten, würden sie nicht auch eines Tages mit Verlust arbeiten? Man begann an der Solidität der Konzentration in großem Maßstabe zu zweifeln, die die Trusts[48], die Holdinggesellschaften, eng miteinander verflocht. Man gründete serienweise Gesellschaften. Die Muttergesellschaften brüteten Tochtergesellschaften aus, die dann die Aktien der ersten aufkauften. Man wusste nicht mehr, wer Tochter und wer Mutter war …

Nur eines war augenfällig: Alle Aktien stiegen, ohne dass man so recht wusste, wer die Fäden zog.

Die einfachste und logischste Erklärung ist: wenn eine Frucht reif ist, platzt sie. So war es zwei Jahre früher gewesen, am berüchtigten

47 Photomaton: Englische Gesellschaft, die die heute in der ganzen Welt bekannten automatischen Fotoapparate auf den Markt brachte. Der Konkurs der Gesellschaft im Jahre 1929, wenige Wochen vor dem großen Krach, zog weite Kreise.

48 Trust – Holding – Konzern: Gruppierungen von Kapitalien zu verschiedenen Zwecken und unter verschiedenen Rechtsformen.

Freitag, dem 13. Mai 1927, als der weite Kreise ziehende Börsenkrach von Berlin den Ausbruch der Krise in Deutschland angezeigt hatte. Das gleiche Phänomen wiederholte sich in New York.

Am 22. Oktober 1929 hatte eine erste große Verkaufswelle an der Wall Street eine Depressionsstimmung hervorgerufen und im Umkreis der Telegrafenbüros eine gewisse Nervosität erzeugt.

Am folgenden Tage war die Börse nicht schlecht. Viele Leute hielten das für den richtigen Moment, ihr Portefeuille aufzufüllen, und hatten Kaufaufträge gegeben, um die niedrigen Kurse auszunützen. Am folgenden Tage, Donnerstag, dem 24. Oktober, war die Tendenz zuerst gleichbleibend. Dann war es wie ein Weltuntergang, ein Albdruck der Apokalypse. Eine Lawine von Verkäufen, die ohne Widerhall blieben, verschlang die Wall Street mit Haut und Haar. Zufällig beobachtete an jenem Tage ein berühmter Besucher, Winston Churchill, von den Galerien aus das von Panik ergriffene Publikum, das zu den Ausgängen drängte. Geschrei stieg von der Broad Street herauf, aufgeregte Menschenmengen rotteten sich zusammen und ließen sich von der Polizei nicht zerstreuen.

Ohne Hut und Regenschirm eilte Charles Mitchell, der Präsident der National City Bank, im Laufschritt zur Wall Street Nr. 23 in J. P. Morgans[49] schallgedämpftes Büro. Es lag in einem zweistöckigen Palais zwischen den Wolkenkratzern, einige Quadratmeter Fläche auf dem teuersten Grund und Boden der Welt.

Der Besucher keuchte, doch John Pierpont Morgan II. bewahrte Ruhe; auf seinen Zügen war so etwas wie innere Befriedigung zu erkennen. Er dachte an seinen Vater, John Pierpont Morgan senior, der im Jahre 1907 die Wall Street vor der Katastrophe gerettet hatte.

---

49 Morgan: John Pierpont Morgan, Gründer der größten amerikanischen Privatbank. Sehr aktiv in der Reorganisation der Eisenbahnen, in der Einführung des amerikanischen Banksystems und von Anfang an bei der Emission ausländischer Anleihen beteiligt. Sein Sohn, John Pierpont Morgan jr., übernahm die Leitung der Bank und war, wie sein Vater, ein großer Mäzen (Kunst, Mildtätigkeit, Stiftungen). Der Name Morgan hatte in Amerika den gleichen Klang wie der Name Rothschild in Europa. Das Bankhaus Morgan ist kürzlich in der Firma Guarantee Trust aufgegangen.

Und nun, zweiundzwanzig Jahre später, kam man immer noch Tag für Tag hilferufend zu den Morgans.

»Es muss etwas geschehen, oder alles geht kaputt«, sagte Mitchell, das Orakel der Hausse an der Wall Street, mit zitternder Stimme.

»Berufen wir doch gleich hier eine Konferenz der Bankiers ein«, antwortete J. P. Morgan.

Man war sich des Dramas noch nicht ganz bewusst geworden. Am nächsten Morgen schrieb das Wall Street Journal voll Vertrauen und Blindheit: »Es ist nur eine natürliche und gesunde Reaktion der Börse. Gewisse Wertpapiere erzielten übersteigerte Preise und eine Korrektur war notwendig.«

Das zeugt von einer unsinnigen Naivität.

Es liegt auf der Hand, dass die Kurse niemals dem wahren Wert entsprechen. Sie sind immer entweder zu hoch oder zu niedrig. Wäre es möglich, den genauen Wert einer Industriefirma anzugeben, dann gäbe es überhaupt keine Börse. Es gäbe einen festen Preis für die Aktien, der täglich und für jeden gleich wäre.

Die Schätzungen und Beurteilungen hängen von der Person des einzelnen ab: Ein und derselbe Mensch hat über die Aussichten und die Zukunft einer Unternehmung jeden Tag eine andere Ansicht. Eine Vielzahl von Faktoren beeinflusst das Urteil, und sogar die gute oder schlechte Stimmung des Käufers oder Verkäufers spielt eine Rolle.

Infolgedessen schwanken die Kurse unter dem Druck von Angebot und Nachfrage. Es müsste interessant sein, alle Verkaufs- und Kauforders eines einzigen Börsentages daraufhin zu untersuchen, welche Beweggründe die Verkäufer und Käufer zur Erteilung ihrer Aufträge veranlasst haben. Das Ergebnis würde eine Unmenge von unerwarteten Gründen ans Licht bringen, aber gewisse entscheidende Faktoren würden immer dabei sein:

1. die Menge von Geld
2. die Menge von Wertpapieren
3. die wesentlichen psychologischen Faktoren: Optimismus und Pessimismus

Wenn es mehr Geld als Wertpapiere gibt und wenn das Publikum die Zukunft rosig sieht, dann steigen die Kurse. Wenn es auf dem Markt weniger Geld als Wertpapiere gibt oder wenn die Zukunft unsicher erscheint, dann fallen die Kurse.

Diesen Problemen gleichzeitig sahen sich die fünf größten New Yorker Bankiers gegenüber, als sie sich im Büro von J. P. Morgan zu der improvisierten Konferenz zusammenfanden.

Es war keine Zeit mit Besprechungen zu verlieren, die Panik musste eingedämmt, so schnell wie möglich ein Heilmittel gefunden und der richtige Hebel angesetzt werden: Geld. Der strategische Plan wurde in weniger als einer Stunde entworfen. Die Bankiers verpflichteten sich, die für die damalige Zeit gigantische Summe von 240 Millionen Dollar einem Stützungsfonds zur Verfügung zu stellen, der die Wall Street durch seine Aufkäufe wieder flottmachen sollte. Der Vizepräsident der Stock Exchange, Richard Whitney, wurde beauftragt, die Rettungsaktion zu leiten. Er erschien persönlich im großen Saal der Wall Street und erteilte mit lauter Stimme, so laut er konnte, damit ihn jeder höre, Kaufaufträge zu Kursen, die man den ganzen Tag über nicht gehört hatte: 1.000 Aktien »Steel« zum Kurs von 205, nachdem diese Aktie schon bei 190 keine Käufer gefunden hatte.

Aber die Krankheit war tödlich und diese Bluttransfusion konnte nur eine leichte Besserung bringen, ohne das Übel an der Wurzel zu packen. In den nächsten Tagen folgten angesichts einer Flut von Angeboten bei ständig sinkenden Preisen auf massive Verkäufe noch massivere Verkäufe.

Die Gebäude der Wall Street blieben auch nachts hell erleuchtet und waren voll Betriebsamkeit, weil die Angestellten die Höhe der Sicherheitsleistungen der Kunden nachprüfen mussten. In aller Eile ließen die Makler Rundschreiben drucken, mit denen neues Geld angefordert wurde. Die Telegramme überstürzten sich: »Bitte Deckung erhöhen.« Aber in den Umschlägen, die daraufhin kamen, waren keine Schecks, sondern nur Aufträge: »Verkauft.« Das flüssige Geld war verschwunden.

Am 29. Oktober wurde eine neue Konferenz, diesmal geheim, in den Souterrainräumen der Wall Street abgehalten. Würde man die Börse schließen?

Es nützt nichts, es ist schon zu spät, stellten die Bankiers niedergeschlagen fest.

Die Verluste waren entsetzlich. Der Aktienmarkt hatte einen verhängnisvollen Schlag erhalten, einen Keulenschlag, der das Wirtschaftsleben völlig erschütterte.

Um wenigstens etwas zu retten, versuchte man mit einigen Worten, das Vertrauen wiederherzustellen, die wundervolle »prosperity« zurückzubringen. Eine Pressekampagne, offizielle Erklärungen mit hoffnungsvollem Grundton, Aufforderungen, die Ruhe zu bewahren – alles nützte nichts. Die Spekulanten hatten den Kopf verloren und konnten den Nervenschock nicht überwinden. Für schöne Reden war es zu spät: Die öffentliche Meinung war völlig umgeschlagen. Ein grenzenloses Misstrauen hatte das grenzenlose Vertrauen abgelöst. Eine allgemeine Hoffnungslosigkeit breitete sich genauso aus wie vorher der tolle Rausch. Es war nicht einfach nur eine Nervenkrise, sondern ein schnell um sich greifender Bazillus.

Die Deflation

Eine Begleiterscheinung der immensen Börsenverluste war die täglich schlimmer werdende Lähmung der Kaufkraft. Die auf Kredit gekauften Wohnungen, Autos, Radios und Kühlschränke waren vor allem von dem Boom an der Wall Street abhängig. Der kleinste Angestellte hatte nicht gezögert, sein Budget zu überschreiten, weil er sicher war, aus seinen Börsengewinnen die Ratenzahlungen leisten zu können. Aber all das war vorbei. Und vom Verbrauch breitete sich die Krise auf alle Produktionszweige aus. Vom leichten Leben, von der guten Stimmung blieb nichts als ein Aschenhäuflein übrig.

Hunderte von Anekdoten lassen mit Galgenhumor die Atmosphäre dieser trüben Jahre wiedererstehen.

Ein Spekulant kommt eilig in ein Restaurant in der Wall Street, bestellt Austern, eine Suppe, ein Steak, Gebäck und Kaffee. Da es ihm zu lange dauert, bis der Kellner die Austern öffnet, läuft er über die Straße, um rasch einen Blick auf die Meldungen zu werfen.

»Bestellen Sie die Austern ab!«, brüllt er.

Er blickt wieder auf den »ticker« – die Baisse verstärkt sich.

»Bestellen Sie die Suppe ab!«

Er dreht sich wieder zum Ticker …

»Bestellen Sie das Steak ab!«

So geht es weiter, bis zum Kaffee. Statt Mittag zu essen, muss der arm gewordenen Spekulant den Kellner bitten, ihm ein Glas Wasser und viel Aspirin zu bringen.

Die Wolkenkratzer waren verlassen. Leer die dreihundert Meter hoch gelegenen Büros von Chrysler, leer die Riesen aus Beton und Glas, Symbole der früheren Prosperität, der verflossenen schönen Zeit.

Die Zahl der Selbstmorde erhöhte sich unablässig.

Als ein Engländer in einem New Yorker Hotel ein Zimmer in einer der obersten Etagen verlangte, um die Aussicht besser genießen zu können, wurde ihm geantwortet: »Wollen Sie da schlafen oder herunterspringen?«

Die Amerikaner, die eine Schwäche für Statistiken in guten und schlechten Zeiten haben, versäumten nicht, das Ausmaß der Katastrophe ziffernmäßig festzuhalten:

123.884 erfolgreiche Spekulanten, die mit einem Cadillac in der Wall Street vorgefahren waren, mussten zu Fuß nach Hause gehen.

173.397 verheiratete Männer mussten ihre Mätressen verlassen, die sie sich jetzt nicht mehr leisten konnten, und zu ihren angetrauten Ehefrauen zurückkehren.

Die Münze prägte 111.835.248 Nickels (5-Cent-Stücke) für die Leute, die nie zuvor mit der Untergrundbahn gefahren waren und jetzt die Bekanntschaft mit der Subway machen mussten.

Die soziale Hierarchie fiel auseinander. Die Millionäre von gestern verkauften Äpfel an den Straßenecken. Die Einwanderer verloren alles, was sie besaßen, nur nicht ihren Akzent. Eine Fabrik nach der anderen musste die Arbeit einstellen und Millionen von Arbeitslosen forderten Unterstützung von der machtlosen Regierung. Die Deflation drohte die Vereinigten Staaten von Tag zu Tag mehr zu ersticken. Und es gab nicht den kleinsten Hoffnungsschimmer am Horizont. Überall krachte es.

Die Politiker, die Leute von Theater und Film bis zu den Super-Hellsehern bemühten sich vergeblich, das Ende des Albdrucks vorauszusagen. Sogar auf den Brettln sang man: »Es kommen bessere Zeiten. Prosperity ist auf dem Weg.«

Die Tiefe des Abgrunds lässt sich an Zahlen am besten erkennen:

Aktienkurse in Dollar	1929	1932
Radio Corporation (Elektroindustrie)	115	3,5
New York Central (Eisenbahnen)	256	5
Chrysler (Automobile)	135	5
General Motors (Automobile)	92	1¼
General Elctric (elektrische Apparate)	220	20
Montgomery Ward (Warenhaus)	70	3
United Steel (Stahlwerk)	375	22

In diesen dunklen Tagen brachten die Wahlen vom November 1932 einen von der Vorsehung geschickten Mann ins Weiße Haus: Franklin Delano Roosevelt. Er allein trug die Verantwortung für die Zukunft, für die Rettung eines Kontinents. In dem Augenblick, da die Regierung Roosevelt das Amt übernahm, hatte die Panik ihren Höhepunkt erreicht.

Als Erste schlossen die Banken des Staates Michigan vor Angst ihre Schalter. Und ihnen folgten die Banken der 47 anderen Staaten (damals hatte die amerikanische Flagge nur 48 Sterne). Man fragte sich, was aus der Wall Street werden sollte. Die Banken konnten nach der Verabschiedung eines neuen Währungsgesetzes, das den Dollar um 40 Prozent abwertete, ihre Tätigkeit wieder aufnehmen. Aber es war wesentlich mehr als eine Devalvation[50]. Es war der Beginn einer Revolution, der Beginn von wirtschaftlichen, finanziellen und sozialen Reformen, die den Vereinigten Staaten eine neue Struktur gaben und aus einem kranken, sehr kranken Lande einen neu aufblühenden Staat machten.

50 Devalvation: Neue Festlegung des Wechselkurses einer Währung, indem ein geringeres Goldgewicht pro Währungseinheit festgesetzt wird.

Der Mann, den die Krise der Wall Street für vierzehn mühevolle Jahre an die Macht gebracht hatte, hat sich einen Ehrenplatz in der amerikanischen Geschichte erobert.

Europa

Das europäische Panorama war zwar bei Weitem nicht so dramatisch, aber dennoch während der letzten Jahre der Prosperität stark verdüstert. Durch die amerikanische Spekulationswut hatte die Wall Street, der magnetische Schwerpunkt der Weltspekulation, alle verfügbaren Kapitalien an sich gezogen. Das machte es für die europäischen Märkte umso schlimmer. Die Spekulanten von jenseits des Atlantiks gaben sich gar nicht erst die Mühe, ihr Geld zu 7, 8 oder selbst 9 Prozent anzulegen, die sie in Europa erhalten konnten. Sie kauften lieber Papiere, deren Wert sich manchmal in weniger als zwölf Monaten verdreifachte. Die Geldrestriktionen machten sich bemerkbar. Die Lage wurde in dem Maße angespannter, in dem die amerikanischen Kapitalien sich zurückzogen und ins eigene Land heimkehrten.

Dass der Dollarstrom erst langsamer floss, dann ganz aufhörte, schadete in erster Linie den Ländern mit geringerer wirtschaftlicher Widerstandskraft.

Im Jahr vor dem Börsenkrach hatte der Boom alle Kapitalien angesaugt, und nach dem Krach war kein flüssiges Geld mehr vorhanden. Andererseits hatte der europäische Handel seinen größten Kunden beinahe verloren. Die amerikanischen Banken hatten kein Geld, um Europa zu finanzieren, das amerikanische Publikum keines, um in Europa zu kaufen.

Bald mussten alle Regierungen in Mitteleuropa die Bezahlung der Coupons und die Amortisation ihrer Obligationen einstellen.

In Deutschland und Ungarn schlossen die Banken; das Chaos war allgemein.

»Solide wie die Bank von England« – diese Redensart verlor in jenen traurigen Jahren ihre Berechtigung.

»Die alte Dame der Threadneedle Street«, wie die Engländer sie nach dem Namen der Straße, wo sich die Bank von England befindet, liebevoll nennen, hatte traditionsgemäß geringe Goldreserven. Als das Kapital seinen Exodus begann, begab sich Norman Montaigu, Gouverneur der Bank von England, persönlich zur Bank von Frankreich und bat um Gold. Aber die Kassen der Bank von England waren löchriger als die Fässer der Danaiden. Die internationale Spekulation setzte auf die Abwertung des Pfund Sterling. (Unter den Spekulanten aus aller Welt befand sich auch der damalige Ministerpräsident Pierre Laval.)

Der Versuch schlug fehl, und die englische Regierung musste ein Embargo[51] auf die Goldverkäufe erlassen. Die Einlösbarkeit von Pfund gegen Gold wurde aufgehoben und der Pfundkurs an den ausländischen Börsen sank. Der Coup war gelungen. Die Spekulanten konnten enorme Gewinne einstreichen.

Auch die Engländer waren zufrieden. Sie waren überzeugt, dass das vergängliche Element das Gold war und nicht ihr Pfund, das immer noch 20 Schilling wert war. Die *Daily Mail* verkündete stolz in einer Balkenüberschrift von acht Spalten: »Alles geht gut, das Pfund ist endlich von den Fesseln des Goldes befreit.«

Es war in der Tat der erste Schritt, um das Gold seines Mythos zu entkleiden. Der zweite Schlag gegen den Fetisch Gold wurde später und mit sehr viel größerer Kraft durch den rooseveltschen New Deal geführt.

Seit 1928 hatte der Rückfluss der Kapitalien an die Wall Street die europäischen Börsen allmählich immer bedeutungsloser werden lassen. Aber nach dem Börsenkrach wurde das Gesetz der kommunizierenden Röhren wirksam und das Börsengeschäft in Europa verschlechterte sich zusehends.

Durch das Absacken der europäischen Börsen begann meine Stellung als Baissier Früchte zu tragen.

Jeden Abend saß ich an meinem Tisch und machte Tagesbilanz, und wenn ich meine Zahlenreihen addierte, stellte ich mit Befriedigung fest,

51 Embargo: Ausfuhrsperre oder -verbote für bestimmte Waren. Ursprünglich war ein Embargo (span. = »ich blockiere«) eine Verfügung, durch die ein Schiff in einem Hafen zurückgehalten oder am Anlaufen eines Hafens gehindert werden konnte.

dass mein alter Traum Wirklichkeit geworden war. Jeden Abend hatte ich das Gefühl, wieder einen Sieg errungen zu haben.

In nackten Zahlen waren meine Gewinne nicht sehr groß, aber in meinen Augen gewannen sie Bedeutung als meine Rache vor allem an den anderen und an ihrem Geld und als Beweis für meine Intuition.

Ich hatte doppelt verdient. Denn die Kaufkraft des Geldes war aufgrund der allgemeinen wirtschaftlichen Auszehrung gestiegen. In der Deflation hat das Geld einen sehr viel größeren Wert als in der Inflation. Während einer Inflationsperiode schmilzt das Gold tatsächlich zusammen, ehe es überhaupt in Umlauf kommt, und man braucht einen Koffer voll Banknoten, um eine Restaurantrechnung zu bezahlen. In der Zeit der Depression galt das Geld umso mehr, als alle anderen Leute weniger hatten.

In Europa hatte der Börsenkrach bei Weitem nicht die Heftigkeit der Panik, von der die Wall Street ergriffen war, weil die Börsen konservativer waren und die Unternehmungen sich auf solidere Basen stützen konnten.

Neben und zusätzlich zu der normalen Börsen-Baisse begünstigtem mich der Zufall, die Umstände, vielleicht auch die »Nase« bei einigen weithin hallenden Wirtschaftskatastrophen, die aus sehr verschiedenen Gründen meine Existenz beeinflussten.

Der Oustric-Krach

Albert Oustric war unbestritten einer der Könige der Hochfinanz, ein in Paris sehr bekannter Mann, der überall die Hand im Spiel hatte. In den Salons wie an den Börsen erzählte man sich von seinen Erfolgen, von seinen vielfältigen, sehr komplizierten Geschäften, die von Peugeot-Autos bis zu Linoleum, von Schuhen bis zu bolivianischen Silberminen und Kunstseide reichten, ohne die chemischen Reinigungen und alles andere zu rechnen.

Oustric besaß das »Gewusst wie« und ging auf folgende Weise vor: Er hatte für seine verschiedenen Geschäfte zwei Finanzierungsgesellschaften gegründet, die »Holding Française«, im Börsenjargon die »Holfra« genannt, und »L'Extension de l'Industrie Française« (Entwicklung der französischen Industrie). Die Aktien dieser beiden Gesellschaften dienten ihm lediglich als Mittel zum Zweck bei seinen Börsenmanipulationen.

Durch massierte Käufe, die er selbst durchführte, trieb er die Kurse dieser Aktien unter Aufblähung des Preises in die Höhe: Das war das Mittel, um zusätzliche Kredite auf die Werte zu erhalten, die er zur Deckung bei den Banken benutzt hatte.

Darüber hinaus bewirkte er damit, dass eine stattliche Anzahl von Spekulanten Lust bekam, sich auf die Baisse zu verlegen, weil sie – und das aus gutem Grunde – überzeugt waren, dass die Preise übersteigert waren, und weil sie bei der Baisse einen Gewinn machen wollten. – Ich gehörte zu diesen.

Die Spekulanten verkauften die Effekten blanko, ohne sie zu besitzen, und Oustric kaufte sie. Da die Preise an jedem Ultimo stiegen, mussten die Baissiers die Verluste bezahlen, die sie erlitten hatten, und die Differenzen ausgleichen. Viele von ihnen gerieten in Bedrängnis und konnten nicht mehr zahlen. Sie bereinigten ihre Konten, indem sie von Oustric die Effekten zu einem Preis, den er diktierte, zurückkauften.

Dieses Verfahren wurde mehrfach wiederholt, und Oustrics Gewinne stiegen … auf dem Papier, wohlgemerkt.

Solche Geschäfte können nur einem Finanzmann glücken, dem ein unbegrenztes Kapital zur Verfügung steht. Denn um den Preis zu halten, muss man ununterbrochen kaufen. Aber die Möglichkeiten von Oustric waren nicht unbegrenzt. Der größte Teil der Mittel, mit denen er manipulierte, stammte aus Bankkrediten und von Börsenmaklern, also aus unsicheren Quellen, die von heute auf morgen versiegen konnten. Der Baisse-Spekulant muss allerdings auch einen soliden finanziellen Unterbau haben, weil die im Voraus zu zahlenden Differenzen immer höher werden.

Dieses auf »überspannten Krediten« aufgebaute Gerüst konnte durch den kleinsten Zwischenfall zum Einsturz gebracht werden. Die Deckung bei den Banken war dünn und bestand einzig und allein aus Wertpapieren der Oustric-Gruppe, die nach einem durch seine eigenen

Käufe künstlich hochgetriebenen Kurs bewertet wurden; die neuen Käufe wiederum wurden mit kurzfristigen Krediten finanziert – kurz gesagt, es war ein riesiges Kartenhaus. Es genügte, dass nur einer der zahlreichen Gläubiger die Kredite kürzte oder eine bessere Absicherung verlangte, zum Beispiel durch erstklassige Wertpapiere anstelle der Oustric-Werte, dann fiel alles zusammen!

Und so kam es auch. Zuerst zeigten die Papiere eine leichte Baisse-Tendenz, die ausreichte, um einige der Gläubiger ihre Forderungen erhöhen zu lassen. Eine Folge davon war, dass Oustric weniger Geld zur Verfügung hatte, um die Käufe fortzusetzen. Die Preise fielen daher stärker. Die Gläubiger schimpften und forderten mehr. Das war der Circulus vitiosus, der den Finanzier seinem Untergang entgegenführte, und mit ihm alle, die in seinem Kielwasser geschwommen waren. Der Sturz war fürchterlich.

Ich aber strich weiterhin meine Gewinne ein, meine täglichen Bilanzen waren jeden Abend besser.

Es kam der verhängnisvolle Tag, da Oustrics Schwierigkeiten der Öffentlichkeit nicht länger verborgen blieben. Ich hatte schon lange darauf gewartet. Das Drama war in den Börsenräumen und beim Publikum offenkundig, und die Papiere konnten an der Börse nicht notiert werden.

Bankiers, Makler und Remisiers teilten sich gegenseitig ihre Ängste mit, die sie bedrückten. In dem allgemeinen Tumult kotierte man unverbindlich bei fiktiven und sicherlich unverkäuflichen Kursen den Preis der »Holfra« zum Beispiel mit 90 Franc, und außerhalb der Börse kaufte ich das gleiche Papier zusammen mit anderen »nassen Füßen« am gleichen Tag für 3 Franc!

Der Krach warf außer Oustric etwa fünfzehn Börsenfirmen zu Boden: Makler und eine große Zahl von Vermittlern und Gläubigern aller Art, Kunden, Freunde von Kunden und stille Gesellschafter. Er zog auch zwei alte Bankhäuser von sehr gutem Ruf mit hinein, unter ihnen die Banque Adam, die Bank der Fischer von Boulogne, die älter war als die Bank von Frankreich (gegründet im Jahre 1776), und die Hochseefischerei musste für 14 Tage eingestellt werden. Kettenreaktionen zogen sogar das Pfund

Sterling in Mitleidenschaft, das auf verschiedenen Effektenmärkten einige Punkte nachgab. Die beunruhigten französischen Kreditinstitute wollten auf einen möglichen Ansturm ihrer Kunden auf die Schalter vorbereitet sein und verkauften die Pfund Sterling, die sie besaßen, um sich flüssiges Geld zu beschaffen. Und durch diese massiven Verkäufe fiel das Pfund.

Ebenso wie der Krach Hatry zwei Jahre früher das Misstrauen der Stock Exchange an der Wall Street erweckt hatte, wurde jetzt die Pariser Börse von einer unverhüllten Sorge erfasst.

Worauf stützt sich der Markt? Wird er den Schlag auffangen? Unter dem Druck dieser Fragen gaben gewisse Werte nach. Ein zweiter Krach gab ihnen den Todesstoß: der Krach Devilder. Die Methode ähnelte merkwürdig der Oustric-Affäre, mit dem einzigen Unterschied, dass Devilder seine Holdinggesellschaften an Geschäfte mit polnischem Petroleum und russischen Metallen »angehängt« hatte. Das Ergebnis war das gleiche: Konkurs, Zusammenbruch, fiktive Kurse. Aktien, die mit 2.000 Franc kotiert waren, konnte man für 50 Franc kaufen.

Ich hatte in gewisser Weise richtig gesehen, als ich das Ende von Oustric und den anderen genau voraussagte.

Oustric war weder Bankier noch Finanzmann noch Industrieller, ja nicht einmal Hans-Dampf-in-allen-Gassen. Er war nur ein genialer Pokerspieler, der die Psychologie seiner Partner am Spieltisch kannte, als hätte er ihnen in die Karten gesehen. Nur, er hatte keinen Kredit und kein Bargeld, und das führte ihn unvermeidlich ins Verderben.

Und ich, ich stellte während dieser Zeit weiterhin jeden Abend meine Rechnung auf. Meine Geschäfte gingen gut, sehr gut. Durch das Abbröckeln einiger Effekten und die Katastrophe anderer rundeten sich meine Gewinne.

Mich in dem Alter, wo andere gerade ihre Ausbildung beenden, ins Rentnerdasein zurückzuziehen, das erschien mir mit Recht eine mögliche, aber unannehmbare Idee. Ich hatte keinen guten Onkel, der mich in sein Haus aufnehmen und mich veranlassen konnte, meine Gewinne in eine Lebensrente zu 3 Prozent umzuwandeln! Ich war frei und das Spiel reizte mich. Der Appetit kommt beim Essen. Der Erfolg ermutigte mich, weiterzumachen. Statt für die Sparkasse entschied ich mich für die Investierung meiner Gewinne in neun Baisse-Spekulationen. Und ich verdiente weiter, weil die Kurse weiter fielen.

Jetzt, da ich die Mittel dazu hatte, wollte ich teilhaben an den Annehmlichkeiten des Lebens! Aber dabei machte ich eine peinliche Entdeckung: Mein philosophischer Rationalismus hatte dazu geführt, dass ich verdiente, während die anderen verloren. Mein Wunsch war erhört worden, allein meine Voraussicht hatte bewirkt, dass ich mich für die Geschäfte der Börse entschied. Angesichts des Schauspiels, das sich meinen Augen bot, war ich aufs Höchste betroffen.

Meine Freunde, meine Kameraden, alle Leute, die ich gern hatte, waren ruiniert. Sie hatten in dieser Krise entweder ihr Geld oder ihre Stellung und auch ihre Ersparnisse verloren und wussten nicht, was morgen sein würde. Ich dagegen konnte mir jetzt jeden Luxus leisten und alle Vergnügungen, die ich mir erträumt hatte.

Die Restaurants, die Nachtlokale standen mir offen, denn meine Brieftasche war gefüllt, und ich konnte den Kopf hoch tragen, aber das Herz – das Herz der anderen – war nicht dabei. Die Atmosphäre war dahin. Das fröhliche Lachen war verklungen, an seine Stelle waren Verbitterung und schlechte Laune getreten. Ich war allein, allein mit mir selbst. Überall wurde etwas zum Verkauf angeboten, und ich hatte keinen Spaß mehr am Kaufen. Ich hatte begriffen, dass der Kaviar kein Vergnügen macht, wenn sich meine Kameraden vor meinen Augen mit einer Tasse Kaffee begnügen müssen.

Ich ging traurig einher, wagte nicht, glücklich zu sein, und konnte es auch gar nicht sein. Ich kam mir viel schlechter vor, als ich wirklich war. Eine Idee drängte sich mir auf: Es ist besser, gleichzeitig mit den anderen zu verdienen, natürlich etwas mehr als sie zu verdienen, aber doch im gleichen Strom wie sie zu schwimmen. Mein Glück bedrückte mich beinahe. Meine Überzeugung, man müsse auf Baisse spekulieren, begann schwankend zu werden. Eines schönen Tages traf mich der fatale Schlag, der mich vollständig verwandelte. Es war eine Tragödie, bei der sich die Schauspieler am Schluss der Vorstellung nicht mehr erheben konnten, um sich für den Beifall zu bedanken.

Der Kreuger-Krach

Es war ein Samstagnachmittag. Die herrliche Baritonstimme schwieg für immer. In tiefem Ernst hatten sich die Pariser zum Staatsbegräbnis für Aristide Briand auf den Champs-Elysées eingefunden. Nach der Zeremonie zerstreute sich die Menge. Ich wusste nicht recht, was ich anfangen sollte, und ging, um die Zeit totzuschlagen, zum Plaudern in das Büro eines Freundes, eines amerikanischen Börsenmaklers, auf den Champs-Elysées; ich warf einen Blick auf die letzten Börsenkurse.

Damals gab es an Samstagen nur eine sehr kurze Nachmittags-Börse – zwei Stunden. Bei einem sehr ruhigen Markt hatte sich jedoch eine merkwürdige Sache ereignet. Ein einziger Wert war Gegenstand riesiger Transaktionen gewesen. Hunderttausende von Kreuger-og-Toll-Aktien des großen schwedischen Streichholztrusts wurden gehandelt – während der ganzen Börsenzeit zu einem und demselben Kurs, dem gleichen wie am Vorabend. Ich war neugierig, da ich mit den Kreuger-Aktien auf Baisse spekuliert hatte.

Die Idee von Ivar Kreuger, dem schwedischen Streichholzkönig, war ebenso einfach wie gescheit.

Die mittel- und osteuropäischen Länder brauchten Geld. Kreuger war bereit, es ihnen zu besorgen. Als Entgelt ließ er sich das Streichholzmonopol einräumen, das lukrativ genug war, um einen interessanten Gewinn zu sichern. Nur besaß Kreuger leider nicht die großen Summen, die zum Beispiel Deutschland brauchte.

Er emittierte Anleihen. Für diese Anleihen diente das ihm eingeräumte Monopol als Sicherheit. Der größere Teil wurde in den Vereinigten Staaten gezeichnet – oder hätte gezeichnet werden sollen. Er wollte nicht an den Differenzen aus dem Zinssatz, sondern nur an den Gewinnen aus der Streichholzfabrikation verdienen. Die Methode war nicht neu: die Hergabe von Krediten im Austausch gegen ein Monopol war im 16. Jahrhundert die große Spezialität der Fugger gewesen.

Die Fugger hatten in Schwierigkeiten geratenen Fürsten Geld geliehen und dafür das Privileg eines Handels oder der Ausbeutung von Bodenschätzen erhalten. Der König von Portugal hatte ihnen eine Zeit lang das Monopol des Pfefferhandels eingeräumt, und der spanische König überließ ihnen die Ausbeutung seiner Silber- und Kupferminen.

Kreuger hatte dieses System in moderner Zeit aufgegriffen, und er bediente sich der Effekten, der Inhaber-Obligationen, um amerikanisches Kapital nach Mittel- und Osteuropa zu schleusen.

Die Schuldnerländer waren:	**Zu den Gläubigern gehörten in erster Linie:**
Ungarn	die Niederlande
Rumänien	die Vereinigten Staaten
Deutschland	die Schweiz
Jugoslawien	und Großbritannien,
Polen	
und gewisse südamerikanische Staaten.	

also alle kapitalistischen Länder des Westens.

Die Angelegenheit erschien vernünftig und durchführbar. Sie hätte es sein können, wenn die Schuldnerländer solvent geblieben wären. Der wahre Grund für den Zusammenbruch war sicherlich nicht eine von Ivar Kreuger begangene Unanständigkeit, sondern einfach die politischen Ereignisse, die sich auf Mitteleuropa auswirkten.

Kreuger beurteilte die finanzielle Struktur und die wirtschaftliche Zukunft dieser Länder falsch. Er war Ingenieur, Industrieller, aber bestimmt kein erfahrener Bankfachmann und kein zünftiger Spekulant. Sonst hätte er sich nicht auf eine solche Sache eingelassen. Aber da er weder die eine noch die andere dieser Qualitäten besaß, endete alles tragisch.

Deutschland, Rumänien, Ungarn und die anderen Schuldner stellten eines Tages die Zahlung der Zinsen und der Amortisationsbeträge ein. Diese Tatsache allein hätte nicht ausgereicht, den Zusammenbruch des Kreuger'schen Industriereiches herbeizuführen, wenn die herausgegebenen Obligationen tatsächlich beim Publikum untergebracht gewesen wären; in diesem Falle hätten die Inhaber der Obligationen ihren Einsatz oder einen Teil ihres Einsatzes verloren, aber die Emissionsgesellschaft hätte nicht wegen der Zahlungsunfähigkeit der Schuldner über die Klinge zu springen brauchen. Der Crédit Lyonnais, der die Unterbringung der russischen Renten besorgt hatte, stand nicht schlechter da, als die UdSSR sich weigerte, die Anleihen des zaristischen Russlands anzuerkennen, wenn auch die Inhaber der Obligationen dabei ihr Geld verloren. Und die Bank Rothschild ist auch nicht umgefallen, als eine große Zahl von ausländischen Anleihen, die sie beim Publikum untergebracht hatte, faul wurde.

Aber Kreuger verfügte weder über Tausende von Bankschaltern wie die großen Kreditinstitute, noch besaß er den Ruf der Rothschilds. Er hatte nicht alle Obligationen unterbringen können. Ein großer Teil war an ihm hängen geblieben; er gab diese Papiere bei verschiedenen Banken »in Pension« (das heißt als Deckung) und erhielt dafür kurzfristige Kredite. Er brauchte diese Summen für die mitteleuropäischen Länder. Für einen einigermaßen scharfsichtigen Spekulanten, der alle Einzelheiten einer finanziellen Operation erfasst, war die Affäre Kreuger klar.

Außerdem erfuhr ich, dass der Syndikus des Verbandes der offiziellen Börsenmakler durch ein geheimes Rundschreiben die siebzig gemeinschaftlich haftenden Verbandsmitglieder aufgefordert hatte, die Summe der Kreuger-Obligationen zu begrenzen, für die sie Kredite garantierten. Die amerikanische Krise war auf dem Höhepunkt. Es bestand auch für eine Besserung der politischen Lage in Mitteleuropa keine Hoffnung mehr. Infolgedessen waren die Kapitalisten nicht sehr begierig, ihr Geld in Kreuger-Obligationen anzulegen.

Die Situation erschien mir kritisch und ich hatte daher keine Bedenken, mich bei den schwedischen Streichhölzern auf Baisse einzustellen. Die Kurse gaben etwas nach, aber Kreuger stützte sich offensichtlich, um die Kreditfähigkeit seiner verschiedenen »Pensionen« bei den Banken und Börsenmaklern nicht zu gefährden. In Paris arbeitete die Bank von Schweden für Kreuger, in New York war es das Bankhaus Lee Higginson – ihre wachsamen Bevollmächtigten kauften ständig, um die Kurse zu halten.

Es bestand wahrscheinlich bei gewissen Banken ein Dauerauftrag, koste es, was es wolle, den Preis von 5,25 Dollar zu halten, selbst wenn das den Erwerb einer großen Menge von Papieren erfordern sollte. So ließen sich die Verkäufe vom Samstag erklären. Angesichts dieser Kauforder waren an jenem Samstag, als mich Briands Begräbnis auf die Champs-Elysées geführt hatte, von geheimnisvoller Seite in zwei Stunden Hunderttausende von Papieren auf den Markt geworfen worden. Woher kamen diese Aufträge?

Ich konnte nicht wissen, dass ein paar Häuser weiter Ivar Kreugers Leiche in seiner Wohnung in der Avenue Victor-Emmanuel lag; bei Eröffnung der Börse an der Wall Street war er schon tot. Die Banken, die Kreugers Interessen vertraten, wussten es auch nicht, sonst hätten sie die Kauforders ihres Klienten nicht ausgeführt.

Ivar Kreuger hatte am Samstagmorgen um 11 Uhr Selbstmord begangen. Unter Berücksichtigung des Zeitunterschiedes hätte die Nachricht vor Eröffnung der Börse in New York bekannt gewesen sein können, aber sie wurde erst sehr spät am Samstagabend veröffentlicht.

Einige Personen hatten das Geheimnis gewusst: einer von Kreugers Teilhabern, der gleichzeitig sein bester Freund war, die Privatsekretärin und die Aufwartefrau, die im Augenblick der grässlichen Entdeckung gerade beim Reinemachen war. Beide Frauen bewahrten Stillschweigen.

Kreugers Teilhaber setzte bei der Polizeipräfektur geschickterweise durch, dass die Nachricht von dem Selbstmord nicht vor dem Abend durchsickerte. Es gelang ihm sogar, die beeindruckten Beamten davon zu überzeugen, dass es sonst eine Weltkatastrophe geben würde, an der sie Schuld hätten!

Der Rang des Verstorbenen, der Großoffizier der Ehrenlegion gewesen war, erforderte Rücksichtnahme. Außerdem waren die Dienststellen der Präfektur wegen des Staatsbegräbnisses für Briand, und weil es ja Wochenende war, spärlich besetzt. In gutem Glauben und überzeugt, das Rad der Geschichte aufzuhalten, fanden sich die Beamten der Präfektur bereit, das Geheimnis zu wahren.

Was für eine unheilvolle Farce! Wem würden die »so lebenswichtigen« zwölf Stunden Aufschub nützen? Würden sie den Gang der Welt ändern? Das sicher nicht, aber für die Handvoll Spekulanten, die noch annähernd 200.000 Titel verkaufen konnten, machten sie einen schönen Unterschied!

Unter denen, die das Geheimnis kannten, befand sich ein hoher Beamter der Polizeipräfektur. Zum Mittagessen hatte er den Verlobten seiner Tochter, einen amerikanischen Journalisten namens Mike W. zu Gast.

»Ich habe eine sensationelle Nachricht für Sie, und Sie werden sicher wissen, wie Sie sie verwenden können oder sogar Nutzen daraus ziehen können, möchte ich sagen. Nur müssen Sie mir Ihr Ehrenwort geben, dass Sie sie nicht vor dem Abend weitergeben. Stellen Sie sich vor, der schwedische Streichholzkönig Ivar Kreuger hat heute morgen in seiner Wohnung Selbstmord begangen.«

Der junge Mann gab sein Ehrenwort. Als gewissenhafter Journalist begab er sich in das Archiv seiner Zeitung, um sich Material über den Lebenslauf des Finanzmannes zu besorgen, ging nach Hause, schrieb einen langen Artikel und kabelte ihn noch am selben Abend an seine Redaktion.

Am nächsten Morgen bekam ich einen Schock, als ich die erste Ausgabe des *Paris-Midi* entfaltete: Überschrift in zehn Zentimeter Größe: »Selbstmord des Finanziers Kreuger!« Die Nachricht war gewaltig, ein Schlag mit dem Holzhammer. Der große Wirbel mit den Aktien am Abend vorher war jetzt erklärt.

Ich hatte wieder verdient, aber diesmal auf Kosten eines Menschenlebens, und der Eindruck war beunruhigend. Es war der entscheidende Schlag; er traf auf einen schon vorbereiteten psychologischen Boden und verleidete mir die Baisse-Spekulation. Ich fühlte mich fast schuldig, jedenfalls hatte ich mir einen gewissen Mangel an Moral zuschulden kommen lassen.

Ich wusste noch nicht, dass Kreugers Tod mein ganzes Leben verändern würde und ich nach diesem Schock durch und durch Optimist und Hausse-Spekulant werden sollte.

Am Montagmorgen stürzten die Kreuger-Werte und konnten kaum noch notiert werden. Ich begann zu kaufen.

Mehrere amerikanische Banken stellten als Folge der massiven Käufe vom Samstag ihre Zahlungen ein.

Der Journalist kam wieder zu seiner Verlobten.

»Nun, haben Sie aus meiner Mitteilung Nutzen gezogen?«, fragte ihn der Vater.

»Aber ja«, antwortete der junge Mann, »der Direktor hat mich zu meinem Artikel beglückwünscht, weil ich dank Ihnen der Erste war, der die Nachricht brachte.«

»So, und weiter haben Sie nichts gemacht???«

Der junge Mann musste seine Einfalt teuer bezahlen. Er bekam die Hand der Tochter nicht, denn er war entschieden nicht reif für den Existenzkampf des Lebens.

Andere Leute, die die Mitteilung – vielleicht aus der gleichen Quelle – erhalten hatten, wussten sie besser zu verwerten. So gut, dass das Komitee der New Yorker Börse eine Untersuchung, die allerdings keinerlei interessante Spur aufdecken konnte, darüber anordnete, welche mysteriösen Umstände die massiven Verkäufe vom Samstag veranlasst hatten.

Der Schock traf mich umso mehr, als ich innerlich Ivar Kreuger nicht für den Betrüger hielt, als den die Weltpresse ihn hinstellte. Der Grundgedanke seiner Geschäfte war anständig und korrekt. Er täuschte sich nur in den Ereignissen und wurde das Opfer der Umstände. Als er schon ins Rutschen gekommen war, versuchte er, sich überall festzuhalten, gleichgültig wo, wie es jeder Stürzende tut. Angeklammert an die Planke, die ihn retten konnte, ließ er sich von einem Ausweg zum anderen treiben, immer weiter, ohne genau die Trennungslinie zwischen dem, was legal ist, und dem, was es nicht mehr und sogar kriminell ist, genau zu erkennen. Das Publikum verlor Milliarden, sicherlich, aber die Verantwortung dafür sollte nicht allein dem gesetzwidrigen Vorgehen von Kreuger zugeschrieben werden, sondern auch den politischen Ereignissen und den finanziellen Verhältnissen in Mitteleuropa. Und bei etwas Toleranz, glaube ich, muss man Ivar Kreuger mildernde Umstände zubilligen.

Das Kreuger-Drama hat mich moralisch verwandelt, es hat mir einen menschlicheren und dementsprechend gesünderen Gesichtspunkt gegeben und mich von der bösen Galligkeit des Pessimisten befreit. Ich entledigte mich meiner Baisse-Verpflichtungen auf der ganzen Linie, wo ich engagiert war. Abgesehen von meiner veränderten seelischen Einstellung gab mir auch mein Instinkt – und vielleicht auch die Logik – ein, dass die Depression, die auf den tollen Boom gefolgt war, in der ganzen Welt den Tiefpunkt auch schon überschritten hatte. Hierfür sah ich mancherlei Anzeichen. Die Börsentendenz schwenkte tatsächlich in der ganzen Welt um. Im Frühling begann mit Roosevelts Amtsübernahme und den Reformen des New Deal eine neue Ära des wirtschaftlichen Aufschwungs und der Börsenhausse in den Vereinigten Staaten.

Ich hatte die große Chance meines Lebens gehabt: Mein eigenes Schicksal glich sich nun dem Lauf der Weltgeschichte an. Meine persönliche Fortentwicklung hatte sich im günstigen Sinne vollzogen, gerade in dem Augenblick, als es notwendig war, und gerade so, wie es notwendig war. Ich war aus dem großen Sturm, der mich erfasst hatte, wie ein ganz neues Wesen hervorgegangen. Und zufällig erlebte zur gleichen Zeit ein großer Teil der Welt auch eine Erneuerung.

Amerika hatte die tödliche Umklammerung, in der es gefangen war, abgeschüttelt. Die tragische Krise des Kapitalismus, die es für immer hätte ersticken können, war endgültig überwunden, ohne dass eine ähnliche Katastrophe je wieder eintreten konnte. Es war die erste ihrer Art und gleichzeitig die letzte.

Von dieser Depression, der Millionen von Menschen zum Opfer gefallen waren, hatte ich weitgehend profitiert. Aber der Nachgeschmack war bitter! Diesmal hatte ich – endgültig – begriffen, dass es besser ist, durch die Hausse zu verdienen, natürlich unter der Bedingung, dass ich ein bisschen mehr verdiente als die anderen …

Ich begann, alle die Werte wieder zu schätzen, die ich vorher so missachtet hatte. Als perfekter Haussier empfand ich jetzt für das Geld Verachtung.

Zur rechten Zeit zog ich diesen Götzen von dem Postament herab, auf das ich ihn gestellt hatte. Ich hatte nun begriffen, dass es andere Dinge im Leben gibt, die zu beschaffen das Geld zwar hilft, die es aber nicht ersetzen kann. Ich hatte es begriffen, aber das Gleiche kann ich nicht von allen meinen Spekulantenkollegen behaupten.

Der Spekulant

Es gab da besonders einen, an den ich mich immer erinnern werde, den Prototyp des Spekulanten.

Er war in seiner Art ein ziemlich ungewöhnlicher Mensch, der sich ganz mit der Börse identifizierte, mit allen Fasern seines Selbst war er eine bessere Verkörperung der Spekulation als jede allegorische Figur.

Schon lange wohnte er in N., aber er hätte auch in jeder anderen Stadt der Welt leben können, vorausgesetzt, dass es dort eine Börse gibt. Sein Einsiedlerdasein war nur erfüllt von Fernschreibern, allen möglichen Jahrbüchern, sämtlichen Kurszetteln der Welt, Finanzzeitschriften, die sich in seinem Büro häuften, das nur dann von einem Lächeln erhellt wurde, wenn er gewonnen hatte. Seine grafischen Darstellungen an den Wänden, seine Zahlen im Kopf – alles andere war ihm unwichtig. Seine Zeiteinteilung war unweigerlich von der Börse bestimmt. Mit verlorenem Blick und großen Schritten ging er einher, ohne das Geringste wahrzunehmen. Er sah nicht die Pelzmäntel an den Mannequins und in den Schaufenstern, nicht die Diamantencolliers bei den Juwelieren oder die hübschen Mädchen, die die Stadtbewohner zu wundervollen Urlaubsfahrten, Wasserski, Schiffsreisen oder Wintersport aufforderten. Er trug Scheuklappen wie ein Rennpferd. Nur eines sah er, direkt vor sich: die Börse. Es konnte regnen, donnern, die Sonne scheinen, ihm war nur ein Klima wichtig: das der Börse. Er rannte, um vor dem ersten Klingelzeichen da zu sein, das den Geschäftsbeginn anzeigte: Das Schauspiel war ihm immer zu kurz. Wie ein Totenglöckchen erschien ihm das zweite Klingeln beim Börsenschluss.

Glücklicherweise konnte er, wieder nach Hause zurückgekehrt, sein Vergnügen verlängern und sich von seinem Büro aus mit seiner Armee von Fernschreibern und Telefonen mit Auslandsplätzen in Verbindung setzen und Telegramme abschicken und empfangen.

Aktien, Obligationen, Devisen, Rohstoffe – das war die Welt dieses Menschen, der sich glücklich wähnte.

Er war in der Tat von der Spekulationswut besessen, er brachte alles damit in Zusammenhang und alles lief für ihn darauf hinaus.

Wenn er sich rasierte, dachte er »Gillette«, wenn er Maschine schrieb »Remington«, wenn er sich eine Erfrischung bestellte, »Coca-Cola«. Jeder Artikel des täglichen Lebens war für ihn zugleich ein Börsenwert. Der Baumwollstoff seines Hemdes, die Seide seiner Krawatte, vom Frühstückskaffee bis zum Stück Zucker: wie viele Produkte, wie viele Rohstoffe, mit denen man spekulieren konnte! Vom Frühling wusste er nichts als die Kurse des Pariser Warenhauses gleichen Namens (»Au Printemps«), von Monte Carlo kannte er nur die Aktien der Seebäder-Gesellschaft Monaco.

Eines Tages eilte er mit noch mehr Eifer als sonst zur Börse: Das Radio hatte eine ungünstige Nachricht über eine Gesellschaft durchgegeben, bei der er auf Baisse spekuliert hatte; für ihn war das also eine gute Nachricht. Er freute sich schon, nicht so sehr über den Gewinn, als vielmehr über die Genugtuung, den Triumph, allen anderen gegenüber recht behalten zu haben.

Immer vier Stufen auf einmal stürzte er die Börsentreppe hinauf und vernahm bereits die Musik der Baisse. Seine Ohren waren nicht geschult für Mozarts Symphonien oder Bachs Fugen, aber sie konnten unweigerlich das Dur der Hausse vom Moll der Baisse unterscheiden.

»Was macht denn diese Leiter da auf dem Flur? Ich will lieber das Schicksal nicht herausfordern, indem ich drunter durchgehe. Ich werde meinen großen Auftritt verpassen!«

Plötzlich durchfährt ihn ein Schock, als hätte er einen Faustschlag vor die Brust bekommen: Von der Höhe der Leiter lächelt ihm ein blondes Mädchen zu, und er steht da und schaut sie an: mustert sie vom Kopf bis zu den Zehenspitzen! »Das ist ja Unfug, ich werde verrückt«, stöhnte er, »sie lächelt doch nicht etwa mich an?«

Und er verschwindet im Börsensaal; das Lächeln verfolgt ihn. Er nahm kaum die für ihn doch so ausgezeichneten Kurse wahr, seine Hand zitterte ein wenig. Er hörte nicht die Glückwünsche seiner Kollegen, die sich sehr tief verbeugten. Das merkwürdige Lächeln verfolgte ihn. Er glaubte es links, rechts, überall, beharrlich und fragend zu sehen. Schließlich läutete die Glocke zum zweiten Mal. Heute wollten die Börsenstunden gar kein Ende nehmen. Ob er sie beim Hinausgehen noch einmal sehen würde? Nein, sie war nicht da, es war nicht einmal die Leiter da … als ob er alles geträumt hätte.

Und auf der Straße ging er etwas weniger schnell. Jedes Ding bekam einen Sinn. Er erkannte die Mannequins in den Schaufenstern: das blonde Mädchen. Diamanten tanzten um ein Lächeln: das junge Mädchen, und von den Plakaten herab lud ihn ein Lächeln zur Reise ein: das junge Mädchen.

Zu Hause klingelte das Telefon, er nahm nicht ab. Der Fernschreiber klapperte, er rührte sich nicht, um nachzusehen. Es gingen weniger Telegramme von seinem Büro ab und die eintreffenden öffnete er gar nicht. An diesem Abend kümmerte er sich nicht um die Schlusskurse der ausländischen Börsen: New York, Chicago, Buenos Aires existierten für ihn nicht mehr.

Als die Nacht kam, bedrückte sie ihn, denn er konnte nicht schlafen. Sein Leben zog vor seinen Augen vorbei, leere Jahre ohne Lächeln, reich an Abenteuern, aber nur an Spekulationsabenteuern, ohne menschliche Wärme, ohne menschliche Gegenwart. Bis zum Morgen machte er Bilanz, gab sich der unsinnigen Idee hin, dass, wenn er sie vielleicht wiedersähe, alles sich ändern könnte. Die Zeit schien stillzustehen. Er wartete heute mit doppelter Ungeduld auf die Stunde, um zur Börse zu gehen. Das junge Mädchen war nicht da bei diesem Rendezvous, das noch keins war. Er wurde von einer gewissen Enttäuschung befallen. Seinen Kollegen fiel während der Börsenstunden auf, dass er zum ersten Mal in seiner Laufbahn als Börsianer mit etwas anderem als den Kursen beschäftigt zu sein schien. Nervös, zerstreut, verschwand er, sobald die Schlussglocke läutete.

Da war sie, in der Aufseherloge ihres Vaters; durch das offene Fenster sah er, wie sie sich vor einem Spiegel ihre langen blonden Haare kämmte. Und da, in einem plötzlichen Aufleuchten, trafen sich ihre Blicke – ein Funken, wie wenn er zu ihr gesagt hätte »Warte auf mich« und ihre Antwort gewesen wäre: »Ja.«

Auf dem Nachhauseweg entspann sich ein echtes Drama. Seine Entscheidung war getroffen, als er zu Hause ankam. Er machte sich unverzüglich an die Arbeit – im umgekehrten Sinne: Da war das Leben, zum Greifen nahe, und er wollte endlich zufassen. Mehrere Tage lang gingen

Telegramme ab, tickte der Fernschreiber, wurden Aufträge abgesandt, aber diesmal nicht, um neue Spekulationen einzufädeln. Im Gegenteil, um seine Verpflichtungen zu lösen. Er deckte seine Baisse-Positionen, verkaufte seine Hausse-Positionen. In einer Woche liquidierte er alle seine Geschäfte. Dann reiste er ins Ausland, um seine Geschäftsfreunde zu besuchen, seine Konten zu saldieren, zu kassieren, glattzustellen und aufzulösen und endlich abzuschließen.

Am letzten Abend saldierte er sein letztes Konto, schloss seinen Koffer und nahm sein Rückreisebillett. Das Leben würde jetzt wirklich beginnen. Er würde sein Geld auf die Sparkasse tun und dann nicht mehr daran denken. Er würde einmal noch zur Börse gehen, aber diesmal, um bei dem Aufseher stehenzubleiben. Er würde das Mädchen an der Hand nehmen und mit ihr fortgehen, und wie im Märchen würden sie lange Zeit glücklich zusammenleben. Er träumte.

»Endlich finde ich Sie! Seit einer Woche habe ich Sie überall gesucht.«

Es war einer seiner alten Freunde, ein Makler und Spekulant, mit dem er lange zusammengearbeitet hatte.

»Stellen Sie sich vor«, fuhr jener fort, »ich habe die Spekulation des Jahrhunderts entdeckt, eine außerordentliche Sache.«

»Das interessiert mich nicht mehr, ich ziehe mich von den Geschäften zurück.«

»Sind Sie verrückt? Das ist ein schlechter Witz. Es ist keine Zeit zu verlieren, hören Sie, es handelt sich um …«

»Zwecklos, ich sagte doch eben, ich gebe alles auf. Ich habe genug.«

»Hören Sie doch nur, Sie werden gleich sehen …«

Unser Held versuchte zu protestieren, aber der andere war schon zu sehr in Fahrt.

»Man muss Häute kaufen, Rohhäute, an der New Yorker Börse, das weiß ich ganz bestimmt. Die Kurse sind gestiegen, sie steigen und werden noch viel mehr steigen. Die Russen kaufen, soviel sie nur bekommen können, sie raffen alles an sich. Auf allen Märkten der Welt, in Argentinien, Kanada, stößt man auf ihre Agenten. Sie verursachen eine Warenknappheit, die Schuhfabriken in Deutschland müssen wegen Rohstoffmangels schon die Arbeit einstellen.«

Der Makler hatte sich in Rage geredet, er gehörte zu jenen Leuten – ich kannte ihn auch seit vielen Jahren –, die sich für eine Idee begeistern können, sie bis auf den Grund ausschöpfen und anderen mit all ihrer Überredungskraft ihren Enthusiasmus mitteilen.

»Verstehen Sie mich richtig«, fuhr er fort, »die Preisentwicklung bei Häuten hat nichts mit anderen Produkten zu tun. Leder ist ein zweitrangiges Erzeugnis, ein Nebenprodukt. Man schlachtet keine Ochsen wegen des Leders, sondern wegen des Fleisches. Gewöhnlich wird, wenn der Preis eines Rohstoffes steigt, die Produktion dadurch nur angeregt. Nehmen wir zum Beispiel das Kupfer; als vor ein paar Jahren die Preise stiegen, hat man die lange stillgelegten Minen wieder in Betrieb genommen. Genauso war es beim Kautschuk und kürzlich erst beim Whisky, und wer weiß, ob sich nicht gerade im Augenblick die gleiche Entwicklung beim Petroleum anbahnt?

Aber was das Leder betrifft, so ist das hier absolut nicht das Gleiche. Die Preise können bis zum Himmel steigen – die Metzger werden nicht mehr Tiere schlachten, solange der Fleischverbrauch gleich bleibt. Er nimmt aber sogar ab. Es wird heute mehr Kalbfleisch gegessen, und in Amerika wird mehr und mehr Schweinefleisch verbraucht und Fisch und Geflügel, ganz zu schweigen von der steigenden Zahl von Vegetariern.

Sie werden also einsehen, dass wenig Aussicht für eine erhebliche Produktionssteigerung für Leder besteht.

Und was findet man auf der anderen Seite? Einen ins Unermessliche gesteigerten Verbrauch. Was machen die Russen mit den Devisen, die sie für ihren tonnenweise exportierten Kaviar und ihre Krebse aus Kamtschatka bekommen? Sie kaufen damit so viel Häute, wie sie nur kriegen können.

Nehmen Sie zum Beispiel einen Soldaten: Seine Stiefel, seine Sohlen, seine Koppel, seine Patronentasche, alles ist aus Leder. Es gibt Winterstiefel und Sommerstiefel – und wie viele Soldaten gibt es auf der Welt? Wie viele Armeen, die von Kopf bis Fuß ausgerüstet werden müssen? Wie viele unterentwickelte neue Länder, wo es noch keine Schuhe gibt? Und die 650 Millionen Chinesen? Nun werden Sie doch nicht mehr behaupten wollen, dass ich unrecht habe?«

Es regnete Argumente, die Geografie marschierte auf, die Politik wurde mit hineingezogen, alles lief auf die Begründung einer einzigen These hinaus: »Man muss Häute kaufen.«

»Bei der heutigen internationalen Spannung, lieber Freund, muss man auf Häute spekulieren. Sobald es irgendwo auf der Welt nach Pulver riecht, werden Häute gebraucht.«

»Ich bestreite das gar nicht, Sie haben sicher recht, aber ich wiederhole nochmals, ich ziehe mich vom Geschäft zurück.«

»Gut, ich will nicht drängen, aber wenn Sie es sich anders überlegen, hier ist meine Telefonnummer, man weiß ja nie, guter Rat kommt über Nacht.«

Und mit diesen Worten trennte man sich. Über Nacht kam kein guter Rat. Unser Freund verbrachte vielmehr eine schreckliche Nacht. Bis zum Morgengrauen wälzte er sich von einer Seite auf die andere, er träumte von Stiefeln, chinesischen Ochsen, unterentwickelten Vegetariern, von Patronen, Metzgern, die Hähnchen schlachteten, russischen Stiefelsohlen, und dann sah er wieder das Mädchen mit dem strohblonden Haar oben auf der Leiter stehen.

Als er von seiner Reise zurückkam, eilte er nach Hause. Seine Wohnung hatte ein ganz anderes Aussehen, es gab keine Statistiken, keine Kurszettel, keinen Fernschreiber mehr, alles war vor seiner Abreise abgeholt worden. Als er sich rasierte, dachte er nicht an Gillette-Aktien oder an Colgate bei seiner Rasierseife. Beim Anziehen sann er nicht über die Wollkurse nach, und er band seine Krawatte, ohne die Seidennotierung zu bedenken. Ein neues Leben sollte beginnen.

Zum ersten Mal sah er sich wirklich im Spiegel. Einige Falten, viel Arbeit und eine große Müdigkeit. Er begann zu überlegen:

»Ich bin verrückt, ich kann nicht alles von heute auf morgen hinwerfen. Was für eine Mühsal werde ich mir jetzt aufladen?« Man kann nicht aus seiner Haut, streift sie nicht ab wie ein Hemd! Ohne dass es ihm klar zum Bewusstsein kommt, geht er aus alter Gewohnheit zum Telefon und wählt die Nummer des Maklers.

»Kaufen Sie für mich x Häute-Kontrakte an der New Yorker Börse, alle Qualitäten und zu allen Terminen.«

Der Auftrag war riesig und reichte an die äußerste Grenze seiner Mittel heran. Er musste als Sicherheit die gesamte für die Sparkasse bestimmte Summe hinterlegen.

Ruhig setzte er sich an seinen Schreibtisch und nahm seine Geschäfte wieder auf. Telegramme gingen ab, und der Fernschreiber tickte eifrig, dann nahm er auch mit seinen Häute-Kontrakten den täglichen Weg zur Börse wieder auf; er war glücklich, die Gelegenheit nicht verpasst zu haben, und rechnete schon seine künftigen Gewinne aus.

In die Richtung der Aufseherloge sah er nie wieder. Er hatte Angst vor sich selbst. Wieder war er der Erste, der morgens kam, und der Letzte, der ging, immer war er an seinem gewohnten Platz in einer Ecke des großen Börsensaals.

Und was wurde aus den Häuten?

Präsident Eisenhower lud den sowjetischen Premier Nikita Chruschtschow zu einer Reise durch die Vereinigten Staaten ein. Das war der Auftakt zu einer großen, aber vorübergehenden Entspannung. Koexistenz und Abrüstung waren an der Tagesordnung. Man versuchte, die Stiefel und die Patronentaschen zu vergessen. Und die Preise für Leder stürzten.

Mein Freund verlor dabei seinen Einsatz, der sein ganzes Vermögen war.

So kam es, dass die Weltereignisse den Helden dieser unvollendeten Romanze bestraften.

Auch ich ließ wohlgemerkt einige Federn dabei. Ich konnte natürlich der »tadellosen« Beweisführung, den Verlockungen des Erfolges, nicht widerstehen. Aber ich verdiente keine Strafe mehr, ich hatte meine schon viel früher gehabt!

Also endete die Spekulation des Jahrhunderts mit einem Fiasko; eine andere Spekulation des Jahrhunderts, das Schweineschmalz und der Mais, hatte fünfundzwanzig Jahre früher ein ähnliches Schicksal erlebt.

Bleibt nur abzuwarten, was die nächste Spekulation des Jahrhunderts sein wird!

Der spekulierende Makler aus dieser Geschichte stellt gleichfalls einen besonderen Typ dar in der großen Menagerie der Spekulanten.

Wenn ihm eine Idee in den Sinn kommt, erwärmt er sich dafür, begeistert sich, entbrennt in einem Maße, dass er zum Schluss ganz verliebt in die Idee ist. Alles scheint für ihn auf den Gegenstand seiner Gedanken zuzusteuern, er wird von einer Leidenschaft ergriffen, die ihn blind macht, die vor seinen verblendeten Augen die Gefahren verhüllt. Er ist dann wie ein Verliebter, der die Unvollkommenheit der geliebten Frau einfach nicht sehen will. Sein Geist ist in ständiger Bewegung, um die Argumente zu finden, mit denen er sich selbst überzeugen kann, und er schiebt widerspruchslos jede gegenteilige Argumentation beiseite. Um recht zu haben, oder vielmehr, um nicht zu riskieren, unrecht zu haben, fälscht er die Gewichte der Waage.

Entrückt durch seine Leidenschaft, vergisst er meistens das große I der Imponderabilien und die zwei großen U, die »Unvorhersehbar« und »Unbekannt« bedeuten.

Und dennoch, der sicherste Coup, die vernünftigste Spekulation stoßen häufig auf diese drei großen Buchstaben und scheitern an ihnen.

Der Minister

Es gibt kein besseres Beispiel dafür als das ärgerliche Abenteuer eines Regierungschefs, der geglaubt hatte, mühelos gewinnen zu können, und sich im Elend wiederfand.

Bis zum heutigen Tage kennt niemand diese Geschichte, und darum muss ich den Leser vor allem bitten, gar nicht erst zu versuchen, die Darsteller und den Rahmen der Handlung erraten zu wollen.

Es war einmal ein Land, das lag irgendwo in Europa. Die finanziellen und politischen Schwierigkeiten, die hier herrschten, waren die Folge eines Mangels an Stabilität, den die ganze Welt verurteilte, den aber nur wenige zu beheben überhaupt versuchten.

In jenem Jahr kam ein Ministerpräsident an die Macht, der mit seinen Vorgängern nicht viel Ähnlichkeit hatte. Er entstammte einer der größten Familien des Landes und war ein Aristokrat der Industrie und des Handels. Er war der Herr über eine Vielzahl von blühenden Familienunternehmungen, die ebenso erfolgreich wie solide waren. Aus nationalen Gründen vielleicht, aber wohl auch, weil sich seine persönlichen

Geschäfte dadurch noch abrunden würden, wünschte der Ministerpräsident eine Währungsabwertung und arbeitete insgeheim darauf hin. Trotz der Gerüchte, die sich aber hartnäckig hielten, erforderte jedoch die Situation keineswegs eine solche Maßnahme. An diese Absicht der Regierung glaubten jedenfalls gut informierte Leute, und sie täuschten sich diesmal nicht ganz.

Der Regierungschef wollte vielleicht die Abwertung, weil er schlicht und einfach gegen die nationale Währung spekuliert hatte, und zwar infolge einer wahrlich sehr genialen Kombination, bei der alle Gesellschaften seiner Familie engagiert waren.

Große Mengen von Waren aller Art waren in Mexiko verkauft worden. Die Mexikaner hatten mit auf Pesos lautenden Tratten bezahlt, also in einer durchaus soliden Währung. Die Verkäufer, zufällig die interessierte Familie, brachten natürlich die Tratten zu ihrer Staatsbank zum Diskont. Sie waren also im Besitz eines Guthabens in mexikanischen Pesos und einer Schuld in inländischer Währung gegenüber ihrem eigenen Staat.

Man versteht leicht das Interesse des Ministerpräsidenten und seiner Familie an einer Abwertung, umso mehr, als es sich bei diesem Geschäft um riesige Summen handelte.

Es war soweit alles in Butter, als ein Hindernis auftauchte, das das ganze schöne Gebäude zum Einsturz brachte. Aufgrund des gebieterischen Verbots des Fachmanns auf diesem Gebiet, des Finanzministers, fand die Abwertung nicht statt. Was stattfand, war aber noch viel dramatischer. Ohne die geringste Vorankündigung, ohne Vorwarnung, gab die mexikanische Regierung am Samstag vor Ostern eine Blitzabwertung von 35 Prozent bekannt. Für den Ministerpräsidenten und seine Sippe verringerte sich das Peso-Guthaben um 35 Prozent, aber leider blieb die Schuld die gleiche.

Das zu stopfende Loch war so groß, dass die Familienreserven, die, wie es heißt, unerschöpflich waren, darin verschwanden. Ein Ministerpräsident, der seine Familie zu Spekulationen gegen die Währung des eigenen Landes veranlasst, das sollte immerhin ein sicherer Tipp sein!

Ich fragte mich sogar, ob ich mich nicht dieses eine Mal, und wenn ich es rechtzeitig gewusst hätte, hätte verführen lassen, trotz meines Misstrauens gegen Tipps.

Politik und Börse gehen häufig Hand in Hand. Es ist nicht erstaunlich, dass diejenigen, die politische Geheimnisse erfahren, versucht sind, sie auszunützen. Um Geld zu verdienen, ist jedes Mittel recht, eine unwiderstehliche Gewalt treibt den Menschen zum Gewinn. Was gibt es Einfacheres als die Spekulation, besonders wenn es nur eines leichten Daumendrucks bedarf, um den Lauf des Schicksalrades zu ändern.

Jedes Mittel ist recht, um das Ziel zu erreichen: Währungsumstellungen, Handelsabkommen, Erlasse aller Art, nationale oder sogar internationale Beschlüsse bis zu bewaffneten Konflikten, wenn es nötig ist.

Die Spekulation profitiert häufig durch Kriege, aber dass der Krieg mehr oder weniger die Folge einer Spekulation sein kann, das ist eine wenig geläufige Tatsache.

Vor fast einem halben Jahrhundert spielte ein gewisser kleiner König dieses Spiel.

Der König

Im Jahre 1912 ähnelte die politische Landkarte des Balkans einem Puzzlespiel. Königreiche, Nationalitäten, verschiedene Religionen mussten, sozusagen in Koexistenz, miteinander auskommen. Immerhin fanden sich vier Balkanmächte gegen die Türkei, den gemeinsamen Feind, zusammen. Militärabkommen vereinigten die christlichen Länder Griechenland, Serbien, Montenegro[52] und Bulgarien gegen das Ottomanische Reich.

Im Frühjahr jenes Jahres 1912 wurde der Pulvergeruch jeden Tag spürbarer. Montenegro, ein ganz kleines Königreich an der Adria von der Größe eines deutschen Regierungsbezirks, wurde von einem Herrscher regiert, für den das Spekulieren lebensnotwendig war, weil seine Kassen ständig leer waren; es war der König Nikolaus.

Er hatte, um sich das Taschengeld für seine kleinen Ausgaben zu verschaffen, eine wenn nicht elegante, so mindestens sehr geniale Methode.

52 Montenegro: Balkanisches Fürstentum, später Königreich, gehört heute zu Jugoslawien. König Nikolaus von Montenegro war der Großvater des letzten italienischen Königs Umberto.

Von einem Land zum anderen gibt es ein Post-Clearing – die internationalen Anweisungen werden zwölf Monate lang verbucht und dann am Ende des Jahres en bloc verrechnet. Nikolaus schickte an einige Strohmänner in der ganzen Welt montenegrinische Postanweisungen: Die Post zahlte die angegebenen Summen aus und notierte sie.

Nikolaus kassierte das Geld und gab es wieder aus.

Als dann die Clearing-Konten bei der Post in Cetinje, der Hauptstadt von Montenegro, eintrafen, ließ der König durch seinen Postminister erklären, er könne nicht zahlen, und bat um ein Moratorium: Die List war gelungen. Sogar Kaiser Franz-Joseph musste sich großzügig erweisen und die Schulden seines in Schwierigkeiten geratenen Kollegen streichen.

Für seine großen Ausgaben wandte der König andere Tricks an: Er spielte an der Börse. Er gab seinen Bankiers, Gebrüder Reitzes in Wien und Rosenberg in Paris und London, Tipps über die Geheimpolitik auf dem Balkan, um zusammen mit ihnen von etwaigen Rückwirkungen auf die Börse zu profitieren.

Eines schönen Morgens im September 1912 traf beim Bankhaus Reitzes in Wien ein Abgesandter von Nikolaus ein, der Prinz Danilo, sein eigener Sohn (das Vorbild für den Helden der Wiener Operette »Die Lustige Witwe« von Franz Lehár) und überbrachte eine sehr dringliche Nachricht. Im selben Augenblick übergab ein anderer Abgesandter dem Bankier O. A. Rosenberg in Paris die gleiche Nachricht.

»Verkaufen Sie alles«, schrieb der König, »der Krieg gegen die Türkei steht unmittelbar bevor.«

Rosenberg[53] und Reitzes verkauften an allen Plätzen auf Rechnung des Königs, auf ihre eigene und auf die einiger guter Freude. Sie verkauften blanko an der Börse in Wien, Frankfurt, Paris und London serbische, türkische, bulgarische usw. Renten, eine ganze »Speisekarte« von Effekten.

Auch mit russischen Werten, mit denen zwischen Paris und St. Petersburg ein sehr lebhaftes Geschäft in Gange war, spekulierten die beiden Bankiers in großen Maßstäben auf Baisse.

53 Rosenberg: Bankier ungarischer Herkunft in Paris und London, vom Kaiser Franz-Joseph von Österreich geadelt. Vater des in Paris sehr bekannten Finanziers Baron Rédé.

Die Ereignisse bestätigten zuerst die Informationen von Nikolaus. Die Türkei zog ihre Truppen an den Grenzen zusammen und die vier Alliierten antworteten am 1. Oktober mit einer allgemeinen Mobilmachung. Die Börse reagierte sehr heftig mit Baisse.

Daraufhin wurde die französisch-russische Allianz besiegelt. Die beiden Partner einigten sich darüber, alle Risiken einer Verwicklung auf dem Balkan zu vermeiden. Die Lage war noch nicht reif für eine allgemeine Abrechnung.

Zar Nikolaus und Präsident Poincaré legten gegen alle Grenzveränderungen ihr Veto ein, das heißt also auch gegen einen eventuellen Angriff auf die Türkei, den kranken Mann am Bosporus. Als Präsident Poincaré sich persönlich für Reformen in Mazedonien verbürgte, glaubte man, der Krieg sei wirklich vermieden. Die Börse reagierte mit einer stürmischen Hausse. Die Bankiers von König Nikolaus fühlten sich wenig wohl in ihrer Haut. Sollte sich ihr königlicher Kunde getäuscht haben?

Die Intervention des Präsidenten Poincaré hatte tatsächlich den Markt wieder in die Höhe gebracht und den Börsenspekulanten sehr erhebliche Verluste zugefügt.

Diesmal war es kein Sendbote, sondern ein Telegramm mit gleichem Text, das bei Rosenberg und Reitzes eintraf: »Keine Sorge stop Weiterverkaufen stop Nikolaus.« Und das taten die Bankiers. Sie verkauften auf der ganzen Linie, wobei sie aber trotz der Versicherung des Königs, dass der Balkankrieg stattfinden würde, ziemlich unruhig waren!

Am 18. Oktober ging der erste montenegrinische Kanonenschuss auf Skutari, einen kleinen türkischen Hafen an der Adria, los. Montenegro hatte sich über die kategorischen Entscheidungen der Großmächte einfach hinweggesetzt und der Türkei den Krieg erklärt. Die Bündnisverpflichtungen wurden wirksam, Serbien, Griechenland und Bulgarien wurden zwangsläufig in die Feindseligkeiten hineingezogen.

Die Börsenwerte bröckelten ab, aber die russischen, türkischen, serbischen, bulgarischen stürzten.

Nikolaus, Rosenberg, Reitzes und ihre Teilhaber kassierten enorme Gewinne.

Nur eine Frage steht noch offen: Hätte der Balkankrieg vermieden werden können, wenn Nikolaus von Montenegro nicht Feuer ans Pulverfass gelegt hätte? Wenn er nicht seine Baisse-Position an der Börse zu verteidigen gehabt hätte? Die Geschichte gibt beunruhigende Rätsel auf.

Die Spekulation war sehr geschickt aufgezogen und verschaffte dem König von Montenegro das, was er brauchte, um seine Kassen vorübergehend zu füllen. Was diese bisher unveröffentlichte Geschichte betrifft, so ist sie seit fünfzig Jahren von Mund zu Mund überliefert worden.

Der Fiskus

Seit meinen ersten Spekulationen habe ich eine besondere Schwäche für Geschäfte mit Obligationen gehabt, besonders mit Staatsanleihen, und da hatte ich im Übrigen gute Gründe für diese Vorliebe.

Bei der Aufstellung eines Spekulationsplans spielen alle möglichen Faktoren eine Rolle, von denen manche einem wirklichen Sprung ins Ungewisse gleichkommen.

Der »Steckbrief« einer Obligation ist viel leichter festzustellen als derjenige einer Aktie. Man kann den theoretischen Wert einer Obligation mit größerer Genauigkeit abschätzen. Gewisse greifbare Momente sind einfacher zu bestimmen: der Kredit des Schuldners, der Zinssatz, Wert und Zukunftsaussichten der Währung, auf welche die Schuld lautet, die Zahlungsbedingungen, die hypothekarische Sicherheit, alle infrage kommenden Klauseln, ebenso der Geldmarkt für kurzfristige und der Kapitalmarkt für langfristige Kredite. Die Auswirkung der Innen- und Außenpolitik, wenn es sich um Staatsanleihen handelt, die Einnahmen- und Ausgabenpolitik des staatlichen Schuldners müssen in erster Linie in Betracht gezogen werden, ebenso wie eine Vielzahl von Komponenten, die der Beobachter mehr oder weniger kontrollieren kann.

Dagegen ist es fast unmöglich, auch nur annähernd den echten Wert der Aktie einer Bergwerks- oder Petroleumsgesellschaft oder einer Gesellschaft des öffentlichen Dienstes zu schätzen. Auch durch die gründlichste Analyse, die genaueste Prüfung der Bilanzen, der Gewinn- und Verlustrechnung oder des Geschäftsberichts kann der exakte Wert einer Aktie nicht bestimmt werden. Ich möchte sogar behaupten, dass man aus einer Bilanz manchmal die falschesten Schlüsse ziehen kann. Denn abgesehen von der Reaktion der breiten Masse, der Sparer, und der allgemeinen wirtschaftlichen Entwicklung gibt es noch so viele Faktoren, die einzeln untersucht werden müssen.

Will man bei den Staatsanleihen eine Diagnose stellen, so scheinen mir die zu untersuchenden Elemente entschieden leichter erkennbar zu sein: Frieden oder Krieg, Sieg oder Niederlage, Revolution oder sozialer Friede, und so weiter … Überdies hat sich meine Vorliebe immer besonders den notleidenden oder schwachen Obligationen zugewandt. Eine Besserung der Situation des Schuldners kann eine raketenartige Obligationen-Hausse auslösen: Das war der Fall bei dem unerwarteten Börsencoup, als die amerikanischen Eisenbahnen wieder an Wert gewannen, oder bei den deutschen und japanischen Obligationen.

Ich war von einem unerschütterlichen Optimismus über den Ausgang des Krieges und die innere Entwicklung Europas durchdrungen und begann also, mich auf die Spekulation mit europäischen Staatsanleihen zu werfen, die während des Krieges an der New Yorker Börse auf ein sehr niedriges Niveau gesunken waren. Neben norwegischen, belgischen, dänischen, italienischen und deutschen Obligationen hatte ich auch französische Papiere in der Tasche.

Die Ereignisse rechtfertigten meinen Optimismus vollkommen. Auf der ganzen Linie fand eine brillante Aufwertung bei all diesen Titeln statt.

Nur mit einer bestimmten Kategorie französischer Anleihen erlebte ich eine Panne.

Es war eine kurz vor dem Kriege im Jahre 1939 vom Bankhaus Mendelsohn & Co.[54] in Amsterdam aufgelegte Anleihe, die man allgemein die Mendelsohn-Anleihe oder die 3¾ Prozent nannte. Die genauen Emissionsbedingungen waren in vollem Wortlaut auf der Rückseite der Papiere angegeben: Die französische Regierung verpflichtet sich zur Zahlung der

54 Mendelsohn: Altes Bankhaus in Berlin im 19. Jahrhundert. Seine Amsterdamer Filiale hatte zwischen den beiden Weltkriegen besondere Bedeutung, sie spielte bei der Geldbeschaffung der europäischen Staaten eine große Rolle und ermöglichte im Jahre 1939 die Konversion der französischen Anleihen. Einige Wochen vor Kriegsausbruch meldete die Firma Konkurs an.

Zinsen und des Kapitals an den jeweiligen Inhaber selbst im Falle eines Krieges, von Revolution, Überschwemmungen, Umstürzen aller Art.

Kurz, auch wenn die Erde bebte, sich auftat und der Himmel donnerte, die französische Regierung würde zahlen! Es würde also keine Ausflüchte gelten, die Titel würden in Genf in Schweizer Franken, in Amsterdam in Holländische Gulden und ganz gleich wo in Dollar, je nach Wunsch und Wahl des Inhabers, ausgezahlt werden.

Kaum war aber der Waffenstillstand unterzeichnet, da widerrief die französische Regierung alle Klauseln, alle schwarz auf weiß formell festgelegten Versprechungen. Sie erließ alle möglichen Schikanen und einen für Inhaber-Obligationen absolut unüblichen, nicht zu rechtfertigenden Papierkrieg.

Als unmittelbare Folge davon sanken die Titel an den Auslandsplätzen (New York, Genf) in den Nachkriegsjahren auf ein jammervoll niedriges Niveau – *horribile dictu* – für eine französische Rente – auf 25 bis 30 Prozent ihres Nominalwertes.

Von diesem Augenblick an trat die vernünftig denkende Spekulation mit all ihrer Dialektik in Aktion. Ich war meinerseits der Überzeugung, dass eine die Unterschrift der französischen Republik tragende Obligation ihr Gewicht in Gold wert sei. Niemals hatte Frankreich versucht, sich seiner Schulden zu entledigen. War es nicht das einzige Land der Welt gewesen, das immer noch die Goldklausel einhielt, während alle anderen Staaten einschließlich der USA und Großbritanniens sich nicht gescheut hatten, sie aufzuheben? Von New York aus, wo ich mich damals aufhielt, kaufte ich eine Anzahl dieser notleidenden Titel. Nachdem ich die Emissions- und Zahlungsbedingungen genauestens studiert hatte, machte ich mich ans Überlegen: Meine Überzeugung bewahrheitete sich wirklich. Sobald die Situation wieder normal wäre, würde die französische Regierung nicht umhin können, ihre formellen Verpflichtungen einzuhalten und für die Anleihen, für die sie die Verantwortung übernommen hatte, Zinsen und Kapital zu zahlen.

Ich beschloss daher, mich an den Allmächtigen auf diesem Gebiet zu wenden, das Finanzministerium.

In der Rue de Rivoli in Paris wurde ich sehr liebenswürdig empfangen und begann meine Rede ungefähr so:

»Sehr geehrter Herr Fiskus! Ich bin ein kleiner Spekulant von der Wall Street. Meine große Spezialität sind europäische Staatsanleihen. Während des Krieges habe ich europäische Obligationen gekauft, in erster Linie französische Obligationen, weil ich ganz einfach Vertrauen hatte.

Mein unerschütterlicher Optimismus sagte mir, dass Frankreich, sobald es dazu in der Lage wäre, sich als Dame von Welt erweisen würde, die ihre Schulden bezahlt.

Nun, alle meine Obligationen wurden eine nach der anderen auf Heller und Pfennig bezahlt. Selbst die Obligationen der kommunistischen Länder wurden zu einem vernünftigen Satz reguliert. Nur einen Missklang hatte die Symphonie: Ihre 3¾ Prozent Mendelsohn, auf der ich sitzengeblieben bin. Sie werden die Klauseln ebenso gut kennen wie ich: überall zahlbar, in Schweizer Franken, Dollar oder Gulden, denn immerhin ist durch die Unterschrift Ihrer Behörde die Emission garantiert worden. Also!«

Ich merkte, wie mein Gesprächspartner von einer gewissen Verlegenheit ergriffen wurde, er spielte nervös mit seinem Füllfederhalter und machte den Eindruck eines anständigen Menschen, der auf frischer Tat ertappt wird. Nach kurzer Überlegung hatte er sich wieder gefangen:

»Zweifellos, das ist sehr ärgerlich, aber Sie kennen die Situation, die Zeiten sind hart, uns fehlt es nicht an gutem Willen, sondern ganz einfach an Devisen.«

»Das weiß ich wohl, Herr Fiskus, Sie sagen mir nichts Neues. Ich habe da aber verschiedene Möglichkeiten im Auge, und vielleicht können Sie mir behilflich sein.«

»Bitte sehr, ich höre.«

»Ich möchte Folgendes vorschlagen: Der Fiskus zahlt mir den gesamten Gegenwert der Titel in Sperr-Francs aus, das heißt, diese Francs sind nur in Frankreich und nur für gewisse Transaktionen verwendbar.«

Ich wusste, dass es mir nicht schwerfallen würde, besonders an der Wall Street Abnehmer für diese Francs zu finden zu einem Kurs, der etwas unter dem offiziellen Kurs liegen würde. Die Transaktion blieb dabei immer noch interessant: der Fiskus brauchte keine Devisen für mich auszugeben, während ich 90 Prozent des Nominalwertes der Papiere kassierte.

»Ich bin völlig einverstanden«, antwortete die Behörde. »Ich nehme diesen Vorschlag an, denn er erscheint mir recht und billig. Wie viele dieser Papiere besitzen Sie?«

Ich nannte ihm die Zahl und er war einverstanden. Ich hätte ihm jede x-beliebige Zahl nennen können, er hätte sie gleichfalls akzeptiert. Die Modalitäten der Operation wurden festgelegt.

Das Verfahren war nicht kompliziert, die Transaktion korrekt, nur etwas hätte denen, die nicht glauben wollen, dass das Unwahrscheinlichste bei Börsenangelegenheiten passieren kann, merkwürdig erscheinen können: der enorme Unterschied zwischen dem Preis der Obligation an der Börse und ihrem inneren Wert. Ich konnte in der Tat den Preis, den mein Schuldner zu zahlen bereit war, um seine Schuld zurückzukaufen, als inneren Wert bezeichnen. Mir blieb, als ich das Büro meines Verhandlungspartners verließ, nur noch eins zu tun: die große rote Treppe hinabsteigen, vorsichtig die Rue de Rivoli überschreiten und zum nächsten Postamt zu gehen, um ein Auslandsgespräch zu führen: Ich gab meinem Makler den Auftrag, so viel 3¾ zu kaufen, wie ich mir leisten konnte, wenn ich meine letzten Pfennige zusammenkratzte!

Das Prinzip war klar: Alles, was dem französischen Fiskus bei seinen eigenen Obligationen 90 Prozent wert ist, ist für den Spekulanten gewiss 30 Prozent wert.

Die Sache ist zu schön, um wahr zu sein, werden Sie sagen.

Ich konnte wieder einmal die Richtigkeit meiner eigenen Maxime feststellen: »An der Börse ist alles möglich, selbst wenn es logisch ist.«

Man braucht auch nicht zu glauben, dass der Fiskus der dumme August im Zirkus war. Es gab bei dieser Sache weder einen dummen August noch einen Zirkus. Nur muss der Fiskus nicht unbedingt ein Experte in Börsenangelegenheiten sein. Die Finanzen eines Staates sind eine Sache, und die bei den Spekulanten gängigen Kurse sind eine andere – diese Erfahrung habe ich mehr als einmal gemacht.

Der Sieg war zu schön, als dass ich ihn ganz allein hätte auskosten können, und so erzählte ich einem einzigen meiner intimen Freunde,

Eugène W., von der Sache. Er kaufte für sich 3¾ und gab den Tipp an seine Freunde weiter. Seine Freunde erzählten es wieder ihren Freunden, das Gerücht machte bald bei den Spezialisten, die eine krumme Sache witterten, die Runde.

Das Ende vom Lied war, dass beide Seiten aus der Sache Nutzen zogen, denn ein Jahr später gab die Regierung die Auszahlung in Schweizer Franken in Genf oder in Gulden in Amsterdam, je nach Wunsch des Inhabers, bekannt.

Mein Freund Eugène wollte mir seine Dankbarkeit für die so fruchtbare Information beweisen und schenkte mir als kleine Aufmerksamkeit einen sehr großen Flügel.

Die Künstler, die seither darauf Proben ihres Talents gaben, hatten keine Ahnung, dass hier die 3¾ die Musik machte!

5. Homo speculator

Wer nicht spekuliert, wird eines Tages auf dem Trockenen sitzen! Spekulieren, das ist kein Spiel mehr, sondern eine Maßnahme zum Schutz des Vermögens. Es ist eine gebieterische Notwendigkeit, und wer davor zurückscheut, läuft Gefahr, zusehen zu müssen, wie sein Bankkonto zusammenschmilzt.

Die Geschichte der letzten Jahrzehnte ist reich an warnenden Beispielen. Ganze Familien sahen sich von heute auf morgen dem Nichts gegenüber. Die sichersten Einkäufe lösten sich plötzlich in Rauch auf. Millionen von Flüchtlingen mussten sich, aus ihren Heimatländern vertrieben und ihrer Existenzgrundlage beraubt, im Ausland ein neues Leben aufbauen.

Die verschiedenen Invasionen der jüngsten Vergangenheit haben Kapitalien im Wert von vielen Millionen unwiederbringlich hinweggefegt.

Einen absoluten Schutz von Vermögensverlusten gibt es heute zweifellos nicht mehr, aber man kann wenigstens versuchen, durch Risikoverteilung die Gefahren zu beschränken und sein Geld richtig anzulegen. Um den Ereignissen ins Auge sehen zu können, erweist sich die Kenntnis finanzieller Probleme als unerlässlich, denn eine Wissenschaft von der Börse, die auch kaum fasslich wäre, gibt es nicht.

Unsere Großmütter hielten es für vernünftig, dass sich eine Frau der Sorge um den Haushalt widmet, und ebenso ist für den modernen Mann eine gewisse Vertrautheit mit Geldfragen geboten. »Es genügt nicht, gesund zu sein und die physischen Kräfte für den Krieg zu haben; das Streben, sein Vermögen zu vergrößern, verdient Bewunderung und Hochachtung«, sagte Xenophon schon vor zweitausend Jahren.

Die Schicksale der Menschen liegen mehr oder weniger auf der gleichen Ebene, sie ähneln sich aber untereinander wenig, ja es gibt nicht zwei, die sich völlig entsprechen. Sage mir, wer du bist und wie du leben möchtest, und ich werde dir sagen, wie du deinen Interessen am besten dienst, nach Quantität und Qualität ...

Einem Junggesellen, der sich mithilfe seines Kapitals ein Höchstmaß von Annehmlichkeiten leisten will, werde ich nicht den gleichen Rat über die Anlage seines Geldes geben wie einem Familienvater, der die Zukunft seiner Kinder sicherstellen muss.

Dem Kaufmann, der es vielleicht jeden Augenblick wieder frei haben muss, um es in sein Geschäft zu stecken, dem Rechtsanwalt oder Arzt, die ihre Ersparnisse ruhig fest anlegen können, dem Weltreisenden, der von Flugplatz zu Flugplatz eilt und keinen festen Wohnsitz hat, und demjenigen, der von früh bis spät um die Börse herumstreicht und den Kopf voller Zahlen und Kursnotierungen hat – jedem würde ich einen anderen Rat geben.

Beruf, Alter, Gesundheitszustand, Charakterveranlagung, Familienstand, Hobbys – all das sind Momente, die eine Rolle spielen, wenn man die Methode festlegen will, wie ein Mann sein Hab und Gut in kluger Weise schützen soll.

Während man das Für und Wider abwägt, diesen oder jenen Faktor untersucht, unter vielen Möglichkeiten die richtige auswählt und die Zukunft mit einkalkuliert, befindet man sich schon im ersten Stadium der Spekulation.

Von der Frage, wie man sich schützen kann, bis zu dem Wunsch, sein Vermögen zu mehren, ist es nur ein Schritt. Von diesem Wunsche bis zur Leidenschaft für die Spekulation ist es gleichfalls nur ein Schritt. Durch die Lebensumstände und den gesunden Menschenverstand, aus Klugheit und Ehrgeiz, ist jedermann zum Spekulanten geworden.

Die in der Umgangssprache übliche Unterscheidung zwischen Spekulation und Geldanlage beruht auf einer unrichtigen Definition der beiden Begriffe. Es ist eine Frage der Quantität und nicht der Qualität der Effekten, die den Unterschied ausmacht.

Wenn ein wohlhabender Kapitalist für einen unbedeutenden Betrag einen »zweifelhaften« Wert kauft, so spekuliert er noch nicht; er wagt sich lediglich an eine Geldanlage mit einkalkulierter Gefahr. Wenn aber ein kleiner Sparer mit einem seine Mittel weit übersteigenden Betrag, also auf Kredit, das »sicherste Papier der Welt« kauft, dann lässt er sich auf eine tollkühne Spekulation ein. Spekulation und Geldanlage, das ist also eine Frage der Proportion, aber die Grenze zwischen beiden lässt sich nicht genau erfassen.

Die Spekulation spielt sich auf verschiedenen Gebieten ab. Man kann sein Geld in Immobilien anlegen, in Rentenhäusern, in Baugrundstücken, in Eigenheimen. Bei den beweglichen Werten hat das Gold immer die erste Rolle gespielt, dennoch hat es sich für den Sparer als absolut illusorischer Schutz erwiesen, weil es langsam, aber sicher an Kaufkraft einbüßte.

Je nach ihrer Bedeutung und ihrer Seltenheit können manchen Laien sämtliche Rohstoffe als interessante Investitionsprojekte erscheinen. Die in heutiger Zeit für dynamische Geldanlage prädestinierten Objekte sind jedoch Aktien und Obligationen. Ebenso wie die Rohstoffe sind beide Arten von Effekten tagtäglich Darsteller auf ein und derselben Bühne, der Börse.

Die Börse! Alle Wege führen zu diesem Ort der Verdammnis, und die Literatur des 19. Jahrhunderts hat diesen »Tempel der Hölle« in den düstersten Farben beschrieben.

»Wer hier eintritt, begibt sich aller Hoffnung.« Die verzerrten Silhouetten auf Daumiers Zeichnungen, die Helden der Komödien von Balzac und Dumas, der Romane von Zola[55], waren erfüllt von Misstrauen – sogar von Verachtung – gegenüber der Börse.

Der von gierigen und räuberischen Geldleuten geprellte Leichtgläubige war eine vertraute Figur auf den Bühnen der Boulevardtheater.

Man sah verbitterte, trotzdem aber gierige Kleinbürger an den Rockschößen der großen Zauberer hängen, die allein das Geheimnis der Götter kannten. Die Zeiten haben sich geändert, die Welt ist vorangeschritten, und mit ihr die Börse. Erstaunlicherweise sind die Leichtgläubigen seit dem Ende des Krieges die glücklichen Nutznießer der allgemeinen Effekten-Hausse geworden, während die Fachleute ihre Chance verpasst haben und ihr Geldbeutel leer geblieben ist. Es gibt kein Geheimnis der Götter mehr, die Winkelspekulanten machen Jagd auf Tipps, und die großen Zauberer, die vor dem Kriege die Börse belebten,

55 Zola: Emile Zolas im Jahre 1891 erschienener Roman »Geld« spielt fast ausschließlich an der Pariser Börse.

sind verschwunden. Sie sind ausgestorben, ohne Erben zu hinterlassen, sie haben finanziell Schiffbruch erlitten oder ganz einfach ihren Platz an die Investment Trusts (Beteiligungsgesellschaften), an die Mutual Funds (Effektenhaltegesellschaften auf Gegenseitigkeit), abgegeben oder auch an alle möglichen anderen Firmen ähnlichen Charakters, besonders in den Vereinigten Staaten.

Investment Trust

Man bezeichnet den Investment Trust manchmal als horizontalen Trust. Statt Kapitalien zu konzentrieren und zu einer Kette von Betrieben oder einer Gruppe von sich ergänzenden Betrieben zu vereinen, will er die Gelder in möglichst viele Richtungen verteilen, wobei keine Verbindung zwischen den einzelnen Anlagen besteht.

An die Stelle der Konzentration ist also eher die Zersplitterung getreten. Dagegen sucht der »vertikale Trust«, einander ergänzende und miteinander verwandte Gesellschaften unter einheitlicher Leitung zu fusionieren.

Nehmen wir an, eine Beteiligungsgesellschaft verfügt über hundert Kapitaleinheiten. Dann könnten zum Beispiel die Gelder wie folgt in Aktien angelegt werden:

2 % in Eisenbahnen
2 % in der Nahrungsmittelindustrie
5 % in der Metallindustrie
5 % in der chemischen Industrie
3 % in Staatsanleihen
5 % in der Elektroindustrie
4 % in der Erdölförderung
4 % in rhodesischen Kupferminen
4 % in peruanischen Kupferminen

und so weiter.

Diese Gesellschaft strebt nach einer systematischen Aufteilung in eine möglichst große Zahl von Positionen, denn sie will die geografischen, politischen, industriellen, sozialen, klimatischen und sonstigen Risiken verteilen, um ihren Aktionären eine stabile und sichere Dividende zu gewähren.

Der vertikale Trust

Der Zweck des Investment Trusts steht im völligen Gegensatz zu dem des vertikalen Trusts. Der Entstehungsprozess eines vertikalen Trusts lässt sich an folgendem Beispiel veranschaulichen: Eine Gesellschaft, die ursprünglich chemische Erzeugnisse und Lacke herstellte, wird versuchen, so viele Anteile von Automobilfirmen an sich zu bringen, dass sie die Kontrolle über diese Firmen ausübt und somit bestimmen kann, dass der Gesamtbedarf dieser Firmen an Autolacken von ihr geliefert wird. Dann wird sie danach streben, Fabriken für Autoreifen, Hersteller von Windschutzscheiben, Ledergarnituren, Chromteilen, Plastikartikeln, kurz alle Geschäftszweige, die Zulieferanten für die Automobilindustrie sind, in ihre Einflusssphäre einzubeziehen.

Die vertikalen Trusts, die wahre industrielle und finanzielle Imperien innerhalb des kapitalistischen Systems zu Anfang des Jahrhunderts waren, haben aus dem Publikum und den Verbrauchern, die sie ausgebeutet haben, Vorteil gezogen. Sie haben ihre Bedingungen, ihre Preise und ihre Tarife diktiert und ihre Erweiterungspläne nach dieser oder jener Richtung, ganz wie es ihnen beliebte, durchgesetzt. Zu gewissen Zeiten waren sie die Herren, manchmal auch die Ausbeuter des Landes. All das gehört der Vergangenheit an. Heute hat die Gesetzgebung der Vereinigten Staaten ihnen sozusagen die Flügel beschnitten und unterwirft sie einer drakonischen Kontrolle.

Man darf jedoch Investment Trust und Trust nicht verwechseln. Der Investment Trust ist, besonders seit dem letzten Kriege, überaus beliebt. Jeder kleine Sparer kann an der Entwicklung seines Landes teilhaben. Er kann sich eine oder zwei Aktien einer Beteiligungsgesellschaft kaufen und so mit seinen bescheidenen Mitteln den Sprung nach vorn mitmachen.

Die Tatsache, dass jeder, der etwas besitzt, jeder Bürger durch seine Mikro-Geldanlagen ein Mikro-Kapitalist wird, ist das beste Heilmittel gegen die marxistische Propaganda, weil nämlich dadurch Kapital und Arbeit zu Bundesgenossen werden. Die kleinen Börsengeschäfte setzen den demokratischen und liberalen Kapitalismus in die Praxis um und stellen eine der Bastionen gegen den Kommunismus dar.

Es ist daher nicht erstaunlich, dass die Regierungen der Entwicklung der Investment Trusts mit steigendem Wohlwollen zugesehen haben.

Die Tätigkeit dieser Gesellschaften hat einen solchen Umfang angenommen, dass sich heute die Börse tatsächlich auf ihnen aufbaut. Die Investment Trusts, und infolgedessen auch die Börsen, spielen auch in der zukünftigen Entwicklung Europas eine tragende Rolle.

Ein immer dichteres Netz internationaler Verflechtungen spannt sich über die Landesgrenzen hinweg von einer Börse zur anderen. Immer größer wird der Prozentsatz von Anteilen, zum Beispiel an französischen Gesellschaften, der von deutschen Sparern erworben wird, ebenso wie die französische Öffentlichkeit einen immer größeren Prozentsatz der Aktien deutscher Gesellschaften erwirbt. Wenn dieser Prozess anhält, wird einmal der Zeitpunkt kommen, da ein großer Teil der Aktien einer französischen Firma eines bestimmten Industriezweiges deutsches Eigentum ist, während umgekehrt die Aktien der entsprechenden deutschen Industrie in französischem Besitz sind. Gleichzeitig werden die beiden Gesellschaften einen Austausch von Patenten und Fabrikationsverfahren vornehmen und Vereinbarungen über die Rationalisierung der Produktion treffen, was sowohl den Verbrauchern als auch den Aktionären zugute kommt. Von hier bis zu einer juristischen Fusion der beiden Gesellschaften ist es nur noch ein kleiner Schritt.

Ohne sich einer Utopie hinzugeben, kann man sich eine Zukunft vorstellen, wo es keine deutschen und keine französischen Firmen mehr gibt, sondern nur noch deutsch-französische. Um diesen Kern werden sich dann holländische, italienische, belgische und luxemburgische Gesellschaften und Kapitalien gruppieren. Eines Tages werden wir uns einer vollendeten Tatsache gegenübersehen: den europäischen Firmen. Diese Firmen werden eine verzehnfachte Betriebskraft haben und ihre Gewinne werden nicht nur die Summe der Gewinne der ehemaligen Einzelgesellschaften sein, sondern ein Vielfaches davon. Es wird die große

Zeit der finanziellen Expansion Europas sein, die der amerikanischen Entwicklung im 19. Jahrhundert entspricht, und die Aussichten dieser Zukunft sind ungeheuer.

Die Börsen werden keineswegs nur ein Monte Carlo ohne Musik sein, sondern die Werkstatt, wo das Traggerüst der Vereinigten Staaten von Europa geschmiedet wird.

Die Logik

Eines Tages kam mich einer meiner alten Freunde besuchen, der das erste Stadium der Spekulation, wo man nur seine Interessen schützt, hinter sich gelassen hatte und jetzt im zweiten Stadium war, wo man versucht, sein Vermögen zu mehren.

Er war ein vorzüglicher und erfahrener Spekulant, und dennoch schien er sehr beunruhigt zu sein:

»Wie erklären Sie sich diese sehr merkwürdige Sache?«, fragte er mich. »Ich habe seit einiger Zeit bei meinen Aktien-, Obligationen- und Warenspekulationen ein ungewöhnliches Phänomen entdeckt. Stellen Sie sich vor, ich habe im Augenblick zehn verschiedene Positionen an der Börse, die keinerlei Beziehung zueinander haben.

Ich spekuliere mit südafrikanischen Minen auf Hausse, mit englischen Staatsanleihen auf Baisse, mit amerikanischen Stahlwerken auf Hausse, mit französischen Banken auf Baisse, mit Zinn auf Hausse, mit Hafer auf Baisse, schließlich mit Erdölwerten auf Hausse und mit Kakao auf Baisse.

Sie werden zugeben, dass das Spekulationspositionen sind, die jeweils nicht viel miteinander zu tun haben. Und trotzdem, entweder ist alles günstig für mich, oder alles ist gegen mich. Entweder steigt alles, was fallen sollte, und alles fällt, was steigen sollte, oder es passiert auch, dass alles steigt, was steigen soll, und alles fällt, was fallen soll.

Und nun möchte ich wissen, welche Relation zwischen den Aktien der amerikanischen Stahlwerke und dem Kakao besteht, zwischen den Banken in Paris und dem Hafer in Winnipeg? Es ist, um den Verstand zu verlieren.

Im Augenblick sind alle meine Positionen auf den Kopf gestellt. Welche geheimnisvolle Kraft ist es bloß, die mir manchmal wohlwill, die sich aber heute auf der ganzen Linie gegen mich verschworen hat?«

»Nun«, antwortete ich nach kurzer Überlegung, »es gibt eine Aktie, die im Augenblick bestimmt schlecht im Kurs steht und auf die Sie am meisten rechnen: die Aktie der Logik.

Bei Ihren Aktienspekulationen, nehme ich an, stützen Sie sich auf Bilanzen, Gewinn- und Verlustrechnungen, Dividenden usw. und bei Ihren Rohstoffspekulationen auf Statistiken über Ernteerträge und Verbrauch, auf Handelsverträge, Innenpolitik und in jedem Fall auf die Außenpolitik.

Im Augenblick befinden wir uns vermutlich in einer Periode, wo die Logik nicht Schritt halten kann, und deshalb ist alles gegen Sie. Gedulden Sie sich ein wenig. Die »Logik« genannte Aktie wird wieder steigen, und alles wird dann in – logischer – Ordnung sein.

2 × 2 = 5 − 1

Sie kennen mein Glaubensbekenntnis: Zwei mal zwei ist fünf weniger eins. Nichts ist einfach, weder in der Spekulation noch im Leben. Die ganze Existenz beruht auf dieser Wahrheit. Die Erfahrung zeigt das. Man kommt ans Ziel, aber nie auf gerader Linie. Und im Augenblick befinden wir uns sogar in der Kurve. Aus welchen Gründen steht die Logik so niedrig im Kurs? Dafür gibt es tausendundeinen möglichen Grund.

Wenn Ihre Logik wirklich logisch ist, das heißt richtig aufgebaut, dann wird sie sich durchsetzen. Wann, das ist eine Frage der Imponderabilien, die Ihre Überlegung verzögern oder sogar ins Gegenteil verkehren können. Was gestern noch solide war, kann sehr leicht heute morsch sein. Aber wenn die Elemente Ihres Spekulationsgebäudes ihre Gültigkeit behalten, dann ist alles nur eine Frage der Zeit. Man muss in dem Augenblick, da irgendetwas in Unordnung gerät, die Situation richtig beurteilen können. Nichts ist so verdrießlich und sogar gefährlich, wie die Gründe nicht zu kennen, die sich der Logik widersetzen.

Man muss die Symptome erkennen. Wenn die Diagnose eine vorübergehende Störung erkennen lässt, heißt es festbleiben, die Ohren steifhalten.

Wenn sich aber grundlegende Veränderungen erkennen lassen, zum Beispiel der Ausbruch eines Krieges, Grenzverschiebungen, Währungsumstellungen usw., dann muss man sofort die Konsequenzen ziehen und notfalls heute über Bord werfen, was einem gestern noch lieb und teuer war.

In Ihrem Falle möchte ich folgende Diagnose stellen: es gibt seit einiger Zeit eine ganze Menge Kapital, das ich ›Wanderkapital‹ nennen möchte; es will nicht so angelegt werden, wie es ein Familienvater anlegen würde, sondern ist ständig auf der Suche nach großen Spekulationscoups.

Dieses Wanderkapital wird ebenso wie Ihr Kapital für Spekulationen eingesetzt, die auf der reinen und einfachen Logik aufbauen. Sie sind also nicht der einzige, sondern Tausende von Spekulanten verfolgen den gleichen Weg wie Sie und haben sich bei Geschäften engagiert, die den Ihren entsprechen.

Die technische Position

Sie spekulieren mit Effekten und Rohstoffen auf Hausse, für die bereits ein Käufermarkt besteht, und Sie spekulieren auf Baisse bei Effekten und Rohstoffen, die zu teuer verkauft werden. Nun, die technische Position spielt bei Spekulationen mit Effekten und Rohstoffen, wenn es sich um kurze Termine handelt, eine entscheidende Rolle.

Sie haben mir gesagt, Sie hätten Erdölaktien. Seit einiger Zeit hat sich die internationale Spekulation bei Erdöl sehr stark auf Hausse eingestellt, die Spekulanten erwarten die Hausse, da diejenigen, die gern verkaufen wollen, zu viel Werte haben, steigen die Papiere nicht. Es gibt ein Naturgesetz: wenn die Titel nicht mehr steigen können, bröckeln sie ab oder fallen.

Die vollendete Tatsache

Man kann diese These ad absurdum führen. Nehmen wir an, ein Wert steigt bis zu dem Niveau, mit dem die Käufer gerechnet haben. Damit gelangt er aber gleichzeitig in eine Gefahrenzone. Von dem Augenblick an übt nämlich der überhöhte Kurs nicht mehr die gleiche Anziehungskraft auf die Spekulation aus. Es gibt nicht nur weniger neue Kaufinteressenten, sondern im Gegenteil, diejenigen, die sich bereits festgelegt haben, versuchen sich ihrer Verpflichtungen zu entledigen, und alle wollen gleichzeitig durch die gleiche Tür; dann ist die Baisse da, trotz der guten Erwartungen.

Der gleiche Prozess vollzieht sich auch im umgekehrten Sinne. Nehmen wir irgendeinen Wert, der aus absolut einleuchtenden Gründen, zum Beispiel im extremen Fall, weil die Gesellschaft Konkurs angemeldet hat, fallen sollte. Der Wert nähert sich dem Niveau, das er logischerweise erreichen müsste, und dennoch bleibt er bei einem über diesem Niveau liegenden Kurs, ohne weiter zu fallen, trotz der schlechten Berichte, und das sogar für eine ganze Weile. Warum?

Weil alle diejenigen, die die Papiere schon früher besessen hatten, sie bereits verkauft haben, und weil die Baissiers, als sie sahen, dass ihre Erwartungen sich erfüllten, auch kauften, um ihren Gewinn zu realisieren, und ihre Käufe bewirkten das Ansteigen der Kurse.

Zum Beispiel hat im Jahre 1933 die amerikanische Legislative die Dollar-Parität im Verhältnis zum Franc geändert und den gesetzlichen Wert des Dollars von 25 auf 15 Franc herabgesetzt. Das Währungsgesetz war eindeutig: Der Dollar galt 15 Poincaré-Franc. Trotzdem kreiste er monatelang um 19 Franc, weil es so zahlreiche Baisse-Positionen gab, dass es eben Monate dauerte, sie zurückzukaufen. Als sie liquidiert waren, konnte der Dollar dann auf 15 Franc fallen.

Ich habe in Dutzenden von Fällen das gleiche Phänomen erlebt. Notleidende Obligationen, Aktien von faulen Gesellschaften, die kurz vor oder sogar schon in Konkurs waren, hielten sich auf relativ hohen Kursen, bevor sie ganz tief stürzten.

Seien Sie also nicht erstaunt, wenn die Werte, die fallen sollen, zu steigen beginnen. Soweit Sie Baissier sind, stehen Sie nicht allein im Kampf. Es ist übrigens genau das Gleiche mit Ihren Hausse-Positionen. Es kommt nur darauf an, während der kritischen Periode durchzuhalten, vorausgesetzt, dass nichts dazwischenkommt, was die Beweisführung ändert.

Ein weiteres Moment darf nicht übersehen werden, das ziemlich häufig in Erscheinung tritt, so erstaunlich das auch sein mag: die vollendete Tatsache.

Nehmen Sie den Fall eines Landes, das in Gefahr schwebt, in einen Krieg verwickelt zu werden. Viele Titelinhaber werden, durch die Situation beunruhigt, ihre Papiere verkaufen. Aber an dem Tag der Kriegserklärung ändert sich die Lage plötzlich: Die Kurse steigen, statt zu fallen. Das Gleiche passiert auch umgekehrt. Wenn man während des Krieges glaubt, dass der Friede nahe ist, beginnt man Werte zu kaufen, auf Hausse zu spekulieren, und dadurch steigt die Börse. Und wenn der Waffenstillstand unterzeichnet ist, machen die Kurse statt der erwarteten Hausse einen großen Satz nach unten. Wenn dagegen der Markt durch den Krieg völlig entblößt ist, weil es keine Käufer gibt, und der Friede ganz überraschend kommt, dann schlägt die Börse sofort um und schießt wie eine Rakete davon.

Kurz, aufregende Neuigkeiten, seien sie gut oder schlecht, bewirken, dass die Börsentendenz um 180 Grad dreht. Die extremen Fälle sind Krieg oder Frieden, es passiert aber auch dann, wenn man auf ein bestimmtes Ereignis spekuliert und dieses Ereignis dann wirklich eintritt. Diese Beobachtung hat sich oft genug bestätigt, sodass sie zur Regel erhoben werden kann.

Zusammenfassend kann man sagen, Ihre Logik hält nicht Schritt, und zwar genaugenommen, weil Sie bei Ihrer Spekulation nur wirtschaftliche, statistische, politische und sonstige Faktoren berücksichtigt haben. Aber all das wird in diesem Falle aufgehoben durch die Gegebenheit der Praxis, die ich Ihnen erklärt habe.

Ihre Spekulationen sind zu logisch und zu brillant, und darum kollidieren sie mit den Gegebenheiten der Praxis; das ist die Erklärung für Ihre Probleme.«

Diese Antwort, die ich meinem Freund im Hinblick auf seine vielerlei Hausse- und Baisse-Positionen für Rohstoffe und Effekten gab, lässt sich auch auf die allgemeine Börsentendenz anwenden.

Man fragt sich von Zeit zu Zeit ganz erstaunt, warum die Börse trotz des Konjunkturrückganges steigt und warum sie in einer Periode der Hochkonjunktur fällt, was paradox erscheint, aber oft vorkommt. Die Erklärung dafür ist, dass die Börsentendenz und der Konjunkturtrend zwar voneinander abhängig und den gleichen Gesetzen unterworfen sind, aber nicht synchron verlaufen.

Zwei wesentliche Faktoren, der Kredit und die Psychologie der Massen, wirken sich nicht gleichzeitig auf die Börsenwerte und auf Industrie und Handel aus.

Das Getriebe des Geldmarkts und das Getriebe des Wirtschaftslebens stehen in einem engen organischen Zusammenhang, aber sie arbeiten häufig entgegengesetzt. Was für die Geschäftswelt günstig ist, ist es nicht immer für die Börse, und umgekehrt.

Der Rhythmus der beiden Getriebe ist, wie gesagt, nicht synchron; ohne dass es hierfür eine allgemeine Regel gibt, kann der eine rascher, der andere langsamer sein, oder sie halten in einem gewissen zeitlichen Abstand das gleiche Tempo ein; immer aber treffen sie sich an bestimmten Relaispunkten.

In den heroischen Zeiten der Börse ließen die Nachrichten über die Ankunft von Schiffen die Kurse der Indischen Kompanie fast automatisch steigen oder fallen. Heute genügen selbst sehr genaue Auskünfte über den Gang der Geschäfte nicht mehr. Statistiken und Bilanzen kommen schon zu spät, wenn sie erscheinen. Der Aufbau des modernen Kapitalismus ist sehr viel komplizierter. Das Rad dreht sich, die Zeit bleibt nicht wegen ein paar Zahlen stehen, die Nachrichten sind im Augenblick ihres Erscheinens schon überholt.

Der Knotenpunkt zwischen den Börsentendenzen und dem Wirtschaftsleben ist der Faktor Kredit.

In einer Periode des wirtschaftlichen Booms, wenn Handel und Industrie florieren, werden die verfügbaren Kapitalien für die Produktionserweiterung verwendet. Um zu vermeiden, dass dieser Strom nicht zu einer gefährlichen Überexpansion führt, müssen die Behörden restriktive Maßnahmen ergreifen: Der Zinssatz für Geld wird erhöht, wodurch die Aufnahme von Krediten, die zu teuer geworden sind, gebremst wird.

Die Unternehmungen müssen die Durchführung projektierter Investierungen und laufender Arbeiten sicherstellen, umso mehr, als die Hochkonjunktur sie unerlässlich macht.

Mechanismus der Baisse

Doch macht der erhöhte Diskontsatz das Geld zu teuer, um die Rentabilität der vorgesehenen Ausgaben zu gewährleisten. Das Geld wird immer teurer und gleichzeitig knapper. Die Banken beschneiden oder streichen im äußersten Falle sogar die zugestandenen Kredite.

Um sich neues Kapital zu beschaffen, können die Firmen mehrere Möglichkeiten ausschöpfen: Sie können ihr Kapital durch Emission neuer Aktien oder Obligationen erhöhen. Sie können aber auch einen Teil ihres Wertpapierbestandes verkaufen. Diese Verkäufe üben Druck auf die Kurse aus und die daraus folgende Baisse zwingt diejenigen, die Darlehen auf Titel aufgenommen haben, ihre Positionen zu liquidieren. Alle diese Operationen enden schließlich damit, dass der Markt mit Papieren überschwemmt ist, während das Geld knapp wird.

Da mehr Papiere vorhanden sind als Geld, um sie zu kaufen, gibt es eine Baisse an der Börse, trotz der Hochkonjunktur und trotz des guten Geschäftsganges.

Die Krise

Bald ist die Expansion gebremst. Die geplanten Investitionen werden aufgegeben oder verschoben. Nach einer gewissen Zeit wird das Tempo der Wirtschaft langsamer und der Kapitalbedarf geringer. Nun lohnt es sich weder, neue Aktien auszugeben, noch neue Bankkredite aufzunehmen. Der Verbrauch schrumpft, daher wachsen die Sparguthaben, und da die Inflationsgefahr eine Zeit lang ausgeschaltet ist, können die zuständigen Stellen den Zinssatz senken und die Kreditaufnahme erleichtern.

Mechanismus der Hausse

Die Kapital-Akkumulation übersteigt den industriellen Investitionsbedarf, das überschüssige Geld wandert zur Börse, um in schon existierenden notierten Werten angelegt zu werden. Daher kommt die Hausse der Börse in einem Augenblick, wo ein ernstlicher Aktivitätsschwund zu einer Konjunkturdämpfung führt.

Die Konjunkturkurve und die Börsentendenz kann man sich ungefähr wie zwei nebeneinanderliegende Räder vorstellen, die sich in der gleichen Richtung, aber mit verschiedener Geschwindigkeit drehen.

Das Börsenrad dreht sich manchmal schneller als das Rad der Wirtschaft, es kann aber auch langsamer sein; in jedem Fall ist der Rhythmus der beiden Räder nicht synchronisiert. Meistens kontrolliert der Staat die Handgriffe, mit denen die Räder schneller oder langsamer eingestellt werden können. Auf dem Armaturenbrett der Staatslenker gibt es verschiedene Hebel: Budget- und Steuerpolitik, Währungspolitik, Diskontsatz, Kreditrestriktionen oder -liberalisierung. Deshalb sollte sich jeder gute Spekulant eine Regel merken: sich niemals den Direktiven derjenigen widersetzen, die das System in Gang halten, denn früher oder später werden diese sich durchsetzen, weil sie die stärkeren Waffen haben!

Wenn der Staat eine Hausse wünscht, hat er genügend Möglichkeiten, es dazu kommen zu lassen. Und wenn er den Markt zerschlagen will, gelingt es ihm fast immer. Zwei Beispiele illustrieren ausgezeichnet, wie sich die zwei Räder unabhängig voneinander drehen.

New York

Zwischen 1946 und 1949 führte die Umstellung der Produktion von Krieg auf Frieden in den Vereinigten Staaten zu einer ungeheuren Aktivität der Industrie.

Die Gewinne erhöhten sich ununterbrochen, während zur gleichen Zeit die Börsenkurse an der Wall Street unaufhörlich fielen. Die Industrieumstellung hatte alle verfügbaren Kapitalien für sich eingespannt und keine Mittel für den Kauf von Wertpapieren gelassen. Es blieb den Sparern wenig Geld für Investitionen, und infolgedessen begannen sie für ihr angelegtes Geld einen höheren Ertrag zu fordern. Der Faktor »Geld« war also knapp.

Überdies blieb das Publikum misstrauisch, skeptisch bezüglich der Möglichkeiten der wirtschaftlichen Zukunft nach dem Kriege. Das Vertrauen schwand und die Börsenkurse fielen langsam.

Die industrielle Umstellung vollzog sich in mehreren Etappen: Nach dem ersten »Aufbrausen« der Wirtschaft trat eine Periode der Stabilisierung ein. Die Expansion der Industrie verlangsamte sich, daher war mehr Geld da und die Sparguthaben wuchsen. Die nicht eingesetzten Kapitalien konnten wieder den Weg zur Börse einschlagen. Die Kurse begannen anzuziehen, sobald sich der Kapitalmarkt entspannt hatte.

Deutschland

Der gleiche Prozess vollzog sich in Deutschland. Die große Wiederaufbauperiode hatte nach der Währungsreform von 1948 eingesetzt.

Zuerst entwickelte sich der Geldmarkt. Der Börse standen damals noch nicht genug Mittel zur Verfügung und die Werte konnten trotz einer langsamen Kurssteigerung über das Stadium einer gemäßigten Revalorisierung nicht hinauskommen. Von 1953 an nahm die Industrieausweitung riesige Ausmaße an, die Dividenden stiegen, die Gewinne vervielfachten sich, aber die Kurse sanken unablässig. Es war tatsächlich so, dass die Industrie in einem gewaltigen Boom alle verfügbaren Kapitalien aufnahm und für die Börse nichts übrigblieb. Jeden Morgen konnte man in den Zeitungen feststellen, dass zwischen den ausgezeichneten geschäftlichen Erfolgen der Gesellschaften und den immer tiefer sinkenden Börsenkursen ein schroffer Gegensatz bestand, der absolut irreführend war.

Die Deutsche Bundesbank hatte nämlich die notwendigen Maßnahmen ergriffen, um ein Steigen der Preise zu verhindern und der drohenden Inflationsgefahr vorzubeugen. Diese Krediteinschränkung hatte die Unternehmungen dazu gezwungen, neue Aktien und Obligationen herauszugeben. Die Börse war überschwemmt mit Titeln, aber es gab kein Geld, um sie aufzunehmen.

Die Lage schien für die Spekulanten ausweglos. Als der Industrieausweitung in gewisser Weise Zügel angelegt wurden, das Tempo sich etwas verlangsamte, fast eine Stagnation eintrat, da lockerte die deutsche Regierung die Kreditbestimmungen und öffnete den Geldhahn, der in geeigneter Weise den Kapitalmarkt bewässerte. Mit diesem ersten Sauerstoffstoß wurde der Markt wieder kräftig, die Werte stiegen so steil in die Höhe, wie es kaum eine andere Börse je erlebt hat. Das jahrelang künstlich unterdrückte Potenzial konnte sich mit einem Mal wieder frei entfalten.

Es bedurfte nur des Geldes, das der Sauerstoff der Börse ist. So ist es immer gewesen und so wird es immer sein, solange es Börsen gibt.

»Denari, Denari e poi Denari!«

Geld, nochmals Geld und wiederum Geld! Dieses berühmte Wort des Marschalls Trivulsio sollte als Motto über jedem Börsenportal eingraviert sein.

Das Geld

Das Geld speist die Börse wie die Quelle den Fluss. Die Börsentendenz entspricht etwa der Strömung, die je nach der Wassermenge stärker oder schwächer ist. Und der Versuch, sich gegen die Börsentendenz zu stemmen, ist ebenso gefährlich wie das Schwimmen gegen den Strom. Immerhin gibt es bei den großen Börsenbewegungen stets Werte oder Gruppen von Werten, die sich von den anderen absondern und ihren eigenen Weg gehen.

Wenn die Börse auf Baisse tendiert, kommen die Werte, die sich aus einem bestimmten Grund anders verhalten als die andern, langsam voran; sie können sich durchsetzen, aber mit großen Schwierigkeiten. So war es während der schlechten Konjunktur 1957 in den Vereinigten Staaten, als bei völlig zerrütteter Börse die pharmazeutischen Werte ihre gute Position halten konnten, und zwar, weil sie eine Sonderstellung innehatten. Wäre der allgemeine Trend günstig gewesen, wären sie sicherlich pfeilartig in die Höhe geschnellt.

Im Gegensatz dazu sind die Erdölaktien in der Hausse-Periode der Jahre 1959/60 in Paris und an den anderen europäischen Börsen langsam, aber unaufhaltsam abgebröckelt. Sie wären sicherlich noch tiefer gesunken, wenn die allgemeine Tendenz nicht auf Hausse ausgerichtet gewesen wäre. Wenn die in voller Entwicklung begriffene Industrie noch durch eine Hausse-Strömung begünstigt wird und durch große flüssige Kapitalien neue Nahrung erhält, dann erlebt man – und das ist nicht erstaunlich – einen außergewöhnlichen Aufschwung. Es ist eine Euphorie ohne Grenzen. So erklärt sich der große Aktienboom bei den neuartigen und revolutionierenden Industriezweigen, der Anfang 1959 eingesetzt hat.

In einer solchen Zeit, da alles scheinbar gutgeht, haben die Kurse dieser Werte keine echte Beziehung zur Wirklichkeit, sie werden einfach zu Telefonnummern, mit denen man jongliert, ohne kontrollieren zu können.

Die Zahlen aus den Geschäftsberichten bedeuten nichts mehr, die Gewinne auch nicht, denn sie gehören der Gegenwart an. Wichtig allein ist der Rhythmus ihres Steigens, die Schnelligkeit, mit der die Industrie nach oben klettert. In Amerika haben die Börsenanalytiker gewisse Theorien über den Zusammenhang der Entwicklung einer Industrie und dem entsprechenden Börsenkurs aufgestellt. Steigt der Reingewinn einer Gesellschaft seit x Jahren um y Prozent pro Jahr, dann lässt sich ein bestimmter Börsenkurs vorausberechnen. Das ist natürlich die Theorie, aber die romantisch verbrämte Zukunft regt die Fantasie an.

In solchen Zeiten muss sich der wahre Spieler logischerweise mit seiner Logik etwas zurückhalten. Er muss klug genug sein, um den Dummen zu spielen, muss seinen kritischen Verstand ausschalten und sich von der Flut mitreißen lassen.

Wenn der Geldstrom weiterhin genügend Nahrung erhält, kann die Aufwärtsentwicklung andauern, selbst wenn der betreffende Industriezweig Ermüdungserscheinungen zeigt. Es wird auch keinen ernsten Zwischenfall geben, wenn die günstigen Ergebnisse eine Zeit lang eine gewisse Kapitalbeschränkung kompensieren. Wenn aber die sinkende Kurve der Industrie mit einer gleichfalls sinkenden Börsentendenz zusammentrifft, dann ist die Katastrophe unbarmherzig da, wie die Geschichte oft genug bewiesen hat.

Es gibt keine untrügliche Regel, kein Börsen-Lehrbuch mit Rezepten über die vollkommene Spekulation. Es gibt auch keine Methode, nach der man lernen kann, jedes Geschäft erfolgreich durchzuführen. Wenn es so einfach wäre, gäbe es keine Bergleute mehr in den Bergwerken und keine Holzfäller in den Wäldern. Jedermann würde seinen Lebensunterhalt an der Börse verdienen. Die Spekulation hängt zu einem großen Teil von dem Geschick des Spekulanten ab und davon, wie er den an der Börse einzig richtigen Lehrsatz anzuwenden versteht, von dem schon mehrmals die Rede war: $2 \times 2 = 5 - 1$.

Kaufen und Verkaufen

Die Spekulation ruht auf der Logik wie ein Bauwerk auf seinen Stützpfeilern. Sofern die Imponderabilien nicht die Karten durcheinanderbringen, muss der Spekulant die praktische Verwirklichung seiner Idee abwarten, die nicht immer sofort eintritt. Alle möglichen Faktoren können verzögern, dass seine Pläne Gestalt annehmen. Häufig kommt es vor, dass der Spekulant nicht durchhält und schon ruiniert ist, bevor das fatale »weniger eins« ausgesprochen wird, mit dem die Gleichung erst fertig ist.

Durchhalten, das ist ebenso eine Frage des Geldes wie der Nerven und der Geduld, der Überzeugung. Ich glaube, es steckt wirklich etwas Mystisches in der Spekulation.

Wenn man sich in seiner Überzeugung stark fühlt, dann muss man ausharren und die einmal begonnene Sache von Grund auf durchstehen. Nur wenn sich ein Zwischenfall ereignet und man erkennt, dass man im falschen Boot sitzt, dann muss man sofort und so schnell aussteigen, als ob das Schiff brennt, und versuchen, alles zu vergessen.

Es gibt zwei absolut gültige Prinzipien: ausharren, wenn man glaubt, dass man richtig liegt, und sich nicht auf die Sache versteifen, wenn die Umstände sich ändern und man seinen Irrtum erkennt.

Nur vor einem muss man sich hüten wie vor einem starken Gift: um jeden Preis das verlorene Geld zurückgewinnen zu wollen. Im Gegenteil, wenn ein Verlust eingetreten ist, muss man ihn schlucken, reinen Tisch machen und sofort wieder bei null anfangen.

Das Schwierigste an der Börse ist, einen Verlust mit Anstand hinzunehmen; doch ist das ein chirurgischer Eingriff, der häufig vorkommt: Man muss dann den Arm amputieren, bevor der Brand sich ausbreitet, je früher, desto besser.

Man muss imstande sein, seine eigene Börsenposition zu beurteilen, als ob jeder Tag eine neue Musterkollektion von Titeln und Werten brächte.

In diesem Zusammenhang möchte ich diejenigen, die sich von dem Gedanken einlullen lassen, ein gut gefülltes Portefeuille zu haben, einen sehr nützlichen Rat geben. Wenn sie von Zeit zu Zeit, also manchmal, aber nicht zu oft, mit dem Bleistift in der Hand ihre Börsenpositionen prüfen, sollten sie sich folgende Frage vorlegen:

Würde ich diesen Titel kaufen, wenn ich ihn nicht schon hätte? »Ja.« In diesem Fall muss man ihn sorgsam aufheben. Lautet die Antwort »Nein«, dann muss man ihn sofort verkaufen, um mit seinem Gewissen ins Reine zu kommen.

Man muss kaufen und verkaufen, ohne die früheren Kurse beim Kauf oder Verkauf zu berücksichtigen. Man muss einen Wert zurückkaufen, selbst wenn man ihn billiger verkauft hat, sobald dieser Rückkauf gerechtfertigt erscheint. Und ebenso muss man in dem Augenblick billiger verkaufen, als man vorher gekauft hat, wenn dieser Verkauf sich als notwendig erweist.

Die Börsenkurse gehen ihren Weg, ohne sich um uns zu kümmern, ob es uns passt oder nicht. Deshalb muss man sich nach einer eisernen Regel richten: einen scharfen Trennungsstrich ziehen zwischen den zu tätigenden Geschäften und unseren früheren Transaktionen.

In der Laufbahn eines Spekulanten gibt es auf hundert Fälle fünfzig, wo er »unrecht« und fünfzig, wo er »recht« hat. So geschickt er auch sein mag, die ganze Kunst besteht darin, die fünfzig günstigen Situationen von Grund auf zu nützen, den größten Gewinn daraus zu ziehen und den Verlust in den anderen fünfzig Fällen, wo man einen Rückschlag hinnehmen muss, möglichst klein zu halten. Wenn man sich zufällig in 51 Fällen auf dem richtigen Gleis befindet und sich nur in 49 Fällen geirrt hat, dann ist das ein Geschenk des Himmels, für das man dankbar sein muss.

Dem Gewinn freien Lauf lassen und die Verluste begrenzen – das ist das Abc des Spekulanten. Ich möchte aufgrund meiner Erfahrung fast sagen, man müsse eine gewisse Passion besitzen, um sich alle Erfolgschancen zu sichern.

Meine persönliche Erfahrung hat mich zu dieser Philosophie geführt, und manchmal musste ich teuer dafür bezahlen. Aber an Überzeugung hat es mir nie gefehlt.

Suez

Einige Jahre vor Ausbruch des Zweiten Weltkrieges hatte ich mich in einer gründlichen Studie mit der Suezkanal-Gesellschaft befasst.

Bei diesen Aktien handelte es sich um den Prototyp eines Goldwertes, für den die ganze Welt eine fast religiöse Verehrung empfand. Die Aktien der Suezkanal-Gesellschaft waren genau die Papiere, die ein guter Hausvater kaufte; sie waren ein Schutz für den Sparer, eine Garantie für die Zukunft, sie behielten ihren Wert trotz aller Wechselfälle der Währung und späterer Abwertungen. Doch zwangen mich die Schlüsse, die ich aus meiner Studie zog, einen ganz entgegengesetzten Standpunkt einzunehmen. Die »Suez« waren ein falscher Goldwert geworden, dessen Preis unverhältnismäßig hochgetrieben war. Obwohl ich mich damit der allgemeinen Ansicht entgegenstellte, begann ich eine schriftliche und mündliche Kampagne gegen die Kanal-Aktien. Meiner Umgebung, meinen Freunden, allen, die hören wollten, riet ich, ihre Suez-Aktien zu verkaufen, und ich selbst engagierte mich sehr stark in einer Baisse-Spekulation.

Ohne dass meine Voraussagen direkt widerlegt wurden, gaben mir jedoch die ersten Jahre nicht völlig recht. Beim geringsten Anzeichen für eine Hausse liefen Gerüchte um, die die Spekulation aufpeitschten, zum Beispiel:

»Die französische Regierung kauft Suez-Aktien, um sie Mussolini zum Geburtstag zu schenken.«

»Mussolini kauft Suez-Aktien, um in den Aufsichtsrat zu kommen und die Franzosen zu ärgern.«

»Die Engländer kaufen, um die Franzosen am Kaufen zu hindern.«

»Die Kanalgesellschaft hat tonnenweise Gold im abessinischen Krieg gewonnen.« Und so weiter.

Jedes Gerücht war recht und gut, wenn es nur der Hausse diente.

Es ist sehr wahrscheinlich, dass gewisse Gruppen auch versuchten, ihre Papiere abzustoßen. Ich war wohl nicht der einzige, der begriffen hatte, dass die Kurse überhöht waren und die Zukunft hoffnungslos. Kurz, ich ließ mich von diesen fantastischen Gerüchten weder beeinflussen noch entmutigen. Nichts konnte mich und meine feste Überzeugung erschüttern, und besonders nicht solche albernen Geschichten. Je haltloser und lächerlicher die Argumente gegen mich waren, umso mehr versteifte ich mich auf meine Baisse-Position.

Die Logik trug schließlich den Sieg davon. Selten erfüllt sich eine solche Prophezeiung mit solcher Exaktheit und in so großem Umfange. Etwa zehn Jahre später verloren die Suez-Aktien neun Zehntel ihres Goldwertes, während zur gleichen Zeit alle anderen internationalen Werte auf das Fünffache, in manchen Fällen sogar auf das Zehnfache ihres Goldwertes stiegen.

Die deutsche Sperrmark

Einige Jahre später, nach Kriegsende, hatte ich mir wieder eine fixe Idee in den Kopf gesetzt: den wirtschaftlichen Wiederaufbau der deutschen Bundesrepublik. Man konnte sich auf mehreren Gebieten betätigen: mit Obligationen und Industrie-Aktien, aber auch auf die sicherste, dynamischste und leiseste Weise, nämlich mit der deutschen Währung selbst, der Sperrmark.

Nach der Währungsreform von 1948 waren alle auf Mark lautenden Ausländerguthaben bei den Banken, wo sie sich befanden, gesperrt worden. Eine sehr strikte Vorschrift hatte die Fälle begrenzt, in denen über diese gesperrten Markbeträge verfügt werden durfte: Die ausländischen Konteninhaber konnten sie nur zur Investierung in deutschen Effekten und Immobilien verwenden oder sie in Produktionswerten in Deutschland anlegen. Die in Rede stehenden Markbeträge beliefen sich auf beträchtliche Summen: zu den bereits bestehenden Guthaben kamen die Zinsen, die während der Kriegsjahre angesammelten Coupons und neue Guthaben, die aus deutschen Restitutionen nach dem Kriege herrührten.

Die Sperrmark, die also beschränkt verwendbar war, hatte im Verhältnis zum amerikanischen Dollar einen Wert von 12½ Cent, während die freie Mark 25 Cent wert war. Zu diesem Kurs wurden in Amerika und in der Schweiz Großumsätze getätigt. Es bot sich hier einem weltgewandten Spekulanten, der genug Fantasie und Mut hatte, um sich auf eine solche Sache einzulassen, ein sehr großes Betätigungsfeld.

Zusammen mit einigen Freunden kaufte ich sortierte Sperrmark zweiter Qualität zu 12½ Cent. Da eine große Zahl von Transaktionen nötig war, stieg der Kurs langsam auf 14, ja sogar auf 15 Cent.

Die Sache schien sich tatsächlich gut anzulassen. Deutschlands wirtschaftlicher Wiederaufstieg wurde Wirklichkeit, die Städte wurden neu aufgebaut, die Fabriken modernisiert, und gleichzeitig nahmen die ausländischen Investitionen zu.

Die internationalen Gesellschaften errichteten Niederlassungen, ausländische Firmen jeder Branche eröffneten Zweigbüros in Deutschland. Die neuen Betriebe, die Kapital brauchten, kauften natürlich Sperrmark zu 14 oder 15 Cent, da sie sie ja in Deutschland verwenden wollten.

Nach dieser langsamen Hausse machte die Sperrmark plötzlich innerhalb weniger Tage einen Sprung nach vorn und stieg von 15 auf 18 Cent, was für eine Währung eine erstaunliche Hausse ist.

Diese Spekulation war im höchsten Grade interessant, weil ein enormer Unterschied zwischen der Sperrmark und der freien Mark bestand.

Ein paar Tage nach dieser plötzlichen Hausse rief mich mein Freund Hans K. an, ein getreuer Gefährte meiner Spekulationsabenteuer.

»Was hältst du von der Erklärung über die Sperrmark?«

Seine Stimme verriet eine große Unruhe.

»Welche Erklärung?«

»Aber hör mal, sie steht doch in allen Zeitungen und sie ist sehr unangenehm. Zwei hohe Beamte der Deutschen Bundesbank haben erklärt, die Hausse entbehre jeder Grundlage und entspreche absolut nicht den Tatsachen. Bitte! Sie sagen, die nächsten Monate würden eine starke Liberalisierung in der Verwendung der Sperrmark bringen, aber das rechtfertige nicht eine so gewaltige Hausse.«

»Aber das ist ausgezeichnet, glaube ich.«

»Was?«

»Sicherlich, ich weiß da besser Bescheid als sie. Es ist ausgezeichnet, und da ich weiß, dass du mich für eingebildet hältst, wiederhole ich, dass ich besser Bescheid weiß als sie, dass du besser Bescheid weißt als sie und dass der Spekulant X. auch besser Bescheid weiß als sie. Dass die Bankbeamten darüber sprechen, ob sie die Verwendung der Mark liberalisieren oder beschränken wollen, das ist ihr Beruf, aber sie sollen sich nicht in eine Diskussion über die Kurse einlassen, das ist unser Gebiet, das Gebiet der Spekulanten. Sie können mich nicht im mindesten beeinflussen, und gerade durch ihre Erklärung bin ich noch mehr Haussier als vorher.«

Mein Freund Hans versuchte gar nicht erst, mit mir zu streiten. Ich muss zugeben, es wäre für ihn auch schwierig gewesen mit einem, der so überzeugt und eigensinnig ist wie ich.

Nach acht Monaten erreichte die Sperrmark den Kurs von 25 Cent, das heißt, sie stand gleich mit der freien Mark, dann hörte sie, als alle Guthaben freigegeben wurden, als Sperrmark überhaupt zu existieren auf. Es kam sogar noch besser: Eine Zeit lang war die Sperrmark mehr wert als die freie Mark. Und was ist seitdem nicht alles mit der Deutschen Mark geschehen …

Das war eine gut überlegte und gut aufgebaute Spekulation. Vor allem aber musste man überzeugt sein und sich für die Idee begeistern können. Die Zukunft Deutschlands war wolkenlos, die mögliche Gewinnspanne sehr groß, aber man musste abwarten können, bis die Situation von selbst reif würde.

Es stellte sich erstaunlicherweise immer wieder heraus, und auch das Beispiel der Sperrmark hat es gezeigt, dass die Spekulanten am besten beurteilen können, ob ein Kurs überhöht ist oder nicht; Beamte, Funktionäre, Ingenieure oder Erfinder, Techniker, Wissenschaftler und sogar die Leiter einer Gesellschaft sind am wenigsten geeignet, um bei einem Börsenkurs eine Diagnose zu stellen.

Zu viel wissen ist letzten Endes schädlich. Es ist ähnlich wie bei einem Kriminalfall: Auch wenn der Zeuge am Tatort war, so besitzt er doch nicht die notwendigen praktischen Kenntnisse. Der Experte verfügt über wissenschaftliche Erkenntnisse auf diesem Gebiet, aber was nützt ihm das, wenn er bei dem Verbrechen nicht anwesend war? Ein guter Richter darf nicht zu viel Experte und nicht zu viel Zuschauer sein, er muss sich in der goldenen Mitte halten, wo er ganz objektiv bleiben kann. Genauso ist es mit dem guten Spekulanten.

Homo speculator! Was ist der Spekulant doch für ein merkwürdiger Mensch!

Sicher, man soll den Begriff nicht missbrauchen, es gibt solche und solche Spekulanten. Da findet man einmal den gelehrten Spekulanten, Doktor der Börsenwissenschaft, dann den Spieler an der Börse, dann alle möglichen Leute, die beruflich mit der Börse zu tun haben, und solche, die halbe Amateure sind; es gibt auch die Commis mit den lauten Stimmen, die Bleistift-Ritter, Leute, die das Wetten zum Beruf erhoben haben, die Winkelspekulanten und so weiter bis zu den fünfzehnjährigen Botenjungen, die zwischen den Zahlen hin und her flitzen.

Und da sind die Bankiers, die Arbitragisten, die Makler am Parkett[56] und in der Kulisse[57], die Remisiers[58] – ein ganzes Heer von Menschen, die durch die Börse oder auch nur an der Börse leben.

56 Makler am Parkett (agents de change): Vermittler für die am offiziellen Markt der Pariser Börse, genannt Parkett, zugelassenen Börsenwerte. Die Makler am Parkett bilden eine sehr strenge Organisation und wurden zum ersten Mal in einem Regierungserlass von Philipp dem Schönen im Jahre 1304 erwähnt. Als einzige Makler der Welt haften sie gegenüber der Kundschaft solidarisch. Ihre Tätigkeit stützt sich praktisch auf ein Monopol, denn niemand – nicht einmal die Kreditinstitute – darf, ohne sie einzuschalten, Börsengeschäfte durchführen. Die Banken müssen sich auch bei einfachen Verrechnungsgeschäften zwischen Käufern und Verkäufern aus ihrem eigenen Kundenkreis an einen Makler am Parkett wenden. Dieser gibt über die Transaktion eine Abrechnung und berechnet dafür eine Courtage.

57 Makler in der Kulisse (courtier): Neben dem amtlichen Markt, dem Parkett, gibt es an der Pariser Börse einen Markt, an dem die nicht im offiziellen Kurszettel notierten Werte gehandelt werden und der Kulisse heißt. Vor dem Kriege war dieser Markt eine Art »Klimakammer« für Wertpapiere. Die Makler in der Kulisse, 48 an der Zahl, sind zu einer dem Verband der Parkett-Makler entsprechenden Vereinigung zusammengeschlossen. Die solidarische Haftung, die auch für die Makler in der Kulisse gilt, ist seit 1942 nach den gleichen Richtlinien festgelegt wie diejenigen der Makler am Parkett. Ein Wert kann von der Kulisse zum Parkett hinüberwechseln, es gibt keine scharfe Trennlinie und keine qualitätsmäßige Unterscheidung. Die Unterteilung in Kulisse und Parkett ist vielmehr eher eine Sache des Gewohnheitsrechtes. Die Makler in der Kulisse bearbeiten auch die nicht notierten Werte. Dieser Markt ist der »Wartesaal« für diejenigen Börsenwerte, die noch nicht zu Parkett oder Kulisse zugelassen sind.

58 Remisier: eine Art Verbindungsmann zwischen den Privatkunden und den Maklern am Parkett oder in der Kulisse. Er erhält als Vergütung, die Remise genannt wird (daher der Name Remisier), einen Teil der Maklerkommission. Die Remisiers sind besonders aktiv an der New Yorker Börse, wo sie direkte Angestellte der Broker sind und »customer's men« (Kunden-Männer) genannt werden. In London heißen sie »half commission men« (Männer mit halber Kommission), was genau ihrer Funktion entspricht.

Der Spekulant jedoch macht sein Vermögen – aber auch seinen Ruin – mit der Börse.

Als Spekulant wird man geboren, wie man als Philosoph geboren wird, sei es auch nur »in der Westentasche«. Sobald dem Spekulanten eine Idee in den Sinn kommt, macht er sich automatisch und pausenlos an die Arbeit. Er versucht, das Problem abzugrenzen, seine Gedanken eilen ständig von einem Gebiet zum anderen und wägen das Für und Wider. Er nimmt seine Erfahrungen zu Hilfe, seine alten, vergessenen Akten, und analoge Umstände kommen ihm wieder ins Gedächtnis.

Deduktionen, Induktionen, Analysen, Synthesen, er addiert, subtrahiert und multipliziert, um zu einem brauchbaren Schluss zu kommen. Alles konzentriert sich auf die neue Idee, die ihn nicht loslässt, ohne ihn jedoch so weit zu beherrschen, dass er dabei seinen gesunden Menschenverstand verliert. Er nimmt alle Nachrichten, alle Informationen, alle Auskünfte in sich auf und unterwirft sie aufs Sorgfältigste einer kritischen Auslese. Wie ein Romanschriftsteller an seinem Buch oder ein Musiker an seinem Thema, so arbeitet der Spekulant an seiner Idee. Nachdem er die Melodie gefunden hat, setzt er sie in Form, harmonisiert und instrumentiert sie. Wenn die Partitur fertig ist, dann tritt der Dirigent auf den Plan, er ist das letzte Glied in der Kette, er führt das Werk auf, genau wie der erfahrene und geschickte Bankier die Aufträge seines Kunden ausführt. Schließlich sucht sich der Spekulant aus den überall gefundenen Analogien das Wesentliche heraus und setzt daraus eine Art Mosaik zusammen, das die Grundlage seiner Operation sein soll.

Was also muss der Spekulant können? Edouard Herriot sagte über die Kultur, sie sei das, was übrigbleibt, wenn man alles vergessen hat.

Genauso ist es mit dem Börsenwissen. Es ist das, was übrigbleibt, wenn es einem gelungen ist, alles zu vergessen: die Bilanzen, die Kurse, die Zahlen, die Dividenden oder die jährlichen Geschäftsberichte, die Statistiken und die Erträge der Industrie, das ganze Rüstzeug, das man in einer guten Bibliothek findet. Es kommt nicht darauf an, eine lebende Enzyklopädie zu sein, sondern man muss im passenden Augenblick sämtliche Zusammenhänge richtig begreifen können; man muss eine Art Radargerät haben, das die Wellen auffängt. Man braucht nicht seine Bibliothek auswendig zu können, sondern nur zu wissen, wo der benötigte Band steht. Kurz, man muss ein Denker sein. Nichts wissen, aber alles verstehen, immer auf dem Laufenden sein, das ist die ideale Einstellung für den Spekulanten.

In jeder Sekunde geschieht etwas auf der Welt, und die Summe der Ereignisse ist das Zeitgeschehen. Der Spekulant kennt alle Ereignisse, aber er muss sich auch für alles interessieren. Die Neuwahl des Magistrats von Tokio, das Ergebnis der isländischen Hochseefischerei, die Streitigkeiten der arabischen Dynastien oder die Probleme der Rassentrennung in Südafrika, die Neue Welle in der Filmindustrie, der Prozentsatz der rauchenden Frauen im Hinblick auf den Tabakkonsum, oder schließlich die Entwicklung der Wissenschaften der Zukunft …

Alle diese Nachrichten üben auf diesen oder jenen Wert, auf diese oder jene Obligationen einen Einfluss aus.

Die Spekulation war die Gehirnakrobatik einer großen Zahl geistig hochstehender Menschen, von Philosophen bis zu Künstlern; es sei nichts Tadelnswertes daran, sagte schon Seneca.

Voltaire und seine Marquise unterhielten sich stundenlang über die Aktien der Lothringischen Kompanie. Beaumarchais und der Skandalmacher Casanova waren ebenso wie Balzac begeisterte Spekulanten. Auch die Philosophen und die Wirtschaftswissenschaftler, Spinoza, Ricardo und Lord Keynes verachteten die Kunst nicht.

Was Sir Isaac Newton betrifft, so hat er bei dem Platzen der South Sea Bubble so schwere Verluste erlitten, dass in seiner Gegenwart niemand diesen Namen auch nur nennen durfte. Ich habe persönlich das Vergnügen gehabt, dem berühmten Geiger Fritz Kreisler zuzuhören, wenn er seine Börsenverluste vom Nachmittag am Abend auf der Geige nachspielte. Vielleicht war es ein Börsenverlust – 350.000 damalige Francs –, der ihn zu einem längeren Auslandsaufenthalt zwang, dem wir dann die Tahitigemälde von Gauguin verdanken?

Man sollte die Begriffe Finanzier und Spekulant nicht verwechseln. Der Finanzier steckt ständig bis über beide Ohren in den von ihm entrierten Geschäften, er sichert sich Mehrheiten, plant Fusionen, baut Trusts auf, lanciert neue Industrien und führt vor lauter Aktivität ein sehr unruhiges Leben. Weil er Unternehmungen gründet, wendet er sich an die Börse, um sich das nötige Kapital zu beschaffen. Auch die Kontrolle über die Gesellschaften, über die er herrschen will, erhält er durch die Börse. In einem »vertikalen Trust« vereinigt er einander ergänzende Betriebe. Sein eigenes Ziel bleibt immer eine bestimmte Transaktion, aber seine Operationen verursachen große Bewegungen, die sich auf die ganze Börse auswirken.

Der Spekulant bleibt passiver Zuschauer bei diesen Bewegungen, die er nicht hervorgerufen hat, von denen er aber zu profitieren versucht.

»Glücklich ist, wer fern von den Geschäften lebt!«, sagt der Dichter Horaz. Welch fürstlicher Beruf! Ohne Kontakt mit dem Publikum, ohne sich die Finger bei niedriger Arbeit schmutzig zu machen, weitab von Handelswaren und staubigen Lagerhallen, von tagtäglichen Auseinandersetzungen mit Kaufleuten und Geschäftemachern überlegt der Spekulant in völliger Versunkenheit. Eingehüllt in den Rauch seiner Zigarre, sitzt er bequem im Sessel und denkt nach, fern von der Welt und ihrem Lärm.

Sein Handwerkszeug hat er in Reichweite, und es ist denkbar wenig: ein Telefon und ein paar Zeitungen, aber auch dabei hat er sein Geheimnis: er versteht, zwischen den Zeilen zu lesen.

Er hat keinen Angestellten und keinen Chef. Er braucht nicht hierhin und dorthin freundlich zu lächeln, braucht keine nervösen Kunden zu ertragen wie der Bankier oder der Makler. Er ist ein Edelmann, der über sich und seine Zeit frei verfügen kann, und es ist nicht verwunderlich, dass manche Leute neidisch sind.

Zwar kommt sein Geist niemals richtig zur Ruhe. Wie ein Orgelspieler betätigt er sich auf mehreren Gebieten zugleich, bedient verschiedene Klaviaturen und Pedale. Er operiert auf einmal mit verschiedenen Effekten, Edelmetallen, Rohstoffen oder Devisen, aber seine Operationen ergänzen sich zuweilen. Die einen schützen ihn vor den Risiken bei den anderen. Wenn er zum Beispiel bei einer bestimmten Gruppe von Werten auf Baisse spekuliert, dann kann er sich schützen, indem er bei Gold auf Hausse spekuliert, um zugleich Währungsrisiken auszuschalten. Wenn die Währung fällt, können die Effekten unabhängig von ihrem wirklichen Wert steigen, und in diesem Falle findet der Spekulant einen Ausgleich in der Gold-Hausse. Er kann mit Kupfer-Werten auf Hausse spekulieren, und zur gleichen Zeit verkauft er den Rohstoff Kupfer auf Baisse, um sich gegen die Baisse des Metalls zu schützen; Verluste bei den Effekten macht er durch Gewinne beim Kupfer wett. Es gibt viele Varianten dieser Art, und fast nie findet man zwei völlig identische Fälle.

Da diese Manipulationen ein zusammenhängendes Ganzes bilden, wird es für einen Laien gefährlich sein, dem Spekulanten bei einer dieser Operationen zu folgen, weil sich nicht so einfach feststellen lässt, zu welchem Zweck sie unternommen wurde und in welchem Maße sie sich mit einer anderen ergänzt. Was unverständlich oder regellos erscheint, ist in Wirklichkeit vollendet aufgebaut, nach System organisiert.

Und doch, trotz seines scheinbaren Müßigganges, erfüllt der Spekulant – wenigstens im kapitalistischen Wirtschaftssystem – eine wesentliche Funktion. Auch wenn er es zum Zwecke der Spekulation tut, so stellt er doch, auf dem Wege über die Börse, sein Kapital zur Verfügung, damit es nutzbringend angelegt oder für den Aufbau neuer Industriezweige verwendet wird. Überdies nimmt er die ersten Risiken eines neu anlaufenden Betriebes auf sich. Die Eisenbahnen, den Suezkanal, die Erdölsuche hätte es ohne die Spekulation nie gegeben, und die Elektronik-Industrie hätte nicht diesen Aufschwung nehmen können. Gestehen wir dem Spekulanten zu, was ihm gebührt.

Was die Winkelspekulanten und die berufsmäßigen Börsianer betrifft, so darf man sie mit dem wahren Spekulanten nicht verwechseln, aber sie sind auch nützlich: Sie erweitern den Markt und machen ihn dadurch elastischer.

Je größer der Markt ist, je glatter die Transaktionen laufen, umso mehr werden die Erschütterungen sowohl bei der Hausse als auch bei der Baisse gedämpft.

Die Winkelspekulanten

In der ganzen Welt haben Winkelspekulanten und Börsianer aller Nationalitäten einen gemeinsamen Charakterzug: Sie sehen jedes Ereignis durch die Brille ihrer eigenen Börsenposition.

Das führt sogar manchmal zu einer gewissen Sinnesverwirrung. Bei staatlichen Verordnungen oder irgendwelchen Vorfällen, die für sie günstig oder ärgerlich sind, sind sie, wenn ihnen etwas nicht passt, schnell mit der Behauptung bei der Hand, es sei Willkür – aber was ihnen gefällt, erklären sie für durchaus moralisch. Diese Einstellung wirkt sich genauso umgekehrt aus. Die Spekulanten sehen hinter jedem Börsenkurs nur das Spiegelbild internationaler oder finanzieller Ereignisse. Und sie lassen es sich nicht nehmen, politische und wirtschaftliche Prognosen zu stellen, wobei sie sich ausschließlich auf die Börsentendenz stützen. Kurz, für sie ist die Börse so etwas wie ein Barometer.

Das Barometer

Auch ich habe ein Barometer, aber von einer ganz anderen Art. Die anderen betrachten die Börse als Barometer, aber ich habe eher ein Barometer für die Börse. Und das kam so: Die persönlichen Gebrauchsgegenstände von John Pierpont Morgan, dem Letzten der Bankier-Dynastie von der Wall Street, wurden nach seinem Tode auf einer Auktion in New York versteigert. Unter den vielen kostbaren Stücken, den Opalen, Büchsen aus ziseliertem Gold, Nippes mit Diamanten besetzt und auch Jade und Kristall, fiel mir ein kleiner Gegenstand aus Stahl von sehr bescheidenem Aussehen auf.

Ich war noch Anfänger an der Wall Street und sehr beeindruckt von dem Ruhm der Morgans, und ich brannte darauf, einen kleinen Glücksbringer zu erstehen. Das kleine Stück Stahl war das einzige, was ich mir leisten konnte. Es war das Barometer von J. P. Morgan, das er immer auf seinem Arbeitstisch in dem kleinen Palais in der Wall Street Nr. 23 liegen hatte, dem Palais, das noch die Spuren der Bombe zeigte, die ein rachsüchtiger Spekulant geworfen hatte.

Und für 30 Dollar wurde ich glücklicher Eigentümer des Barometers. Ich legte es vor mich auf meinen Schreibtisch, wie J. P. Morgan. Nach einigen Tagen musste ich feststellen, dass es überhaupt nicht ging. Es zeigte auf »Schön«, wenn sich das Wetter verschlechterte; wenn es in

Strömen goss, stand es beharrlich auf »Beständig«. Es ging wirklich falsch, jedenfalls nicht so wie das Wetter. Nun gut, sobald ich diese eigentümlichen Abweichungen bemerkte, versuchte ich, sie zu ergründen. Und ich stellte dabei etwas Merkwürdiges und Verwunderliches fest: Das Barometer zeigte wohl das Wetter an, aber das Wetter der Wall Street: Es war ein Börsen-Barometer. Wer weiß, vielleicht lag in ihm das Geheimnis des Bankhauses Morgan begründet?

Fasziniert von meiner Entdeckung erzählte ich die Geschichte eiligst meinen Freunden, die es sich nicht nehmen ließen, das Wunder schnellstens weiterzukolportieren. Ein Kolumnist berichtete über die Geschichte und sie erschien in 300 amerikanischen Zeitungen. Einige Tage lang – Ruhm ist vergänglich – war ich eine Berühmtheit: Kiloweise trafen Telegramme und Briefe ein, und ich wurde gefragt: »Wie steht das Zauberbarometer?«

Seither habe ich es wie einen Schatz in Ehren gehalten, und es geht immer noch sehr gut …

Die Börsentendenz und die Zickzack-Kurse

Wenn wir manchmal zugeben müssen, dass die Börse im Allgemeinen ein Spiel ist, sogar ein gefährliches, dann gibt es dennoch einige Elementarregeln, die man, wie bei jedem Spiel, einhalten muss. Dazu gehört, dass, wer auf lange Sicht spekuliert, strikt auf seinem Gebiet bleiben muss, und wer auf kurze Sicht spekuliert, das seine auch nicht verlassen darf. Wenn der eine sich auf das Gebiet des anderen begibt, werden alle beide Verluste einstecken müssen.

Wenn man auf einen langen oder mittleren Zeitraum spekuliert, darf man sich nicht von den jeweils eintretenden Ereignissen beeinflussen lassen, die die Situation und die Kurse von einem Tag auf den anderen zu ändern scheinen, ohne sich aber auf die Zukunft grundlegend auszuwirken. Eine Operation über einen langen oder mittleren Zeitraum ist gegründet auf die Zukunft. Wer kleine Spekulationen von heute auf morgen zu machen pflegt, bedient sich nicht der auf lange Sicht gültigen Argumente, denn für ihn handelt es sich nur darum, schnell zwischen zwei Strömungen hindurchzuschwimmen und dabei einen Gewinn zu machen.

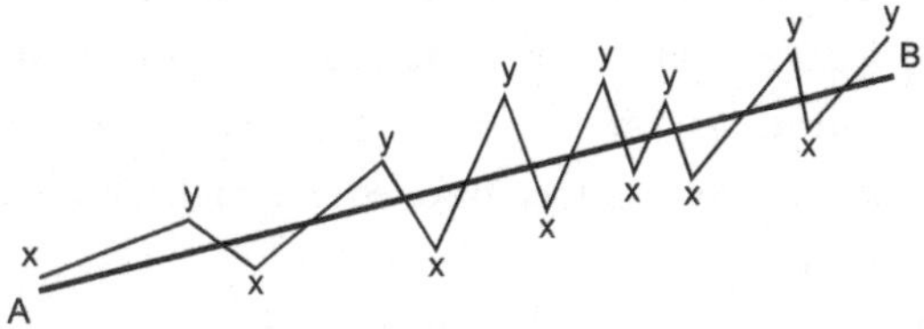

Nehmen wir an, diese Kurve stellt die Entwicklung der Kurse im Allgemeinen innerhalb eines bestimmten Zeitraums dar. Der Börsianer, der auf kurze Zeit spekuliert, wird auf dieser grafischen Darstellung akrobatische Kunststücke machen. Er kann dabei Erfolg haben, wenn er gut geschult ist. Der Spekulant auf lange Sicht wird die kleinen Ausschläge unberücksichtigt lassen und nur der Tendenz folgen: der von A nach B laufenden Geraden, der steigenden Hausse-Kurve, die sich trotz der starken Ausschläge nach oben und unten bereits abzeichnet. Die Argumente, die eine Spekulation entlang der Geraden A–B rechtfertigen, sind ganz verschieden von denjenigen, auf die sich das Spiel auf der Kurve xy stützt. Ein Spekulant, der auf lange Sicht auf – sagen wir – Hausse setzt, stützt sich auf verschiedene Grundelemente, auf deren Funktion er seinen Plan aufbaut: wirtschaftliche Expansion, Kapitalmarkt[59], Zinssatz, internationale Lage, Handelsbilanzen oder Geschäftsberichte.

Wenn aber die Kurse wegen irgendeines Vorfalles vorübergehend fallen, weil zum Beispiel der Präsident der Vereinigten Staaten Grippe

59 Kapitalmarkt: Markt, auf dem sich diejenigen treffen, die Kapital anbieten (um es zu verleihen), und diejenigen, die Kapital suchen (um es zu leihen). Man spricht von kurzfristigen Krediten, wenn ein Darlehen für weniger als zwei Jahre aufgenommen wird. Bei Geldern, die für einen Zeitraum von zwei bis fünf Jahren aufgenommen werden, handelt es sich um einen mittelfristigen Kredit. Unter langfristigen Krediten versteht man schließlich Kapitalien, die für Zeiträume von fünf oder mehr Jahren aufgenommen werden.

Der Obligationenmarkt und der Geldmarkt sind Teile des Kapitalmarkts; den Markt der kurz- und mittelfristigen Kredite nennt man schlechthin den Geldmarkt, den der langfristigen Kredite den Kapitalmarkt.

hat oder in Südamerika ein Erdbeben war, dann braucht sich der Spekulant nicht aufzuregen und seine Positionen zu liquidieren, wie er es müsste, wenn er von einem Tag auf den anderen spekulierte. Dagegen muss derjenige, der auf einen kurzen Zeitraum spekuliert, jedem Gerücht sein Ohr leihen, auf das kleinste Gemunkel lauern und sich beeilen, diese Informationen ohne Zeitverlust zu verwerten. Er muss eine gewisse Wendigkeit besitzen und jederzeit zur Umgestaltung seines Programms bereit sein.

Sehr häufig kommt er zur Börse mit einer Tasche voll bereits ausgefertigter Verkaufsorders. Dann merkt er, was heute für ein Wind weht, stößt sein Programm blitzschnell um, und statt zu verkaufen, kauft er die doppelte Menge.

Das ist beileibe kein Zeichen von Inkonsequenz, sondern im Gegenteil ein Beweis großer Geschicklichkeit. Es ist die Taktik, die in seinem besonderen Fall befolgt werden muss.

Es gibt einen wesentlichen Unterschied zwischen taktischen Bewegungen und strategischen Operationen.

Um gar nicht erst in Versuchung zu kommen, seine Meinung zu ändern, sollte der Spekulant auf lange Sicht überhaupt nicht zur Börse gehen. Im Gegenteil, er sollte einen Umweg machen, eine andere Straße benützen, nur um der Gefahr zu entgehen, dass er sich von einer Atmosphäre, die ebenso launisch ist wie der Himmel an der Meeresküste, anstecken lässt. Was mich betrifft, so habe ich es mir fast ganz abgewöhnt, in Paris oder sonstwo zur Börse zu gehen, denn ich will mich nicht beeinflussen lassen, wenn ich mich bei irgendeiner Operation engagiert habe. Aber wenn ich mich durch einen Rest von Neugier doch einmal verleiten lasse und mich hinwage, dann versuche ich, mich vom Tumult fernzuhalten, taub zu sein, die Geräusche von Weitem an mir vorbeigleiten zu lassen. Die Gerüchte, die in den Sälen oder unter den Säulen umlaufen, sind meistens wertlos, aber jedenfalls immer gefährlich!

Meist sind es gar nicht die Neuigkeiten, die die Kurse machen, sondern die Kurse, die die Neuigkeiten machen, und das ist in Paris genauso wie in London oder New York. Bei Börsenschluss sucht jeder, um diese Kursabweichung oder jene Änderung der Tendenz zu erklären, nach Argumenten, die er sich vor zwei Stunden noch nicht hätte träumen lassen.

Jeder glaubt das, was ihm am bequemsten ist. Der Haussier wird immer gute Gründe finden, um die Hausse zu erklären, und der Baissier wird bei der gleichen Begebenheit gute Gründe für die Baisse finden.

Aber es gibt auch viele Fallen und sogar Hinterhalte, vor denen man sich hüten muss: vor grundlosen Gerüchten, entstellten Nachrichten, falsch ausgelegten Nachrichten und ganz einfach falschen Nachrichten, und besonders vor der falschen Auslegung von falschen Nachrichten, die manchmal der Wahrheit nahe kommt. Aber man ist so völlig verwirrt, dass man schon gar nichts mehr glaubt! Bei der falschen Auslegung von falschen Nachrichten könnte man nämlich richtig liegen, weil zwei Negationen sich aufheben! Aber der allergefährlichste Fallstrick, dem alle Spekulanten, vom naivsten bis zum gerissensten, zum Opfer fallen können, ist offenbar die falsche Auslegung richtiger Nachrichten, denn eine halbe Wahrheit ist eine ganze Lüge!

Dabei fällt mir ein gewisser Handel mit japanischen Obligationen ein, der sich zur Illustration meines Themas eignet.

Eine wunderliche Arbitrage

Während der Nachkriegsjahre bestanden in Frankreich wegen der Devisenknappheit sehr strenge Vorschriften hinsichtlich ausländischer Währungen.

Die Franzosen waren verpflichtet, unter staatlicher Aufsicht ihre Auslandswerte in Bankdepots unterzubringen. Auf der Liste der zu deponierenden Effekten waren nur unbedeutende Aktien und notleidende Obligationen nicht aufgeführt, die im Ausland unverkäuflich waren und von denen nicht erwartet werden konnte, dass sie Devisen einbrächten. Nur diese zweitrangigen und uninteressanten Werte waren von der Vorschrift ausgenommen.

Andererseits hatte die Devisenkontrolle ebenfalls zu sehr strenger Kontingentierung der Ein- und Ausfuhr ausländischer Werte geführt.

Man konnte kein ausländisches Wertpapier nach Paris einführen, wenn man nicht ein anderes Wertpapier im gleichen Betrage exportierte, um sich die entsprechenden Devisen zu verschaffen. So wurde, fast automatisch, das notwendige Gleichgewicht hergestellt.

Zu jener Zeit hatten die Erdölwerte, und besonders die Royal Dutch, in Frankreich Liebhaberwert. Um aber Royal-Dutch-Aktien einzuführen, musste man einen anderen Auslandswert in Höhe dieses Betrages ausführen.

Gewisse notleidende japanische Obligationen standen nicht auf der offiziellen Liste. Und die unfruchtbaren Verhandlungen zwischen der französischen und der japanischen Regierung hatte nicht den geringsten Erfolg gehabt. Wenige Leute an der Pariser Börse kannten diese Titel, noch weniger bekannt waren sie im Ausland.

Doch plötzlich tauchten diese japanischen Obligationen in der Schweiz auf, als kämen sie aus der Büchse der Pandora. Die erstaunten Beobachter sahen, wie sich der Markt immer mehr mit ihnen füllte. Niemand verstand das.

In Paris verdichtete sich inzwischen immer mehr das Gerücht, dass die Schweizer als Käufer auftreten würden.

Tatsächlich kauften einige auf die internationale Arbitrage spezialisierte französische Banken unaufhörlich, und die gut informierten Leute wussten, dass dies geschah, um die Papiere in der Schweiz weiterzuverkaufen.

In der Schweiz lief wiederum das Gerücht um, dass Paris Käufer sei; tatsächlich kauften die Schweizer Arbitrage-Banken unaufhörlich, und die gut informierten Leute wussten, dass dies geschah, um die Papiere in Paris weiterzuverkaufen.

Die Börsianer eines Platzes bilden sich immer ein, dass ihre Kollegen jenseits der Grenzen besser informiert seien als sie. Man tuschelte jetzt in Paris, die Schweizer wüssten Bescheid über eine wahrscheinliche Einigung mit Japan, und die Schweizer ihrerseits glaubten, die Franzosen hätten günstige Nachrichten über die Verhandlungen mit Tokio. Alle waren sich darüber einig, dass irgendetwas in der Luft lag. Viele Leute ließen sich vom Strom mitreißen, weil sie durch die großen

Transaktionen beeindruckt waren, die eine ausgezeichnete Regelung anzudeuten schienen.

Die Außenseiter, die Kleingeschäftemacher, wurden unruhig, spionierten und verfolgten die Vorgänge. Die Kurse stiegen allmählich bis zu dem Tage, wo das Papier die Grenze der Vernunft überschritt.

Und im Fernen Osten gab es immer noch nichts Neues, war immer noch keine Regelung erreicht. Wo lag also die Wahrheit? Was war das Geheimnis? Hier ist die Erklärung:

Da der französische Markt sich Royal-Dutch-Aktien verschaffen wollte, kauften die Arbitragisten das Papier an den Schweizer Börsen, um es in Paris zu verkaufen. Die Operation war völlig legal, unter der ausdrücklichen Voraussetzung, dass man mit Devisen bezahlen konnte, die man durch den Verkauf eines anderen ausländischen Wertes, der von Paris in die Schweiz exportiert wurde, erhielt.

Man musste also einen in ausreichender Menge in Paris käuflichen und in der Schweiz ohne Verlust verkäuflichen ausländischen Wert finden. Die »Japaner« passten dafür großartig. Man konnte in Frankreich jede Menge kaufen und in der Schweiz offenbar auch jede beliebige Menge verkaufen. Warum? Ganz einfach, weil andere Arbitragisten in der Schweiz die japanischen Obligationen kauften, sie auf mehr oder weniger legale Weise nach Frankreich schickten und sie an der Pariser Börse verkauften. Mit dem Gegenwert in französischen Francs besorgten sie sich auf dem schwarzen Markt die ausländischen Devisen, um ihre Käufe in der Schweiz zu bezahlen. So kam es, dass die gleichen Papiere ständig zwischen Frankreich und der Schweiz hin und her reisten. Die großen Arbitrage-Banken schickten die »Japaner« von Paris nach Zürich und die Schwarzmarkt-Arbitragisten sandten genau die gleichen Papiere wieder nach Paris zurück. Wenn die Spazierfahrt Paris-Schweiz auch ohne Verletzung der gesetzlichen Bestimmungen unternommen wurde, so erfolgte die Rückreise Schweiz-Paris zweifellos nicht auf dem Pfad der Tugend … Logischerweise hätte sich der Kurs gar nicht ändern dürfen, weil genau die gleiche Zahl Papiere auf den beiden Wiegeschalen der Waage zum Kauf und Verkauf zur Verfügung stand.

Aber diejenigen, denen der Bratenduft verlockend in die Nase stieg und die in den großen Transaktionen ein Anzeichen für eine günstige Regelung erblickten, diese Leute störten das Gleichgewicht. Ein kleines Pfund mehr, ein paar Gramm auf einer der Waagschalen, und schon steigt das Papier ohne Ende.

Das ging so weiter, bis eines Tages eine für die Inhaber der Obligationen und für die Spekulanten sehr ungünstige Regelung mit Japan getroffen wurde, die die Kurse um ungefähr 50 Prozent fallen ließ, und zwar bis auf das im Abkommen festgesetzte Niveau.

Das war eine gute Lehre für diejenigen, die stets glauben, dass ihre Kollegen an anderen Märkten mehr wüssten als sie selbst! Man bildet sich immer ein, der Rasen des Nachbarn sei grüner als der eigene!

Die Rolle, die die Börse in unserer Zivilisation spielt, hat sich weiterentwickelt, aber sie hat sich nicht geändert. Sie ist im Laufe der Jahrhunderte, seit den Kolonialunternehmungen, der Industrialisierung, den amerikanischen und europäischen Eisenbahnen vielseitiger geworden.

Ob die Börsen riesengroß oder winzig klein sind, sie ähneln sich immer durch ihren Aufbau, ihre Tätigkeit und die Leute, die hier ein und aus gehen. Denn die Spekulation erzeugt eine ganz besondere Atmosphäre, die Luft, die man im Innern dieser tumultreichen Kampfstätte atmet, ist belebend wie eine Droge.

Ich erinnere mich eines sehr alten Mannes, er musste gut achtzig sein, der jeden Tag in die heute verschwundene Prager Börse kam, um in einer Ecke, das Kinn auf seinen Stock gestützt, ein Nickerchen zu halten. Da er sich schon vor zwanzig Jahren zur Ruhe gesetzt hatte, machte er also seit fast einem Vierteljahrhundert keine Börsengeschäfte mehr. Was tut das schon? Er brauchte einfach dies vertraute Geräusch der Börse, das einschläfernd wirkte wie der Wellenschlag des Meeres.

Trotz aller Unterschiede von Temperament und Charakter hat das Börsenpublikum überall die gleichen Laster und Tugenden. Jeder Botenjunge weiß von dem Augenblick an, da er in die Dienste der Börse tritt, dass ein gegebenes Wort heilig ist. Der bescheidenste Börsianer würde nicht zögern, seine Uhr ins Pfandhaus zu tragen, um einen Debetsaldo auszugleichen.

Allerdings ist ihr Horizont gelegentlich etwas beschränkt. Sie beurteilen das Weltgeschehen allein vom Standpunkt ihres Berufs und daher manchmal verzerrt, und oft sehen sie auch nicht weiter als bis zu ihrer Nasenspitze. Sie sind sich ihres materiellen Erfolges so sehr bewusst, dass sie dazu neigen, intellektuell über ihre Verhältnisse zu leben.

Ich habe die Erfahrung gemacht, dass die Börsianer sozusagen einer großen internationalen Familie angehören, einer über die ganze Welt verstreuten Art Freimaurerloge! Das konnte ich auf meinen vielen Reisen feststellen, die mich als Mitspieler oder einfachen Zuschauer auf fast alle Märkte der Welt führten.

Was erzählen sie sich, wenn ein Börsianer einen anderen trifft? Geschichten von der Börse, und das Thema ist unerschöpflich.

Wenn ich meine Reisenotizen durchblättere, finde ich eine lange Liste all der Börsen, mit ihren Reizen und ihren Verlockungen, die ich besucht habe …

Paris: die leidenschaftlichste und die aufnahmefreudigste für neue Ideen. Das zahlreichste Publikum: Die Besucherzahl schwankt täglich zwischen 5.000 und 10.000, je nach der Sensation des Tages.

London: erstarrt in ihren Traditionen und ihrer Etikette, die aristokratischste und auch die internationalste aller Börsen. Die Spekulation ist hier gleichermaßen aktiv an der Warenbörse, bei Metallen und Pfeffer.

Auch gibt es hier einen ganz besonderen Markt: den Handel mit Gold und Silber.

In einem Büro des Bankhauses Rothschild versammeln sich jeden Tag um 10 Uhr 30 die »Bullion Brokers«, die fünf Makler für Edelmetall in Barren, nicht etwa, um gemeinsam Tee zu trinken, sondern um den Kurs für Gold und Silber festzulegen. In ihren fünf Makler-Heften sind die Aufträge der ganzen Welt erfasst.

Wenn die Sitzung nach ein paar Minuten ohne Trubel und Tumult beendet ist, werden die Kurse in alle Winkel der Erde gekabelt und können dann viel Lärm verursachen!

Budapest: die fröhlichste, die sorgloseste, die sentimentalste. Die Börsianer von früher werden sich niemals mit ihrem Schicksal abfinden.

Sie treffen sich heimlich in obskuren Cafés, um mit Aktien von Gesellschaften zu handeln, die nur in ihrer Einbildung bestehen.

Amsterdam: sehr würdevoll, stets eingedenk ihrer Vergangenheit als erste Börse der Welt.

Wien: die prätentiöseste, bildet sich ein, mit ein paar Transaktionen das Zentrum eines Reiches zu sein, das nicht mehr existiert.

Zürich-Genf: Umsatz steht im umgekehrten Verhältnis zur Größe des Landes. In Genf üben die Makler ihre Tätigkeit sitzend aus, was sehr ungewöhnlich ist.

Stockholm: die leiseste, man könnte hier eine Stecknadel zu Boden fallen hören, und mit viel nordischen Phlegma … Die Notierung erfolgt durch elektrische Geräte, es gibt kein »Ich habe«, »Ich nehme«. Man braucht nur einen Knopf zu drücken, um Angebot und Nachfrage anzuzeigen.

Buenos Aires: Provinz-Kasino, laut und liederlich, man fischt hier im Trüben und setzt alles daran, dass das Gewässer trübe bleibt. Gibt man einen Auftrag, bekommt man vielleicht eine Woche später die Bestätigung.

Kairo: Hier herrscht kein Vertrauen. Kein offenes Spiel, sondern orientalischer Kuhhandel. Ehe man erklärt, ob man kaufen oder verkaufen will, versucht man herauszubekommen, was der Nachbar tut. Während der deutschen Offensive von El Alamein wurden die Transaktionen eingestellt, um eine Panik zu vermeiden, und die Börse wurde eine Zeit lang als Tischtennis-Saal benutzt.

Lima: die winzigste, am Tage meines Besuches waren nur drei Personen im Saal: der Präsident, der präsidierte, der Kursmakler, der notierte, und ein Börsenmitglied, das jedes Mal den Kopf schüttelte, wenn ein Kurs eingetragen wurde.

Tel Aviv: die am schwersten zu findende, so paradox das auch klingt. Alle Leute, die ich fragte, wussten nicht einmal, dass es sie gibt. Ich habe drei Tage gebraucht, um sie zu entdecken. Aus Kindern werden Leute!

Tokio: die lebhafteste, Attraktionszentrum des täglichen Lebens der Japaner. Das ist nicht erstaunlich, denn es gibt drei Dienstzeiten: die

Morgenbörse, die normale Mittagsbörse und die Abendbörse. Die ganze Stadt redet davon. Bestseller der japanischen Verlage: Bücher über die Börse.

Mailand: ein Spielsaal, wo man mit dem kleinsten Einsatz um die Sekunde spielt, man verliert oder man kassiert, alles oder nichts, auf den Publikumsgalerien spielen Frauen in großer Zahl eifrig mit.

Düsseldorf: das modernste Börsengelände, nach deutscher Art straff organisiert, Treffpunkt der Eisen- und Stahl-Herren von der Ruhr.

Berlin: ehemals riesig, heute eine Provinz-Filiale von Frankfurt und Düsseldorf.

Hongkong: Turm von Babel, von Englisch bis Chinesisch, von Französisch bis Ungarisch, von Jiddisch bis Russisch ist jede Sprache vertreten, Nachfolgerin von Shanghai.

New York: Die Wall Street, wörtlich übersetzt Mauer-Straße, würde richtiger »Geldmauer« heißen. Die allergewaltigste. Amerikas Herz schlägt nach dem Puls der Wall Street. In den heroischen Zeiten war es das Dorado der großen Finanzleute. Aber gewissenhafte Staatsbeamte überwachen die Durchführung der Operationen und schützen das früher so oft ausgeplünderte Publikum.

Man spielt nicht mehr mit dem Geld der Klienten! Der einfachste Remisier muss heute an der Wall Street eine Zulassungsprüfung ablegen. Es ist auch die am besten organisierte Börse. Die moderne Technik steht ihr in aller Vollkommenheit zur Verfügung. Das Band des Tickers läuft gleichzeitig mit der Notierung. Deswegen müssen die Kursmakler am Pazifik um 6 Uhr früh in den Büros sein. Ein harter Beruf! In den für die Kundschaft reservierten Sälen, den »board rooms«, sehen Zehntausende von Leuten von ihren Stühlen aus, wie sich die New Yorker Kurse vor ihren Augen automatisch auf schwarze Tafeln schreiben. Von der kleinsten Stadt in Indiana oder New Mexico aus können sie in der gleichen Minute an den New Yorker Transaktionen teilnehmen, vielleicht sogar besser, als wenn sie dabei wären!

Der Ticker gehört einfach zum amerikanischen Leben. Sein Rhythmus gibt das Volumen der Operationen an. Läuft er ruhig, bedeutet es, dass die Geschäfte schleppender gehen, und wenn das Band nur so aus der Maschine springt, dann weiß man schon, dass sich große Dinge an der Wall Street tun. Boom oder Panik, das lässt sich augenblicklich am Klang des Tickers erkennen.

Es sind übrigens die gleichen Papierschlangen, die man am Freudentag bei den Riesenparaden auf dem Broadway aus den Fenstern wirft.

Alexandria: Markt für langfaserige Baumwolle, früher Kampfplatz der politisierenden Paschas und Spekulanten. König Faruk war hier 1949/50 mit einigen seiner Minister Hauptinteressent bei einem machtvollen Hausse-Syndikat.

Caracas: die Börse begann im 19. Jahrhundert mit Zusammenkünften im Schatten eines Baumes; bis heute hat sie sich zu einem sehr modernen Hochhaus emporgearbeitet.

Frankfurt: früher das Lehen der Rothschilds und der großen jüdischen Bankiers; das hat sich seither sehr geändert …

Damaskus: ein kleiner Laden an der Ecke des Bazars.

San Francisco: Man kann Geschäfte machen, indem man die Nachrichten, die dank des Zeitunterschiedes New York nicht vor Börsenschluss erreichen, auswertet.

Johannesburg: im englischen Stil organisiert, nach dem Muster der Londoner Stock Exchange.

München: Eine Bronzetafel am Eingang mit einem Reliefbild unter der Überschrift »Spekulation« sagt uns unverblümt, was im Börsengebäude vor sich geht. Ungewohnte Aufrichtigkeit. Ebenso ungewohnt ist die Anwesenheit vieler junger Damen.

Rio de Janeiro – São Paulo: keine echte Börse, die »señores« verhandeln über Grundstücke und Immobilienspekulationen – über Effekten vielleicht in fünfzig Jahren?

Bombay: noch sehr britisch. Parsen mit starkem Oxford-Akzent sind die Hauptmacher. Die Menge, die hier noch zahlreicher ist als in Paris, macht Geschäfte am Goldmarkt, der durch Schwarzeinfuhren gespeist wird: 24 Tonnen jährlich werden eingeschmuggelt.

Man spekuliert mit allem: Baumwolle, Jute, manchmal sogar mit Whisky, und die kleinsten Leute versuchen hier ihr Glück.

Lissabon: Die Vorschrift besagt: »Jedermann, ob reich oder arm, Ausländer oder Einheimischer, kann die Börse unter der Voraussetzung betreten, dass er gut angezogen ist.«

Chicago: die Königin der Getreidebörsen, das »Chicago Board of Trade« diktiert den Preis unseres täglichen Brotes.

Athen: eine moderne, im Jahre 1901 gegründete Börse, zwei Schritte von der Akropolis und dem Baum des Sokrates entfernt, wo die Nachfolger der Trapezkünstler sich schon lange in Jackett und Zylinder zusammengefunden haben.

Brüssel: die kapriziöseste mit dem größten Anteil an weiblicher Kundschaft, was eine enorme Zahl von Maklern erfordert: genau 928, das sind zehnmal mehr als an der Pariser Börse!

New Orleans: Hauptstadt des Jazz und außerdem bedeutendste Baumwollbörse.

Oslo: »Jeder anständige Mensch darf hier eintreten.« Bliebe festzulegen, was ein anständiger Mensch ist …

Rom: errichtet im Jahre 1821 auf Grund eines Erlasses der Vatikan-Regierung.

Barcelona: Eintritt frei – Männer und Frauen 3 Peseten. Das Schauspiel ist billig, aber es lohnt auch nicht, außer einmal im Jahr, wenn der Saal für den Künstlerball vermietet wird.

Istanbul: untergebracht im Hof der Kaviar-Lagerhäuser, am Ufer des Bosporus, buntgemischtes Publikum: Griechen, Syrer, Armenier, Juden, die ganze Welt, nur keine Türken!

Montevideo: Der Benjamin unter den Börsen der Welt lächelt, wenn die anderen die Zähne zusammenbeißen. Die Geschäfte – besonders mit Devisen – blühen, wenn überall sonst in Südamerika Unordnung herrscht, und sie sind rückläufig, wenn wieder Ruhe einkehrt. Gewissermaßen die Schweiz des südamerikanischen Kontinents.

Sydney: englische Tradition, amerikanische Wirtschaftskonzeption, aber die Hauptmacher sind Europäer. Es ist kein Markt für Schulkinder, die Titel sind leicht zu kaufen, aber es ist sehr viel schwieriger, sie wieder abzustoßen.

Kopenhagen: untergebracht in einem alten königlichen Palast, gastfreundlichste Börse der Welt. Der Besuch eines ausländischen Börsianers ist immer willkommene Gelegenheit zu zahlreichen kulinarischen Genüssen.

Beirut: ein kleines Zimmer im ersten Stock eines Bürgerhauses, wo man sich nicht zusammenfindet, um mit Freunden Bridge zu spielen, sondern um an der Börse zu spielen.

Santiago de Chile: sehr bedeutender Goldmarkt. Die Börse wird in einem der Gesellschaftsräume des Klubs der »business men« der Stadt abgehalten.

Toronto – Montreal: Goldminen mit oder ohne Gold, Erdölaktien mit oder ohne Erdöl.

Venedig: kleine Börse an dem schönsten Boulevard der Welt, dem Canale Grande. Gegenüber der Kirche von San Moise, wo die Gebeine von John Law ruhen. Wenn ich durch Venedig komme, versäume ich nie, hier einige Minuten der Sammlung zu verbringen.

Alle Börsen wirken in zunehmendem Maße wie kommunizierende Röhren, werden untereinander immer abhängiger. Sehr häufig wird irgendwo in der Welt auf einen Knopf gedrückt, und in 5.000 km Entfernung kann man die Wirkung spüren.

Die Nationalbank von Mexiko ergreift zum Beispiel irgendeine Währungsmaßnahme und ruft damit durch seinen sehr komplizierten Mechanismus eine Hausse der Goldminen-Aktien in Paris hervor.

Oder es gibt einen Finanzkrach in Paris und das Pfund Sterling fällt auf dem Wechsel-Markt in New York.

Es gibt auch keine absolut dichte Scheidewand zwischen den Märkten für Wertpapiere und Edelmetalle, den Warenbörsen und den Börsen der Finanzministerien.

Die Börsen werden immer durch den gleichen Motor angetrieben: den Wunsch, Geld zu verdienen unter Ausnützung von Ideen, Erfindungen, Informationen, manchmal auch unter Ausnützung der Unwissenheit der Bequemlichkeit der anderen, und dabei klammert man sich manchmal an ein Wort, einen Gesetzesparagrafen. Und das geht Tag und Nacht, ohne Ruhepause, denn die Zentren der Finanzen stehen niemals stille.

Wenn die Pariser Börse ihre Pforten schließt, wacht New York auf, dann San Francisco, dann Honolulu. Zu der Stunde, da in Amerika Nacht ist und die Wall Street sich zur Ruhe begibt, empfängt die Börse in Tokio am anderen Ende der Welt schon die Menschenmenge, die sich tagtäglich über sie ergießt. Hongkong an der Pforte des verbotenen China folgt, dann Bombay, Kairo, Beirut, am frühen Morgen übernimmt Mailand den Schichtdienst, und so sind die vierundzwanzig Stunden ausgefüllt.

Das ist die Börse … ein Reich, in dem die Sonne nicht untergeht.